言語学翻訳叢書
18

# コミュニケーション テクスト分析

Analyser les textes de communication

フランス学派による言説分析への招待

[著] ドミニク・マングノー
Dominique Maingueneau

[訳] 石丸久美子　髙馬京子

ひつじ書房

# ANALYSER
# LES TEXTES DE
# COMMUNICATION

Second Edition

**by Dominique MAINGUENEAU**

© Armand Colin, 2012, Paris

Japanese translation by Kumiko ISHIMARU, Kyoko KOMA

ARMAND-COLIN is a trademark of DUNOD Editeur,
11, rue Paul Bert - 92247 Malakoff.

Japanese language translation rights arranged
through The English Agency (Japan) Ltd.

# 目　次

| | |
|---|---|
| 訳者まえがき | 1 |
| 日本語版の読者にむけて | 7 |

## 序章　23

## 第1章　発話と文脈　25

| | |
|---|---|
| 1.　発話の意味 | 25 |
| 2.　言語マーカー | 28 |
| 3.　文脈 | 31 |
| 4.　語用論的プロセス | 33 |

## 第2章　言説の法則　37

| | |
|---|---|
| 1.　協調の原理 | 37 |
| 2.　主要な法則 | 40 |
| 3.　フェイスの保護 | 43 |

## 第3章　様々な知識　49

| | |
|---|---|
| 1.　百科事典的知識 | 50 |
| 2.　ジャンルに関する知識 | 51 |
| 3.　諸知識の相互作用 | 52 |
| 4.　モデル読者と百科事典的知識 | 55 |

## 第4章　言説、発話、テクスト　　59

1.　言説の概念　　59
2.　発話とテクスト　　64

## 第5章　言説タイプとジャンル　　67

1.　コミュニケーションの諸類型　　67
2.　コミュニケーション状況の諸類型　　68
3.　言語と言説の諸類型　　70
4.　言説ジャンルの有用性　　71
5.　いかにしてジャンルを理解するか　　72
6.　ジャンル概念によって提起された二つの問題　　77
7.　契約、役割、ゲーム　　78

## 第6章　媒体と言説　　83

1.　一つの重要な側面　　83
2.　口述と筆記：単純すぎる対立　　85
3.　書かれたものと印刷物の特性　　90
4.　新しいコミュニケーション装置　　92

## 第7章　発話行為舞台　　95

1.　三つの舞台　　95
2.　舞台装置　　97
3.　有効であると認められた舞台　　100

## 第8章　エートス　　105

1.　いくつかの広告テクスト　　105
2.　保証人と同化　　108
3.　エートスとジャンルに関する舞台　　110
4.　混合のエートス　　113

目次　v

## 第9章　非常に多様な言説ジャンル　　117

1. 二種類の言説ジャンル　　117
2. 制度化されたジャンルの異なる様式　　118
3. 三種類のラベル　　123

## 第10章　発話行為の転位　　127

1. 発話行為の再帰性　　127
2. 転位と転位語　　130
3. 三種類の標定　　133

## 第11章　転位図式と非転位図式　　137

1. 二種類の発話行為　　137
2. 単純過去形、複合過去形、半過去形　　139
3. 二つの発話行為体系　　143
4. 転位とモダリティ　　147

## 第12章　人称の用法　　151

1. 「私達は(nous)」と「あなた(達)は(vous)」「私は(je)」　　151
2. 人称の消去　　156
3. エートスと人称　　158
4. 「人々／私達は(on)」と「彼らは(ils)」　　159

## 第13章　ポリフォニーと発話責任　　163

1. ポリフォニー　　163
2. テクストの責任者　　171

## 第14章　直接話法　　179

1. 副次的言説のモダリティ付与　　179

| 2. 直接話法 | 181 |
|---|---|
| 3. 直接話法の導入 | 184 |
| 4. 引用符の不在から自由直接話法へ | 187 |

## 第 15 章　間接話法、混合形式　　191

| 1. 間接話法 | 191 |
|---|---|
| 2. 混合形式 | 193 |
| 3. 自由間接話法 | 194 |
| 4. 引用を伴う要約 | 196 |
| 5. 行為者の視点を再構成する | 198 |

## 第 16 章　自己指示的モダリティ付与、引用符、イタリック体　　203

| 1. 自己指示と自己指示的モダリティ付与 | 203 |
|---|---|
| 2. 引用符に入れること | 206 |
| 3. イタリック体 | 212 |

## 第 17 章　諺、スローガン、アイロニー　　217

| 1. 諺の発話行為とポリフォニー | 217 |
|---|---|
| 2. スローガン | 218 |
| 3. 他の発話についての発話 | 220 |
| 4. 転覆からアイロニーへ | 222 |

## 第 18 章　遊離発話　　227

| 1. 過剰断定 | 227 |
|---|---|
| 2. 格言化 | 233 |

## 第 19 章　名称の種類　　243

| 1. 指示対象の様々な贈与方法 | 243 |
|---|---|

|   |   |   |
|---|---|---|
| 2. | 固有名詞と確定記述 | 245 |
| 3. | 指示限定詞 | 250 |
| 4. | 不定限定詞 | 253 |
| 5. | 総称の限定詞 | 255 |

## 第20章　テクストの結束性：前方照応と後方照応　259

|   |   |   |
|---|---|---|
| 1. | 内部照応 | 259 |
| 2. | 代名詞化 | 264 |
| 3. | 語彙の前方照応 | 266 |

## 第21章　ブランド名と商品名　273

|   |   |   |
|---|---|---|
| 1. | 三種類の名称 | 273 |
| 2. | カテゴリー名 | 274 |
| 3. | ブランドとその言説 | 278 |
| 4. | ブランド名 | 281 |
| 5. | 商品名 | 286 |

## 結論　291

|   |   |
|---|---|
| 主要参考文献 | 297 |
| 索引 | 301 |
| 著者・訳者紹介 | 307 |

## 訳者まえがき

　本書『コミュニケーションテクスト分析』は、パリ第4大学（ソルボンヌ）言語科学科教授ドミニク・マングノー（Dominique Maingueneau）によるAnalyser les textes de communication（2012年版）の翻訳である。ドミニク・マングノー氏は、フランス言語学、特に言説分析を専門とする。言説分析の他にも、語用論、発話行為理論、文学テクスト分析等の多岐にわたる著書、教科書を多数発表すると同時に、200以上の論文を出版している。

　言説分析関係では、『言説分析方法入門（*Initiation aux méthodes de l'analyse du discours*)』(Hachette, 1976、スペイン語に翻訳)を皮切りに、『言説分析辞典（*Dictionnaire d'analyse du discours*)』(共著、Seuil, 2002、ブラジル語、スペイン語、アラビア語に翻訳)や英語の書籍『ディスコース・スタディーズ・リーダー ── 理論と分析の主要潮流（*The Reader in Discourse Studies : Main currents in Theory and Analysis*)』(J. Benjamins, 2014)等、多くの理論書を出版している。また、具体的なテクストの言説分析として、『文学テクストのための言語学 *Éléments de linguistique pour le texte littéraire*』(Bordas, 1986、ブラジル語、カタルーニャ語、スペイン語、ドイツ語、ルーマニア語に翻訳)『文学言説 ── パラトピーと発話行為舞台（*Le discours littéraire : Paratopie et Scène d'énonciation*)』(Armand Colin, 2004、ブラジル語、ルーマニア語に翻訳)、『ポルノ文学（*La littérature pornographique*)』(Armand Colin, 2007、スペイン語、ブラジル語、ルーマニア語、台湾語に翻訳)、『博士論文口頭試問報告書、アカデミックジャンル（*Le Rapport de soutenance de thèse, un genre universitaire*)』(共著、Presses Septentrion, 2002)、『言説制度としての哲学（*La philosophie comme institution discursive*)』(Lambert-Lucas, 2015)等、様々なテクストの分析に関する著書も発表している。言説ジャンルの違いこそあれ、会話、ポルノ文学、広告ちらし、行政のテクスト等の社会的実践が、哲学や文学と同様に、いかに正当化されているのかを言説分析の様々な概念を通して明らかにしようとしている。本書では、その中でも、ドミニク・マングノーが述べる

ところのコミュニケーションテクスト、すなわち、広告、雑誌・新聞などメディアのテクストに焦点を当て、それらの分析方法、技法を 21 章にわたって説明している。この本の初版は、フランスの出版社 Dunod から 1998 年に刊行されたが、その後 Nathan/HER, 2000, Armand Colin, 2007 と改訂、重版、そして今回訳した版が出版されたのが 2012 年、さらに 2016 年版では、理論面はほぼ変わらないものの、特に、デジタルメディアの隆盛を反映し、デジタル版のフランスの新聞等が例として取り上げられている。このように本書は、フランスで 20 年にわたって、時代の、特にメディア環境の変化等に伴い、重版され続けており、このことは本書が、フランスにおける言説分析関係の書籍の中でも飛び抜けて支持されている書籍であることを表している。同様に、本書は、既にポルトガル語 (2001 年)、ルーマニア語 (2007 年)、スペイン語 (2009 年) にも翻訳されている。本書の特色として大きく以下の三点が挙げられよう。

## 1) 英米圏の言説分析とは一線を画する、記号学的テクスト分析から一歩進んだフランスの言説分析の方法論を紹介。特に、メディアコミュニケーション関連のテクストの言説分析方法を提示している。

　フランスは記号学の伝統からもテクスト分析が隆盛し、それらが「フレンチ・セオリー」として他の欧米圏、また日本にも輸入されていった。本書が紹介する「フランス学派言説分析」は、それらに基づきながら、その反省点を踏まえフランスで構造主義以降発達してきた、今まで日本でほとんど紹介されてこなかったテクストの言説分析の方法論を提示する。

　今日、言説分析は、英米圏においても多く行われているが、大きく分けて三つの潮流があるとされている。一つ目はポスト構造主義的言説の理論であるが、主に 1980 年代から始まったカルチュラル・スタディーズの流れのもので、ソシュール、マルクス、ラカン、アルチュセール等を援用しつつ、脱構築主義、またサイードの『オリエンタリズム』に見られるようなアイデンティティの問題など、文化研究、フェミニズム、社会科学などの分野で実践されている。これらは、フランス記号学等に依拠するテクスト分析を捨て去ることではなく、それらをエスノグラフィー等とリンクさせつつ「消費される社会的な場の戦略的状況の中で問い返すこと」[1] を目的としている。

　二つ目は、クリティカル・ディスコース・アナリシス (CDA) として知ら

れるもので、反ユダヤ主義、民族差別、性別差別などテクストに現れる社会におけるイデオロギーを暴き、権力関係を批判することを目的とするものである。ヴァン・ダイクのようにテクスト言語学を実践する研究者もいれば、理解社会学（観察対象となる社会現象や集団、社会的行使者にとっての主観的意味を理解しようとする立場）を実践する（シニフィエを明らかにする）研究者もいる[2]。そして、この本の著者、ドミニク・マングノーが第一人者の一人として推進するフランスにおける言説分析（フランス学派言説分析）は、元は構造主義との鋭い対峙から生まれてきた分野であり、内部に強い批判力を秘めている。前期バルトの『モードの体系』のような伝達を無視し、意味作用を明らかにしようとする構造主義的分析（バルト自身も書き終えたと同時に自身のやり方を否定していることはよく知られている）のように、「ラング」という閉じられた内部にこもり、行き場を失ってしまった構造主義の反省に立つ形で、「言語の使用面」「発話行為」「論証」といった概念が注目され、それらは言説分析の中心に据えられるようになった。

　この言説分析の目的は、著者、ドミニク・マングノーによれば、「テクストの構成と、限定された社会的場を結ぶ、発話行為装置」を考察することであり、言葉がある一定の時代、社会における制度に制限されながら、いかに公的空間で起こった事象を表象し、「出来事」を構築・伝達するか、またこの言説によって構築・伝達された「出来事」がその制度をどのように正当化していくのか、その過程を検証することである。このような方法は語用論的潮流、発話行為理論、テクスト言語学、ミシェル・フーコー（『知の考古学』等）が思考の歴史研究から転換したような発話行為装置の研究、ミハイル・バフチンによる言説の「ジャンル」と言説行為の対話次元に起源を持つものである。このように限定されたコーパスを用いながら、発話行為の装置全体の仕組みを考察し、社会制度との関わりを重要視するのが、「フランス学派」言説分析の特徴であり、特に本書では、言語学を専門にしない学生、研究者向けに、コミュニケーション（メディア、広告）に関するテクストのより厳密な言説分析の手法を紹介する手引書と言える。

2）方法論、事例分析などを通して、フランス語のコミュニケーションテクストの分析、読解方法を学習できる手引書である。また、それらをヒントに他言語のコミュニケーションテクスト分析、読解方法

のヒントを把握することができる。

　本書の前半部は、フランス語に関係なく、言語全般に応用可能な理論（エートス、発話行為状況など）が明示されている。これらを通して、メディア・広告などのコミュニケーションテクストの読解時に分かりづらいニュアンスを理解、さらには分析が可能となる。また、本の後半部は、主にフランス語の文法（人称、ポリフォニー、照応など）に特化した読解、分析方法が明示されている。これらの方法論、また項目ごとにその援用事例が記載されており、フランス語のメディア関連のコミュニケーションテクストの分析、読解ポイント等も把握でき、また、もちろん他言語にも応用可能であろう。

## 3) フランス言語学を専門にする学生、研究者のみならず、メディア研究に携わる研究者等、幅広い読者を対象とする、学際的分野としてのメディア言説分析方法論の手引書である。

　言説分析は、先に述べたように、伝達を無視した構造主義的記号学の乗り越えからスタートしている。メディア研究における言説分析とは、メディアが、いかに、様々な「規範」と見られるコンセンサスや世論を形成し、その内容について読み手を説得するのかについて、言語科学に基づいて実践される分析である。つまり、メディアが、いかに公共表象を構築し、それを想定読者向けに「伝達（＝説得）」するかについて、情報伝達科学と言語科学の観点から、検証することがメディア研究における言説分析の一つの可能性と言えよう。言説分析は、単独の学問領域の実践ではない。例えば、文化人類学では、メディアテクストの言説分析を行いつつ、それを発表したメディア担当者、及び関係者等に行ったインタビューの言説分析をすることで、テクストと発信者との関係をより探るというものである。社会学、歴史学、哲学、文化人類学、カルチュラル・スタディーズ等、他の学問領域と結びつき、研究対象へのアプローチの可能性を広げるものと言えるだろう。メディア研究においても、他の学問領域と連動しながら言説分析の実践を行い、さらなるメディア研究発展へ貢献するものである。本書は、人文科学、社会科学におけるメディア研究において、避けて通れないテクストの言説分析をより論理的に実践するための方法論とその事例研究が満載されたフランス学派言説分析の手引書なのである。

　現代の社会において、受け手、送り手の境界も曖昧になり、様々な書き

手、様々なメディアが生み出す様々な表象に囲まれて生きる私たちが、それ
らの表象を産み出す言説を科学的根拠に基づき分析する方法を本書は提言し
ているのである。

**注**

1　吉見俊哉『メディア文化論』有斐閣アルマ、2004 年、102 頁。
2　これらの各言説分析の動向に関しては、Johannes Angermuller の論文 « L'analyse
du discours en Europe » in Bonnafous, S. et Temmar, M. (éds) 2007, *Analyse du discours
et sciences humaines et sociales*, OPHRYS 2007.（「ヨーロッパにおける言説分析」『言
説分析と人文社会科学』）等を参照した。

## 日本語版の読者にむけて

### 構造主義、「フレンチ・セオリー」、言説分析とは

　ここで日本の読者の皆さんに提案するこの本は、言説分析、より正確に言うならば、世界における主要な潮流の一つである、フランス語圏の言説分析に関するものである。この潮流はおそらく日本では馴染みのないものであろう。実際、フランスでの問題意識から着想を得たテクスト研究を考える際には、すぐに二つの事を思い浮かべるだろう。一つは、1960年代の構造主義、そして、アメリカで「ポスト構造主義」あるいは「フレンチ・セオリー」と呼ばれたものである。

　構造主義とはテクスト分析の枠組みを大きく超えた学際的な動きである。この用語は、一般的に1960年代にその最盛期を見た主にフランスを起源とする思想の展開を指す。フェルディナン・ド・ソシュールの言語学を背景に、知的断絶の意志、歴史的次元の否定、そして、構造概念を重要視するよう導いたその形式主義によって注目された。

　大学で行われる学術研究を超え、それは、文学、メディア、さらには政治空間に浸透した。最も知られている著者は、人類学の分野ではクロード・レヴィ＝ストロース、精神分析ではジャック・ラカン、哲学ではミシェル・フーコー（とりわけ、彼の著書『言葉と物』）やマルクス主義の構造主義バージョンを提示しようとしたルイ・アルチュセールである。

　テクスト研究の分野において、構造主義に関係があったのはとりわけ文学である。自伝的あるいは社会学的説明とは無関係に、それ自体において、またそれ自体として考慮されたテクストに重点を置きながら、構造主義者は1920年代のロシア・フォルマリズム運動を継承し、再利用した。こうして、この文学的構造主義は、文学作品の歴史的アプローチによって支配された大学の因習に相反する取り組みの総体である「ヌーヴェル・クリティック」といったより大きな運動に結びつけられた。これに関して最も著名な人物は、R. バルトであり、同様に、その名前は、アルジルダス＝ジュリアン・グレマスを重要な理論家として有する構造主義的記号論の発展に結びつけられて

いる。この記号論は、多くの国に広がり今日でも、とりわけ、イメージ研究、物語研究といった、様々な分野においてまだ活発であり、広告の理解や分析において重要な役割を担っている。

「フレンチ・セオリー」とは、アメリカの大学で広がった、フランス起源の哲学的、文学的、社会学的理論の総体である。その重要な著者は、「脱構築」の父であるジャック・デリダ、ミシェル・フーコー、ポストモダン概念の発案者であるジャン＝フランソワ・リオタール、ジル・ドゥルーズ、ルイ・アルチュセール、社会学者であるジャン・ボードリヤール、精神分析家のジャック・ラカン、フェミニスト作家であるジュリア・クリステヴァ、エレーヌ・シクスー、リュス・イリガライである。この動きは 1970 年代から、アメリカで独自の道を歩んだ。とりわけ、アメリカの文学部(人間学)で発展したが、1980 年代からは、例えば、ジュディス・バトラーやガヤトリ・C・スピヴァックのような理論家を通してカルチュラル・スタディーズ、ジェンダー・スタディーズ、ポストコロニアル・スタディーズの出現に貢献した。同様に、芸術、政治活動の世界でも大きな影響力を持った。そして、「フレンチ・セオリー」は、「ポスト構造主義」というラベルのもとで、世界中に広がった。

構造主義と「フレンチ・セオリー」は、言説分析に属し、多くの国に広がったフランスから来た［フレンチ・セオリーという］このもう一つの潮流を忘却させることはなく、1960 年代に生じた構造主義は、同上の大半の著者によって発展した。文学的構造主義のように、テクスト研究に向かうものもあった。しかし、その観点はかなり異なり、テクストをそれ自体において、またそれ自体として研究する代わりに、テクストと文脈を分離しないように努めるものである。さらには、文学テクストに焦点を当てず、あらゆる言語実践に着手するのである。

## 言説分析とは

言説分析とは何かを理解するために、この用語の起源を根拠とすることはできない。というのも、それは、1952 年にアメリカの言語学者 Z. S. ハリスによって提案されたが、彼は今日の意味で使われている言説分析をしようとは目論んではおらず、単に言語学の領域を文章を超えたものに広げたかったのである。ハリスにとって、「ディスコース」とは文より上位のサイズの単

位を指していた。ハリスによると、言説分析の目的は、ある要素の反復に基づきながら、そこから構造を引き出すためにテクストを分解するものであった。しかしながら、ハリスの言説分析は、社会秩序の現象と、テクストとの規則性を関係づけ、言語と他の行動形式との特定の相関関係を引き出す方法を検討していた（1952 年、4 頁）。ハリスの立場は、1960 年代のフランス文学の構造主義のそれに類似しており、前提として、テクストの内在的分析から始め、この分析結果をテクストが生じた社会歴史的条件と関連づけなければならないと仮定していた。このような態度は、テクストの外にある形式と現実の研究とを分離することを明確に拒絶し、テクストの内側と外側の間の対立を拒否する「言説」の現在の諸問題とは相反するところに位置する。

今日、言説分析は世界的に研究されている分野である。この発展は、線的な歴史の結果ではない。すなわち、言説分析に、単独の創設者や、その分野の研究者全体によって認識されるような創設者の核を付与することはできないのである。

この巨大な研究分野は、異なる国々、特にアメリカ、フランス、イギリスにおいてそれぞれが独立して編み出した諸問題を同化しながら、次第に構成されていった。大幅に単純化することで、これらの発展は、ざっと三局面に分類することができる。

1. 1960 年代後半、欧米では、言語研究においてかなりの数の新しい諸問題が生じた。アメリカで、この刷新は、特に、言語人類学（J. ガンパーズ、D. ヒューム）と相互行為社会学（E. ゴフマン、H. ガーファンケル）に由来する。「言説分析」という用語を最初から使用したただ一つの国、フランスでは、（とりわけ、構造主義言語学、また、L. アルチュセール、M. フーコー、J. ラカンといった）幾人かの思想家の考察が、非常に様々な方法で、テクストの伝統的アプローチという前提に異議を唱えた。イギリスでは、M. A. K. ハリデーの言語学理論（「体系・機能的」言語学）が大きな影響を与えたが、それは言語研究とその状況における使用研究を結びつけようとしていたからであった。

2. 1970 年代ヨーロッパで、言語科学における「言説」に関する特別の研究分野が生まれた。それは様々な潮流に依拠していた。（同じテクスト内で文

と文との関係を研究しようとした）テクスト言語学、後でまた触れる発話行為理論、そして、言語は世界の単純な表象ではなく、行為の一形式であることを中軸とする考えに依拠する語用論である。これら三分野は、非常に豊富な概念および方法論の道具を提供した。これは、ロシアの思想家、M. バフチンを参照することが大変重要になり始めた時でもある。バフチン（1895 年–1975 年）は、言説分析に関心を持ったことは皆無ではあるが、彼が発展させたかなりの数の概念、特に、言説ジャンルに関する概念や、あらゆる発話の「対話的」特徴が、言説分析者によって 20 世紀末に再考された。

3. 1980 年代以降、1960 年代にアメリカで出現した問題提起、すなわち談話研究とコミュニケーションの文化人類学が、ヨーロッパに大規模に浸透した。このように、言説に関する実に世界規模な、しかし非常に不均質な研究領域が次第に展開していった。この世界的波及の動きは、社会心理学、文化人類学、社会学、政治科学、歴史等といった人文社会科学のあらゆる分野から生じた研究を統合した研究の学際的特徴の強化を伴った。また、その後、考慮に入れられるコーパスの種類はかなり広げられた。現在では、口語の相互行為や制度の言説、メディアだけではなく、それまで文学部だけが扱っていたテクストの種類、とりわけ、文学テクストや哲学テクストも研究されている。この展開の証拠に、オランダの研究者 T. ヴァン・ダイクによって 1985 年に出版された複数巻からなる『ディスコース分析ハンドブック』の刊行がある。この選集は、特にヨーロッパ発、またそれより少ないが、アメリカ発の極めて多様な論考を「ディスコース・アナリシス（discourse analysis）」という同じラベルのもとでひとつにまとめたものである[1]。

## フランスの場合

　一般的に、フランスでは、1966 年が構造主義の啓蒙の年であったと言われる。なぜなら、まさにその年に、主要な書物、とりわけ、M. フーコーの『言葉と物』、J. ラカンの『エクリ』、R. バルトの『批評と真実』、A.-J. グレマスの『構造意味論』が出版されたからである。言説分析にとって 1969 年は重要な年である。この年に、フランスで最も権威ある言語学雑誌『ランガージュ』が、言語学者ジャン・デュボワ監修の特別号を「言説分析（l'Analyse du discours）」と呼ばれる新分野に割いたからである。同年、マルクス主義

思想者であるルイ・アルチュセールの弟子、哲学者ミシェル・ペシューは『言説の自動分析』という本を出版し、ミシェル・フーコーがとりわけ、「言説編成」という概念を通して、「言説」概念に中心的位置を与えた『知の考古学』を出版した。この全く異なる三つのアプローチによって、フランスにおける言説分析は出現したのである。

『ランガージュ』第13号の出版を受けて、言説分析の最も一般的な考え方は、1) あらゆる種類のテクスト（文学部の非常に限られた実践とは対照的なもの）を、2) 言語学から援用した道具を使って、3) テクストと社会歴史的状況との関係理解を高めるために、研究する分野ということである。しかし、M. ペシュー、M. フーコーという二人の哲学者が「言説」概念を中心に考察を展開したように、この言説分析は、同様に、意味、テクスト性、主観性に関するかなりの前提を問題にした。

M. ペシューは『ランガージュ』特別号に参加しなかった。実際、彼の計画は言語学者のものとははっきり異なっていたからである。彼にとって言説分析は、言語学だけではなく、J. ラカンの精神分析や L. アルチュセールのマルクス主義にも根づくものであった。彼は一種の言説のマルクス主義的分析者（フランス語で「分析者」という語は精神分析者も指し、「分析」は精神分析を指し得る）のように自称していた。マルクス主義の伝統に従って、イデオロギーは、現実に対する無理解として捉えられており、その機能を表出させるために、言説の科学を発展させなければならなかった。ペシューは情報処理プログラム（「自動分析」）を編み出し、テクストを分解することで、これらテクストが隠ぺいする機能として持つだろう無意識のイデオロギー・プロセスを出現させようとした。この種の言説分析は、後のクリティカル・ディスコース・アナリシス（Critical Discourse Analysis）と呼ばれるものに大きな影響を与えることとなる。そこには、N. フェアクラフ、T. ヴァン・ダイク、ルース・ウォダックらが参加している。1990年代に現れたこの潮流は、言説研究を社会の機能障害、とりわけ権力の諸関係の批判に用いている。

フランス言説分析における M. フーコーの『知の考古学』の影響は非常に深いが、デュボアやペシューの影響に比べるとかなり間接的なものである。後者二人が、言説を研究するのに言語学に依拠していたのに対し、フーコーはそれをしなかった。実際、彼が「言説」と名づけたものは、言語使用と直接の関係はなかった。フーコーは、「その語彙、その統辞法、その論理的

構造あるいはその修辞学的組織と一緒に、あるがままのテクスト（もしくは言葉〈パロール〉）」を研究しようとするのではなく、「テクストの最終的な配置を大まかなままにしておく」[2]（100 頁）。この観点が、かろうじて多くの言説分析者の基本前提と相いれるのが難しいのは、彼らにとっては、語彙、統辞法、あるいはテクストの配置が分析の周縁的現象ではなく、分析の中心にあるためだ。フーコーはまた、その後の著作、とりわけ、権力を扱った『監獄の誕生――監視と処罰』（1975 年）、『性の歴史――知への意志』（1976 年）を通しても言説分析に大きな影響を与えていくことになる。これらの著作は同時に「クリティカル・ディスコース・アナリシス」にとっても重要になっていく[3]。

## 言説の諸問題

　このように、言説分析の始まった当初から、1969 年のパリという制限された空間においてでさえ、非常に多様な概念が同時的に現れた。この多様性が可能なのは、「言説」という用語が非常に多面的であるからに他ならない。諸概念や学術分野の潮流の多様性を超えて、その［用語の］使用は、言語と世界との諸関係のある概念を前提としている。これがまさに、M. フーコーが『知の考古学』の一節で説明していることであり、そこで彼は、言説とは「もの」を指す単なる「記号」ではなく、語られる「諸対象をシステマティックに形成する実践」であることを強調している。

　　私が示したいと考えているのは、言説が、一つの現実と一つの言語体系〈ラング〉とがそこで接触ないし対決する薄い表面ではないこと、一つの語彙と一つの経験との絡み合いではないということである。私が明確な例に基づいて示したいと考えているのは、言説そのものを分析することによって、言葉と物とのかくも強力であるように見える絆が緩み、言説実践に固有の諸規則の集合が得られるということなのだ。そうした諸規則によって定められるのは、一つの現実の無言な存在でもなければ、一つの語彙の正しい用法でもなく、諸対象の体制なのである。［中略］
　　言説を、諸記号の集合（諸内容ないし諸表象に送り返される優位的諸要素の集合）としては――もはや――扱わず、自身がそれについて語る諸対象をシステマティックに形成する実践として扱う、という任務である。確かに、言説は諸記号からなる。しかし、言説が行うのは、そうし

た諸記号を使用して物を指し示すことより以上のことである。

（1967 年、65、67 頁）

　「言説」という用語が哲学の型の発展に基盤的役目を果たすという事実によって、言説分析の異質性が、人文社会科学の複数の潮流の間の多様性を超えていくことが示される。すなわち、この概念を扱う全員が言説**分析者**[4]、言語生成の機能を研究しようとする研究者ではないということである。非常に体系的に、言説分析者は三つのグループに分類することが可能であり、同じ個人が状況によって他のグループへと移動すると理解されている。

　最初のグループには哲学的領域をその目標とする研究者が含まれる。言説に関連する問いによって、性差、主観性、権力、エクリチュール、対立のような主題を考察できる。これらはとりわけ、「フレンチ・セオリー」あるいはポスト構造主義を標榜する思想家の事例である。例えば、米国では、哲学とフェミニズムの分岐点で、西洋的パラダイムを批判することに取り組むG. C. スピバック（1987、1990、1999）、J. バトラー（1990、1997）が挙げられる。同様に、政治科学の分野で、ラクラウ、ムフ（1985）によって主張されている「ヘゲモニー」理論が考えられる。この哲学的動向は、見てきたように、フランスでは言説研究の起源から現れているものである。

　第二のグループは、おそらく最も多く、数ある「質的方法」の一つとして言説分析を用いる人文社会科学の研究者が含まれる。このタイプの研究者は言説というアプローチを、コーパスを扱い、それらを解釈することを可能にする道具のように考えている。彼らの主要な目的は、用いる概念や方法を豊かにすることではない。なぜなら、地理学、社会学、政治科学といった彼らが所属する学問分野によって定義された枠組み内で研究するからである。言説は、研究者に言語外の現実に接近し得る手掛かりを与えるものとして見なされる。例えば、単語、あるいはメタファーの使用頻度は、何らかの社会の発展と関係づけられる。このように言説分析を使用することで、言説分析と伝統的技法である「内容分析」の境界を消してしまう、あるいは少なくとも曇らせてしまう恐れがある。「内容分析」とはコーパスを収集し、テクストを分類し、比較し得るカテゴリーを用いて意味を抽出しようとし、それらを社会学的あるいは心理学的要因と関連づける方法をいう。最初から言説分析はこの種のアプローチとは距離を置こうとしてきた。例えば、N. フェアク

ラフは、内容分析を、「透明な言語を考察する一傾向［中略］、言語学的データの社会的内容はいわゆる言語に注意を向けることなく読まれ得ると考える傾向」と批判している。（1992 年、20 頁）さらに、テクスト外にある現象に帰する手掛かりを、テクストそれ自体として研究されたテクスト内で調べる代わりに、言説分析は、テクストとその生成条件とを密接に関連づけようとする。

　第三のグループはまさしく言説分析者、すなわち、テクストと文脈との分離を否定しながら、言説機能の研究と、社会歴史的あるいは心理学的領域の諸現象の理解との間の均衡を保とうとする研究者達からなる。これらの研究者達は大抵の場合、言語科学に強く根づいている。このグループは、言わば、言説に特化した研究分野に基礎を置いている。

## 言説分析におけるフランスの傾向

　フランスの言説分析は単一的であったことは一度もない。しかしながら、もしこの潮流を拠り所とする研究全体を考えるならば、口語的な相互行為研究に重きを置く米国で行われている研究には見られない、いくつかの際立つ共通する特徴がある。これらの特徴については、ここで「フランス」というのは「フランスで行われた」ということを意味しないことを強調した上で、**フランス的傾向**と言えるかもしれない。今日、グローバル化した研究界においては、「フランス言説分析」と呼ばれるものは、フランス人研究者でも、フランス語圏の研究者でもない、トランスナショナルな研究ネットワークである。そのうえ、フランスを起源とする概念や方法は、それらが異なる国の文化と接触する時に変化させられる。こうして、知的混合が起こるのである。これら「フランス的傾向」は次のいくつかの特性によって特徴づけられる。

1. ［米国での会話における談話分析のような］**即時的な実証研究と距離を取る一研究スタイル**。「諸事実」は研究者の構築物の産物のように考えられる。この観点では、「データ」の「注意深い観察」で十分だとは考えられない。なぜなら、何も「データとして与えられて」はいないのである。さらに、研究の概念的一貫性が強調される。すなわち、研究者の理論的前提と用いる手法との間の合致が必要だからである。

2. **自然発生的な口語の相互行為と対照的に、制度的に「制約された」言説への関心。**当初 1960 〜 1970 年代においては、フランス言説分析者の研究は、特に政治に関する文語コーパスについてであった。次に、その関心領域は文語あるいは口語のあらゆる種類のコーパスに広がったが、それは、話し手に諸役割を課す制度に結びついた言説実践に重きを置いていた。それは、はっきりと目に見える制度（病院、学校等）か、あるいは広い意味での制度（文学、宗教等）であり得る。このように、最も重要なのは、制度と、制度が可能にし、制度を可能にする言説実践との間の本質をなす関係である。例えば、政治は、政治的言説実践と一体となっている。これらの実践が変わるということは、それは政治が変わったということなのである。

3. **言語の不透明性を強調すること。**分析は言語学を拠り所とするが、言語学は言語の特性を考慮することなしに意味を知ろうとすることを拒む。この点において、言説分析者は、言語学的機能を考慮せずにテクストの意味を知ろうとする内容分析に対峙する。言語が示す表現の中でも、言語学的な発話行為に属する現象がとりわけ研究されている。

4. **主体というものが言説の中で構築されるという考え。**話すことで表現されると見なされる言説外の社会的、心理学的主体から離れるものではなく、主体というものは、発話行為の立場によって構築されるが、その立場は、自らが就くように誘導されるとともに、社会的に許容できる意味を生成することを可能にさせると考えられる。そこには、意味と発話の源であり、意識的で自立的な個人と見なされる、主体という伝統的観念への批判がある。フーコーが言うように、「言説は、思考し認識してそれを語る一人の主体の厳かな表明ではない。そうではなくて、言説は逆に、主体の分散と主体の主体自身との非連続性とがそこで決定され得る一つの集合である。言説は互いに区別された諸々の場所の一つのネットワークが繰り広げられる外在性の空間なのだ。」（1969 年、74 頁）

5. **間言説優位の主張。**話すことは、常に、賛成したり、拒絶したりする他の言説の支配の下で話すことである。ある言説のアイデンティティはそれ自体の境界を定める絶え間ない一作業である。あらゆる言説は絶えず、実際のあ

るいは潜在的な他の言説により横断される。この原理は、アイデンティティを閉じられた世界と考えるアプローチを拒絶する。意味とは単なる意図の投影ではなく、他の諸言説で既に飽和状態の一空間を介した困難な道のりなのである。

## 発話行為理論とは

　フランス語圏言説分析の特徴の一つは、言語学の発話行為理論に絶えず依っていることを考察した。これらの理論は、初めはヨーロッパで発展した。特に、スイスの言語学者、シャルル・バイイ（1865年－1947年）とロシアの言語学者ローマン・ヤコブソン（1896年－1982年）によってであり、フランスでは、とりわけ、A.キュリオリ（1924年生まれ）とO.デュクロ（1930年生まれ）が続いた。しかし、この分野で最も重要な著者は、フランスの言語学者、エミール・バンヴェニスト（1902年－1976年）であり、この発話行為の問題に焦点を当てた二冊の論文集（『一般言語学の諸問題』（1966年）と『一般言語学の諸問題II』（1974年））を出版した。

　「発話行為」という用語の最も共有されている定義は、「個人的な使用行為による言語の働き」（バンヴェニスト、1974年、80頁）である。「発話者」と、話している個人自らとの区別がここでは重要である。なぜなら、事実、発話を生成する人は言語体系の内側にいるのでも言葉の外にいるのでもないからである。「私（je）」という代名詞は発話者を指示し、彼あるいは彼女が話をしている時にしか存在しない。誰も話していないならば、発話者はいないのである。活動である発話行為と、この活動の産物である発話は区別される。この発話行為の過程を経ることで、言語と世界は関係づけられる。つまり、一方で、発話行為は話し手に自らの発話内で、世界について語ることを可能にさせ、他方で、発話行為の産物である発話はまた、一つの事実、つまり、ある特定の時と場所において残存する世界のある出来事なのである。このように、発話行為のカテゴリーは、言語と世界との境界を問題とする。

　発話行為活動の形跡とされる、様々な種類の言語学的現象が研究されている。それは特に、指呼詞的表現であり、その目印は、ある特定の文脈における言葉の活動そのものである。すなわち、一人称と二人称（私は（je）、君は（tu）、私達は（nous）、あなた（達）は（vous）、私の（mon）、あなた（達）の（votre）等）、時制（現在、過去、未来）、副詞と時の状況補語（明日（demain）、昨日

(*hier*)、**2日後に** (*dans deux jours*) 等) または場所の状況補語 (**これ** (*ceci*)、**ここ** (*ici*)、**あちら** (*là-bas*)、**左に** (*à gauche*) 等) である。こうして、E. バンヴェニスト (1966) は、発話行為を大きく二種類に区別することを確立し得た。一つは、発話者の存在の痕跡を示す指呼詞を用いるテクストで、もう一つは、その発話行為状況から独立したものとして表れるテクストである。それは、例えば、辞書項目、法律テクストや科学的著作の場合である。

　指呼詞の他には、発話行為理論は、特に以下のことを対象にする。

* 指示するために使われる名詞の限定辞 (不定冠詞 (*un*)、定冠詞 (*le*)、指示代名詞 (*ce*) 等)
* モダリティ表現、言い換えれば、自らが言うことに対する (**おそらく** (*peut-être*)、**幸いにも** (*heureusement*) 等)、あるいは、自らの受け手に対する (疑問、肯定等) 発話者の態度を示す表現
* 「対話性 (dialogisme)」や「多声性 (polyphonie)」(M. バフチン) に結びつけられる現象。すなわち、否定、伝えられた言説、アイロニー、かぎ括弧に入れること、視点の変化等である。特に、O. デュクロ (1984) は、言語学的な多声性の理論を発展させ、話すことは、自らの言葉の中に異なる視点を演出することであり、それに対し、発し手は同意したり、拒絶したりすると考えた。

　例えば、接続詞、**しかし** (*mais*) による二節の関係が引き起こす視点の変化に言及できるだろう。「ポールは頭が良い。しかし、頼りない」と言って、発話者は譲歩している。二つの異なる視点を関係づけ、二つ目 (「彼は頼りない」) を一つ目より大きい力を持つもの、言い換えれば、「ポールは頭が良い」から導かれるだろうことに反する結論に向かわせるものとして表す。すなわち、彼が選抜試験に受かるとは予想されない等である。

　フランス学派の言説分析では、発話行為の現象は、1) 一つのテクストそれぞれの発話レベル、2) テクスト自体のレベルという、二つの相補的なレベルで考えられた。事実、一つのテクスト内で、言語学的現象は、特別な制約を持つコミュニケーション活動を担っている。「フランス北部では雨が多く降るでしょう。」のような一文は、会話、天気予報、小説等、非常に多様な言説活動の領域に属するテクスト内に現れ得る。

言説分析者が発話行為現象に非常に関心を抱くのは、それらがテクストと文脈をより容易に関連づけることを可能にするためである。構造主義的言語学では、言語と世界とをはっきりと分けることから始められていたために、これらの関係を確立することはずいぶん難しかった。言説分析者が望むことは、一方では、［話し手の］主体を消そうとする態度と、もう一方では、社会科学を支配する見解との釣合いの取れた道を見つけることである。そこでは、主体は、はっきりと定められた「目標」に到達するために「戦略」を練ることを可能にさせる社会的、心理学的特性が備わった自立的な「行為者」だと考えられている、すなわち、**発話者**は、自身は言説の外部にいる訳ではないが、だからといってその言語に属しているというのではない。

## 本書について

　言及してきたことに関して、本書、『コミュニケーションテクスト分析』はどのように位置づけできるであろうか。

　本書は言説分析への入門書には当たらない。これは、特に、新聞・雑誌や広告に属する書かれたテクストを扱う言説分析から着想を得た手引書である。これは、多くの場合、言語学的な発話行為の領域に属し、言説ジャンルの問題に結びつくカテゴリーを用いて、テクスト研究を行うあらゆる研究者の一助となることを目的としている。

　筆者は「言説分析に着想を得た」手引書であり、言説分析の手引書と言わない。なぜなら、実際の言説分析の手引書は、テクストの流通方法やその読者の研究と結びつけられる、これら言説を生成する諸制度の研究と共に、言語現象や言説ジャンルの研究を密接に結びつけるだろうからである。

　反対に、本書は、非常に多様な例を引いて、かなりの数の分析カテゴリーを提示する説明方法を採った。もし、言説ジャンルと諸制度との連関を研究したかったのであれば、より詳細な方法でいくつかの言説ジャンルを研究する必要があっただろうし、そうすれば全く異なる本を書くこととなっていたであろう。

　この手引書は言語学専攻ではない学生や研究者に向けたものであり、分析カテゴリーの紹介は簡素化されていることは避けられない。理論上の源は言及されておらず、テクストを分析するために導かれたカテゴリーは議論や問題提起とはされていない。例えば、引用した言説については、膨大な量の研

究と、この主題について沢山の議論が存在する。この問題に割かれた本書の章ではそれらは言及されていない。いずれにせよ、本書の目的は、言説分析領域を横断する議論を紹介することではなく、読者を異なる方法でテクストを研究するべく導くことである。

　新聞・雑誌や広告から抜粋した書かれたテクストを扱うことを選択したのは、これらが［フランスの］コミュニケーション学部でとりわけ研究されているコーパスだからである。しかし同時に、これらがどのような読者にとっても身近なテクストの種類であり、コミュニケーションを専攻する研究者や学生でなくとも、絶えず日常生活において直面しているからでもある。さらに、書かれたテクストを研究することにより、フランス学派言説分析の多くの貢献を有効に活用することができ、また、それは、口語的相互行為研究では焦点が当てられず、米国で行われている諸研究とは異なることを、念押ししておこう。

　確かに、新聞・雑誌や広告はフランスと同じく、日本でも身近な現実ではあるが、本書の翻訳がぶつかる二つの困難が、これらを理解するための重大な障害とならないよう願うことは、隠しようがない。一つ目の困難は、もちろん、二国間の文化的差異である。例えば、あらゆるフランス人読者は、『ル・モンド』がエリート向け新聞である一方、『ル・パリジャン』紙はむしろ、大衆紙であることを知っているが、これが日本人読者に知られているとはあまり思われない。二つ目の困難は、フランス語と日本語という、その構造が非常に異なる二言語間の相違に起因する。この手引書は言語学的諸現象の研究に重要な地位を与えるがゆえに、読者の言葉には存在しない諸現象を理解させ、それに対応する語を日本語で見つけるのは、二人の翻訳者にとって手ごわい作業であることは明らかである[5]。ゆえに、彼女達は困難な仕事を実現させたのであり、その功績を讃えなければならないだろう。

注

1　［訳注］Angermuller, Maingueneau and Wodak (eds) (2014) に言説分析の主要な提唱者と主要な潮流の全体紹介がある。

2　［訳注］本書における M. フーコーの引用部分は、慎改康之氏の名訳『知の考古学』

（2012、河出文庫）からの引用である。ちなみに本書のページ数は、すべて原書による。

3　［訳注］この潮流の紹介は、Wodak and Meyer（eds）（2001）を参照し得る。

4　［訳注］本書における強調は、原著でイタリック体の部分は**行書体太字**に、太字の部分は**ゴシック体太字**に、イタリック体太字の部分は**ゴシック体太字に下線**で表記している。

5　［訳注］例えば、その一工夫として、原文の構造を忠実に再現するため、日本語では不自然であるが、必要に応じて代名詞を訳出した。

## 参考文献

Angermuller, J., Maingueneau D. and Wodak, R. (eds), 2014, *The Discourse Studies Reader. Main currents in Theory and Analysis*, Amsterdam/Philadelphia, Benjamins.

Barthes, R., 1966, *Critique et vérité*, Paris, Le Seuil.（ロラン・バルト『批評と真実』保苅瑞穂訳、みすず書房、2006 年）

Benveniste, E., 1966, *Problèmes de linguistique générale*, Paris, Gallimard.（エミール・バンヴェニスト『一般言語学の諸問題』岸本通夫監訳、みすず書房、1983 年、新装版 2007 年）

Benveniste, E., 1974, *Problèmes de linguistique générale*, II, Paris, Gallimard.（エミール・バンヴェニスト『言葉と主体——一般言語学の諸問題』阿部宏監訳、前島和也・川島浩一郎訳、岩波書店、2013 年）

Butler, J., 1990, *Gender Trouble: Feminism and the Subversion of Identity*, Routledge.（ジュディス・バトラー『ジェンダー・トラブル——フェミニズムとアイデンティティの攪乱』竹村和子訳、青土社、1999 年）

Butler, J., 1997, *Excitable Speech: A Politics of the Performative*, Routledge.（ジュディス・バトラー『触発する言葉——言語・権力・行為体』竹村和子訳、岩波書店、2004 年）

Dubois, J., et Sumpf, J. (eds), 1969, « L'Analyse du discours », *Langages*, nᵒ 13. (J. デュボワ、J. ズンプフ「言説分析」『ランガージュ』、第 13 号、1969 年)

Ducrot, O., 1984, *Le Dire et le dit*, Paris, Minuit.（『言うことと言われたこと』）

Fairclough, N., 1992, *Discourse and social change*, Polity Press.

Foucault, M., 1969, *L'Archéologie du savoir*, Paris, Gallimard.（ミシェル・フーコー『知の考古学』中村雄二郎訳、河出書房新社、新装版 2006 年、慎改康之訳、河出文庫、2012 年）

Foucault, M., 1975, *Surveiller et punir*, Paris, Gallimard.（ミシェル・フーコー『監獄の誕生』田村俶訳、新潮社、1977 年）

Foucault, M., 1976, *Histoire de la sexualité. La volonté de savoir*, Paris, Gallimard.（ミシェル・

フーコー『知への意志――性の歴史1』渡辺守章訳、新潮社、1986 年）

Greimas, A.-J., 1966, *Sémantique structurale*, Paris, Larousse.（アルジルダス＝ジュリアン・グレマス『構造意味論――方法の探求』田島宏・鳥居正文訳、紀伊國屋書店、1988 年）

Harris, Z. S., 1952, « Discourse analysis », *Language*, n° 28, 1-30.

Lacan, J., 1966, *Écrits*, Paris, Le Seuil.（ジャック・ラカン『エクリ I』宮本忠雄・竹内迪也・高橋徹・佐々木孝次訳、弘文堂、1972 年、『エクリ II』佐々木孝次・三好暁光・早水洋太郎訳、弘文堂、1977 年、『エクリ III』佐々木孝次・海老原英彦・葦原眷訳、弘文堂、1981 年）

Laclau, E., Mouffe, C., 1985, *Hegemony and Socialist Strategy. Towards a Radical Democratic Politics*, London, Verso.（エルネスト・ラクラウ、シャンタル・ムフ『民主主義の革命――ヘゲモニーとポスト・マルクス主義』西永亮・千葉眞一訳、ちくま書房、2012 年）

Pêcheux, M., 1969, *Analyse automatique du discours*, Paris, Dunod.（『言説の自動分析』）

Spivak, G., 1987, *In Other Worlds: Essays in Cultural Politics*, London, Methuen.

Spivak, G., 1990, *The Post-Colonial Critic: Interviews, Strategies, Dialogues*, S. Harasym（ed.）, London, Routledge.

Spivak, G., 1999, *A Critique of Post-Colonial Reason: Toward a History of the Vanishing Present*, Harvard University Press.

Van Dijk, T.（ed.）, 1985, *Handbook of Discourse Analysis*, 4 vol., London, Academic Press.

Wodak, R., Meyer, M.（eds）, 2001, *Methods of Critical Discourse Analysis*, London, Sage.（ルート・ウォダック、ミヒャエル・メイヤー『批判的談話分析入門――クリティカル・ディスコース・アナリシスの方法』野呂香代子監訳、三元社、2010 年）

# 序章

　現代社会に生きること、それは、ちらし、電話帳、新聞、ポスター、観光ガイドブック、ダイレクトメールといった、はかなくも氾濫するおびただしい数のテクストに立ち向かうことだ。ざっと目を通したり、走り読みしたり、参照したりすることはあっても、本当の意味で**読まれる**ことは稀な発話の数々。

　[フランスの] 中等教育において、このような月並みな発話への関心が徐々に高まっている。これは、職業資格課程（技術短期大学、ジャーナリズム、政治、商業、コミュニケーションの高等学院）はもちろん、文学、言語学の大学学部にも当てはまり、そこでは、「専門」「応用」「職業」といった新課程が開設されている。

　言語に関する昨今の研究の主な特徴の一つは、言語の単位や規則の恣意性に留まらず、言説としての発話に取り組む研究が現われてきていることである。この研究とは厳密に言えば、一学問ではなく、さまざまな分野間での変わりやすい交流空間であり、それぞれの分野が独自の視点から言説を研究している。つまり、会話分析、論証理論、コミュニケーション理論、社会言語学、民族言語学、言説分析等（このリストは網羅的ではない）は、しばしば対立しつつ、連関した領域（社会学、心理学、歴史等）に広がるこの研究分野を共有する。言語科学によるこの取り掛かりは、同様に研究対象の言語的側面を考慮しようとする、人文科学の他分野の多くの研究者の関心を引いた。

　本書では、**テクスト構造自体やコミュニケーション状況を理解するのではなく、それらを緊密に結びつけようとする**言説分析の観点を採った。言説分析者は、言説のジャンル（診療、語学の授業、テレビでの政治討論等）や、社会空間の一領域（病院、カフェ、テレビ局のスタジオ等）、あるいは言説領域（政治、科学等）を研究の基盤とする。しかしながら、分析者が、ある一つのジャンルをこれらの領域である**場**に組み入れるためには、一つのジャンルから出発するしかなく、どの言説の**ジャンル**がある一つの**場**に結びつくかを考えるためには、一つの**場**の範囲を限定するしかない。例えば、広告テクス

トは、単にテクスト構造、つまり、まとまりのある一連の言語記号としてでも、マーケティング戦略の要素の一つとしてでもなく、ある一つの**言説ジャンル**に結びつけられる発話活動として研究される。なぜなら、言説が出現する社会的場、経由する伝達手段（口述、文書、テレビ等）、関わる伝達様式等は、そのテクストが編成される方法から切り離せないのである。

　本書は、言説分析の諸問題を概観しようとするのでも、言説分析とは何かという詳細なモデルを構築しようとするのでもなく、最も研究されている出版物や広告に重きを置きつつ、主要な特徴のみを示し、書かれたテクストを分析するためのいくつかの手掛かりを提案する。口語コーパスを入念に研究するには、視聴覚記録を用い、会話分析が発展させた概念的、記述的体系を総動員しなければならないだろう。ここでは、**言語資料**にのみ専念するために、テクストの図像的側面（写真、絵、図表、レイアウト等）も検討しなかった。しかし、これは学術的選択に他ならない。なぜなら、特に広告テクストは根本的にイメージと言葉であり、そこでは言語自体がイメージを作っているのである。

　この本は、すぐに役立つことに加えて、言わば、言語研究が最優先ではない人向けの言語科学教育といえるものを目指している。このことから、本書は、読者が言語学について最小限の知識だけを有することを前提とした。しかしながら、読み終わって、読者が自らを取り巻く発話に対して、異なる視線を向けたくなり、発話を目的のための一義の道具として見ることがなくなることを願っている[1]。

**注**

1　［訳注］初版（1998 年）では著者は以下の文章で締めくくっている。

　　そうすれば、読者は、ミシェル・フーコーの次の言葉の重みが分かるだろう。「ここで問題となっているのは、言説を中立化し、言説を別のものの記号と見なしつつ、言説の手前に沈黙のうちにとどまっているものに辿り着くために言説の厚みを貫くことではなく、逆に、言説をその堅固さのうちに維持することであり、言説をそれに固有の複雑さにおいて出現させることである。」（*L'Archéologie du savoir*, Paris, Gallimard, 1969, p. 65.（『知の考古学』））筆者は、『知の考古学』に比べて、月並みな文脈にこの引用を用いることは、フーコーのテクストに対して、少しばかり乱暴であることを自覚している。

# 第 1 章

## 発話と文脈

## 1. 発話の意味

　適切に発話に取り組むためには、意味の不適切な理解に依ることはできない。それゆえ、この第一章では、意味と文脈間の関係の複雑さを強調しよう。

### 1.1. 非対称なプロセス

　それぞれの発話は、**ある一つの不変の意味**を所有し、発話者が発話にそれを位置づけるものと通常考えられている。この意味は受け手が解読する意味であり、受け手は、同じ言語を話すために、話し手と同じコードを所有する。この言語活動の考え方において、意味は発話**の中**にある種組み入れられているものであり、その理解は、本質的に、その言語の語彙と文法知識を通してなされるだろう。また、文脈は周辺的役割を果たし、場合によっては起こり得る発話の曖昧さの排除を可能にする情報を提供するだろう。例えば、「犬が吠える (Le chien aboie)」または、「彼女が立ち寄った／それは変色した (Elle est passée)」という時、文脈は、「犬 (le chien)」が特定の犬を指示するのか、犬の種類を指示するのか、また、「彼女／それ (elle)」が誰／何を指示し、「立ち寄った／変色した (passé)」が動きを指示するのか、色を指示するのか等を決定するだけに使用されるだろう。

　言語に関する現代の考察は、このような発話解釈の考え方に対して距離を取った。すなわち、文脈は、部分的に未確定な意味を**含み**、受け手が明確にしさえすれば良い発話**のまわり**に単に配置されているものではない。事実、あらゆる発話行為は、根本的に**非対称**なのである。発話を解釈するものは、生成された発話内に与えられた指示からその意味を再構築するが、発話が**再構成するものが、発話者の表象と一致している**ことを保証するものは何もない。発話を理解すること、それは、単に文法や辞書を参照するだけではな

く、予め設定され安定したデータではない文脈を構築しながら、非常に多様な知識を動員し、仮説を立て、推論することなのである。文脈外の固定された意味を有する発話の解釈でさえ、支持できないのである。もちろん、語彙単位が先験的に何も意味していないと言いたいのではなく、一つの意味が、特別な状況で、ある言語シークエンスに付与されるために、また、その言語シークエンスがある特別の時空間において、一人、もしくは複数の主体に、ある目的をもって呼びかける主体によって引き受けられている真の発話になるためには、文脈外で、ある発話の意味や、せいぜい制約についてしか実際に話すことはできないのである。

## 1.2. 発話の語用論的地位

役所の待合室の壁などで見かける、赤の大文字で記された 30cm × 20cm のプラスチックの掲示板を想像してみよう。

**禁煙**（NE PAS FUMER）

ここに中でも最も単純な発話があり、この解釈は即時に行われるものである。実際のところ、この解釈は即時でしかあり得ない。なぜなら、ある意味を発話に付与するために、動員しなければならないものは意識されないからだ。

この掲示板上の言葉を解釈したいならば、**記号**のシークエンスとして、より正確には言語シークエンス、すなわち**一つの発話**としてこの掲示板を見なすことから始める必要がある。これが意味するのは、発話源を、ここでは、フランス語を用いて、意味を受け手に伝えようとする［発話］主体に付与することである。**表現の物質的諸条件**は、発話がこの地位を得るのに重要な役割を担う。赤い大文字で書かれた簡素なプラスチックの掲示板の代わりに、カラフルでガラス素材の掲示板の端に、ほぼ読み取れない文字がばらばらのサイズで色とりどりに、むらのあるカーブ型に描かれていると想像してみよう。この待合室にいる人々は、これは装飾価値のあるオブジェ、芸術作品なのだと当然感じても良いだろうし、これらが何かを解読する必要は全くないと見なすとも考えられよう。

さて、次にこの同じ発話「禁煙（Ne pas fumer）」が大きな花や矢が貫通す

るハートの下手な絵のそばにマジックで壁に書かれていると想像してみよう。そこにいる来客は、おそらく、それが落書きと思われるのに何の制約を感じることもないだろう。反対に、よく知られた形式で作られ、皆から見えるように程よい高さとサイズで設置された掲示板の場合、これが偶然にここにあるのではなく、何か重要な発話であると考えるだろう。

　しかし、さらに、この発話は、禁止に関係するということを明確化しなければならない。実際、この発話は、あらゆる発話と同様に、ある**語用論的価値**を有するのである。すなわち、この発話の受け手とある一定の関係を制定しようとするものなのである。このために、発話は、どうやっても、この語用論的価値、自らの発話行為によって実現しようとする行為を**示さ**なければならないのである。もし、使用者がこの行為が何であるかを明確にすることができなければ、発話に対して適切な行為は取り得ないであろう。禁止は、発話に対して、希望や諺と同様の実際的な結果を引き起こさない。命令が違反されたなら、少なくとも、懲戒や、さらには罰金をもたらし得る。

　そこではまた、表示の物質的条件は決定的なやり方で介入し、関連する語用論的価値がいかなるものであるかを決定する。すなわち、

- 交通標識の場合のように、禁止専用のある形式と色が定められた掲示板であり得る。この場合、掲示板の唯一の目的は、発話の地位を決定することで十分である。

- いわゆる発話とは別に、その地位を説明する**パラテクスト的**と言われる指示もまた見られる。「規則抜粋(Extrait du règlement)」「…の県条例(Arrêté préfectoral du...)」等。

- 通常の掲示板もパラテクスト的指示のどちらも存在しない可能性もある。それゆえ、社会の慣用についての知識を介入させなければならない。経験によって組織(会社、行政等)は壁面に実用的価値のある掲示「押してください(Pousser)」「出口(Sortie)」等)や指示(「紙を捨てるのは禁止です(Il est interdit de jeter des papiers)」「黄色の線の内側に留まってください(Rester derrière la ligne jaune)」等)を貼りつけることを知っている。

　この発話を法規に関する禁止と見なすのでは十分ではない。同時にこの発話は真剣であり、それを伝達する審級は、本当に意味することを意味しようとし、受け手に特定の方法で働きかけようとしていると推定しなければなら

ない。

　実際、ある発話が文字通りに取られるべきか否か、皮肉的なのか、あるいはまたデマなのか分からないことはしばしば起こり得る。もし、「禁煙（Ne pas fumer）」の横に、別の掲示板「禁ずることを禁ず（Il est interdit d'interdire）[1]」が同じ体裁であったなら、禁止を真剣に疑い得るかもしれない。なぜなら、文脈そのものによって、発話の信頼性がなくなる情報を与え得るからである。逆に、もし、この「禁ずることを禁ず」が落書きとして書かれていたならば、禁煙の重要性を強化するに過ぎないかもしれない。批判的精神はあらゆる制限に反対するか、あるいは、喫煙者が自らの不機嫌を表したと考えられるだろう。

　ある発話は完全にまじめであり得るが、少なくとも特定の視点、文学言説に属している場合である。この場合、他と同じ筋書きには置けない言説行為を達成する。もし、掲示板の端にジャック・プレヴェール[2]の名前を読み取れたら、発話は完全に地位を変えるだろう。

## 2.　言語マーカー

### 2.1.　不定法

　さて、語用論的態様への最も単純な接近方法は、おそらく、発話内容そのものだと言おう。禁煙であることを理解するためには、語の意味や、統語の規則を理解するだけで十分なのである。

　しかし実際、ここでも物事はそう即座には済まない。

- 吸う（*fumer*）という動詞はいくつかの意味を持ち得るし、この状況（たばこを吸わないこと）に関連する意味の選択は自動的には行われない。食肉加工工場にあって、掲示板が山積みのハムの前にあったとしたら、これがたばこのことかどうかは定かではないだろう[3]。

- 不定法の動詞がほのめかした主語の同一化は自明なことではない。「海の微風」というタイトルのマラルメの詩から引用した例「ああ　肉体は悲しい、それに私は　すべての書物を読んでしまった。**逃れよう**！彼方へ**逃れよう**！（La chair est triste, hélas ! et j'ai lu tous les livres. *Fuir* ! là-bas *fuir* !）」[4]において、暗示的主体は発話者自身である。それに反して、「禁煙」という例においては、主体の位置は読者自身に占められている。す

なわち、この「禁煙」という掲示板を読んだ人が喫煙してはならないのだ。主語の指示対象の選択は、「たばこを吸うことは禁止である (Fumer est interdit)」と「禁煙 (Ne pas fumer !)」もしくは「遁れよう (Fuir !)」において異なる手順で行われる。最初の「たばこを吸うことは禁止である」においては、主語はたばこを吸う可能性がある個人の総体を指示しているのに対し、不定法とは無関係の節では、主語の指示対象は、この発話の発話者あるいは受け手自身でしかあり得ない。

- 不定法の動詞は必ずしも命令を表現するわけではなく、否定形では、必ずしも禁止を表現する訳ではない。独立した文において、主語が示されていない不定法は断定にはなり得ない、すなわち、真偽としての発話を提示し得ないのである。発話が断定でない場合、例えば、「家を立ち去れ！ (Quitter la maison !)」は、願望とも、忠告とも、命令とも解釈し得る。それゆえ、断定的ではない多様な価値の中から、ここで関連する価値、この場合には禁止を割り出さなければならない。

- 実際には、「禁煙」を禁止と解釈することは、「喫煙する (fumer)」という唯一の意味のせいではなく、また、行政機関の壁の掲示板は一般的に、願望ではなく命令を与えるということ、医者が、喫煙は健康を害すると言っていること、また、国がたばこ中毒に対する法令を公布したこと、これに関して広告キャンペーンが存在すること等を知っているからである。このように、我々は**間言説**、つまり、待合室のこの掲示板の読みを方向づけるあらゆる種類の話の無限の集合のただ中にあるのだ。

## 2.2. 発話行為状況における投錨

「禁煙」という掲示板は、ただ一つの文によって構築されている。この文は、単独の掲示板だけに完全なテクストを構成し、人称のマーカーも、時制のマーカーも含んでいないという特性を示す。これはまさに一般的な状況ではない。大抵は、文章は**時制と人称のマーカー**を備えており、より巨大な単位、つまり、**テクスト**に組み入れられているのである。

「禁煙」の代わりに、例えば「この部屋は禁煙スペースです (Cette pièce est un espace non-fumeur)」という掲示板を読んだとしてみよう。この場合、いわゆる禁止ではなく、ある種の確認であり、そこでは、ある特定のカテゴリーにある、特定の場所を整理する断定である。このような発話が禁止とい

う価値を全く持たないような、非常に多様な状況を想像することは難しくはない。例えば、企業のオーナーが安全委員会を建物に訪問させ、ドアを開けながら、「この部屋は禁煙スペースです」ということもあり得るのである。

「禁煙」と異なり、この新しい掲示板の発話は、時制、人称のマーカー、および指示限定詞「この (cette)」を備えている。現在形は、ここでは、**指呼詞の価値**、すなわち、それを解釈し得るのは、それが属しているまさにその発話状況との関係においてのみなのである。世界認識はこの現在形に状況に応じて様々な期間を付与し得るのである。次の発話、

(1) 私は少し寒い。
(2) マリーはうつである。
(3) 『白雪姫』をレックス[5]で上映する。

において、現在形が有するのは、非常に変化に富んだ期間である。(1) はおそらく数分しか続かない。(2) は、性格の特徴であれば、場合によって、数週間から数年、さらには一生という期間を指し示す。(3) は、数週間に及ぶ期間を示すと想定され得る。「この部屋は禁煙スペースです」に関しては、読者は、不確定の期間を予期しなければならず、たばこを取り出すこともなく、掲示板が変わるのを待ちながらたばこに火をつける準備ができた状態にある。しかし、掲示板がデジタル掲示板の文字盤である場合、すなわち、変化し得る場合は、状況は変わってくるだろうし、また部屋がある時間帯は禁煙で、またある時間帯は喫煙になる場合もあろう。まさにそれゆえに、この発話を正確に解釈し得るのは、フランス語の文法や語彙の単純な知識だけによるのではないのである。

指示詞「この (cette)」はそれ自体、**指呼詞的価値**も有し (第 10 章第 2 節参照)、その指示対象は、それが現れる発話行為状況に応じて変化する。すなわち、「それは (il)」はその発話行為の物理的環境において到達可能と見なされる対象を指示するのである。

このように、大半の発話は、発話を直接、発話行為状況に投錨するマーカーを有する。例えば、「この部屋 (cette pièce)」「ここ (ici)」あるいは「昨日 (hier)」、「私は (je)」「君は (tu)」の動詞時制の語尾は、誰に向かって、どこで、いつ発話されたかを知らなければ解釈され得ない。実際、この種の

第 1 章　発話と文脈　31

マーカーを持たない発話でさえ、それらの文脈への参照を前提とする。既に見た「禁煙」、あるいは、さらに直接的に、例えば「何という車だ！(Quelle voiture !)」という事例では、話し相手の環境で近づき得る車の前での発話行為者の反応を構築するのである。

　あらゆる文脈外に置かれたように見える発話、正確には文法の例が存在する。例えば、「ネコはネズミを追いかける (Le chat poursuit la souris)」「マックスは犬に噛まれた (Max a été mordu par le chien)」等である。しかし、これらの発話が文脈なしに解釈されると思うのは幻想なのである。実際には、この見かけは文脈から切り離された文が、文法書という非常に特殊なこの文脈から分離不可能なものであり、そこでは、正確にはこれら個人が誰なのか、いつ、どこで噛みつかれたり、追いかけられたかなど尋ねることなく「マックス」や「ネズミ」について語り得るのである。言語学者がこのような例を提示するのは、一つないし、複数の言語現象を表すためである。「ネコはネズミを追いかける」は、例えば、いくつかの動詞は他動詞である、あるいは、冠詞と名詞の間に性数一致がある等である。どのネコについて問題になっているか知らないということは、重要ではない。ここでは唯一、動詞の他動性、または、性数一致が考慮される。

## 3.　文脈

### 3.1.　コテクスト

　発話の文脈は、何よりもまず、物質的環境、発話が生成された時と場であるが、それだけではない。ある小説のこの一連の文を考察してみよう。

　　OSS 177 は物憂げにバーの方へ足取りを進めた。この部屋は禁煙スペースである。

　読者は**言語的**文脈において見ない限り、「この部屋 (cette pièce)」の指示対象を特定できない。この言語的文脈を、**コテクスト**と呼ぶが、すなわち、ここでは、「バー(le bar)」がある先行する文章のことである。

　しかし、このコテクストは多様な方法で読まれ得る。二つの選択可能な先行詞があると想定してみよう。

OSS177 はサロンを離れ、物憂げにバーの方へ足取りを進めた。この部屋は禁煙スペースであり、もう一時間前から、彼はたばこを吸って、良いウイスキーを味わって飲みたいと考えているのだ。

読者はおそらく、「バー」よりもむしろ、「サロン(le salon)」を「この部屋」の先行詞として選択するだろう。もし、今、

OSS117 はたばこの箱を取り出し、サロンを離れバーの方へと向かった。この部屋は禁煙スペースである。彼はサロンへ戻らなければならない。

とあったら、「サロンに戻らなければならない(Il doit retourner au salon)」という文章は読者にコテクストを再構成するよう仕向けるが、これはその社会知識や、いくつかの常識の規則に依拠している。それは、例えば、誰かがたばこのパッケージを取り出すということは、彼がたばこを吸いたいということであり、たばこを吸いたければ喫煙所を探すということである。

## 3.2. 三つの情報源
こうして三種類の「文脈」を集めたが、そこから解釈に必要な要素を抽出することができる。

- 発話行為の**物理的環境**、もしくは**状況の文脈**：これに依存してこそ、「この場所(ce lieu)」、動詞の現在形、「私は(je)」「君は(tu)」等の単位を解釈することができる。
- **コテクスト**：解釈すべき単位の前後に位置づけられる言語シークエンス。「禁煙」のように、単独の文によってのみ構築される自立した発話とは異なり、大半の発話は、小説、会話、雑誌記事等、全体的により巨大な断片なのである。例えば、三面記事の以下の抜粋、「**この農園に家族**が落ち着いて以来、彼らは家を改修中であり、エヴリンヌはとても疲れている。毎朝、彼女は、彼女の夫を助けるために、朝の6時から立ちっぱなしなのである。[後略]([...] Depuis l'installation de **la famille** *dans* **cette ferme** qu'*ils* sont en cours d'aménager, Évelyne est très fatiguée. Tous

les matins *elle* est debout dès 6 heures afin de seconder *son* mari [...])」では、太字で強調した要素を解釈するには、テクストに前もって導入した諸単位を取り入れなければならない（第20章第1節参照）。コテクストへの依拠は、解釈する人の**記憶**を必要とするが、ある単位を同じテクストの他の単位に関係づけなければならない。

- 記憶によって果たされる役割は、第三の情報源、**社会知識**、発話行為に先行する共有知識としてより明白である。例えば、固有名詞が指示するもの、たばこの害、また、禁止の掲示板の規定形式等。


## 4. 語用論的プロセス

### 4.1. 派生的解釈

　実際、「この部屋は禁煙スペースです」という掲示板の読者は、これを確認としてではなく、禁止として解釈した場合のみ、その意味を理解したと言える。そこに辿り着くには、**実は断定のように表されるものを禁止のように解釈するように導く過程**に依拠しなければならない。この非常に陳腐な状況こそが、掲示板の読者に、厳密には、言語学的次元ではないリソース、自らがいる状況についてのある種の論証に訴えかけることを要求するのである。おそらく想定されるであろうことは、その内容がこの部屋に関わる人についてでなければ、行政はこのような掲示板を設置する必要がないということである。同様に言えるだろうことは、禁煙スペースというカテゴリーにこのような部屋を位置づけすることは客にとってあまり意味がなく、それゆえ、この情報は他の目的を目指していると言えるだろう。これに基づいて、客に間接的に伝えたいこの他の意味が、どれがもっともらしいのかを決定しなければならないのである。

### 4.2. 解釈のための指示

　発話に意味を付与するためにある種の論証を援用する必要がより強く生じるのは、**しかし**によって導入される二番目の発話を追加した場合である。例えば、

　　この部屋は禁煙スペースです。**しかし**、廊下のつきあたりにバーがあり

ます。

　読者は、もっともらしい解釈を探さなければならず、言語において**しかし**が有する文脈と意味に同時に依拠しなければならない。

　実のところ、この**しかし**の意味は、受け手に与えられた**指示**の集合体であり、それによって解釈を構築させ得るものである。以下に示すように、**しかし**の使用は、言わば、何かを受け手に言うことに等しい。「一連の節において、（PとQが二つの何らかの命題を示す）PしかしQは、PはRのための論証であるというような結論Rを模索し、また結論Rより強いものとして表されるnon-Rのための論証Qのような結論non-Rを模索する。」

　例に適用すると、以下のような図式になる。

　このようにして、受け手は**しかし**の使用に付随する指示を使用する。これらの指示を伴い、文脈に依拠しながら、Rもしくはnon-Rの暗示的命題を引き出すために、仮説を立てなければならない。掲示板の例においては、実に、文脈こそが、喫煙可能な場所を指す「廊下のつきあたりにバーがある（il y a un bar au bout du couloir）」を解釈し得るのである。

　全く異なるタイプの二つのプロセスの例を挙げた。「この部屋は禁煙スペースです」という一節から「禁煙」の解釈、**しかし**に付与される指示である。これは語用論のプロセスで、これにより受信者による文脈の分析を訴えるもので、それは意味論的解釈、つまり、受信者の言語知識だけではないのである。どちらの場合も、この受信者は受け身ではない。受信者自身で文脈

を定義しなければならないし、そこから発話を解釈するのに必要な情報を引き出すのである。**先験的に**、決して発話の**唯一の**可能な解釈というのは存在せず、どのプロセスに従うと、最もあり得そうで、何某かの文脈において好まれるべき解釈に受信者が到達するかを説明しなければならない。

そこから、重要な議論が発展する。言語知識では不十分であるどころか、発話を解釈するためには、文脈を扱う語用論的プロセスに訴えなければならないが、言語学的意味と語用論的プロセスによって得られる意味のそれぞれの寄与とは何であろうか。予想されるのは、この点において意見は分かれること、一方ではできる限り言語における語用論的プロセスを導入しようとするものであり、他方は、反対に解釈における言語の寄与を最小化しようとするものなのである。

**注**

1　［訳注］1968 年にパリで起こった五月革命でのスローガン。

2　［訳注］Jacques Prévert。ジャック・プレヴェール (1900–1977) は、フランスの民衆詩人、映画作家、童話作家。シャンソン『枯葉』の作詞者。

3　［訳注］フランス語動詞 fumer は、「たばこを吸う」だけではなく、「燻製にする」という意味も有する。

4　［訳注］松室三郎訳『マラルメ全集 I』、筑摩書房、2010 年。

5　［訳注］映画館名。パリ 2 区に Le Grand Rex という 1932 年創業で歴史的建造物になった映画館がある他、シネマ・レックス (Cinéma Rex) は映画館によくある名前。

# 第2章
## 言説の法則

## 1. 協調の原理

### 1.1. 一連の規範

　解釈を構築するために、メッセージの受け手は、発話の生成者が一定の「ゲームの規則」を守っていると仮定しなければならないということを確認した。例えば、発話は真剣なものであり、それはその発話が向けられる人に関係する何かを伝達する意図で生成されている。この真剣であるという特徴は、もちろん発話**内**ではなく、その発話の正しい解釈の条件なのである。もし、待合室で禁煙の掲示を見つけたら、反証を挙げられない限り、この掲示が確かなものであると推定するだろう。この掲示の真偽を確かめるために、その経緯を辿ることはできない。言語コミュニケーションのプロセスに入るということだけで、話し手がゲームの規則を守るであろうことを前提としているのだ。これは明示的契約ではなく、言語活動と不可分な暗黙の了解によってなされる。**互いに既知**の知識に関わっており、各々が、自らの相手がこれらの規則に従うと共に、その相手はもう一方が従うことを期待していると仮定している。これらは暗黙の合意なのである。

　この問題は、1960 年代に、言語哲学者でアメリカ人のポール・グライスによって「会話の公理」という名で紹介され、それは**言説の法則**と呼ばれるものである。これら発話の解釈において大きな役割を果たす「法則」は、言語コミュニケーション活動に参加するとすぐに、その参加者が従うとされる一連の規範なのだ。グライスはこれらを「**協調の原理**」と呼ぶ、より上位の法に従属させる。

　　会話をする時には、自分が関与する言葉のやり取りにおいて、受入れられた目的や方向性が、その段階で求めている通りに、会話に寄与せよ。

この原理によって、相手は、ある枠組を共有すると共に、各々が自己を認め、他者にいくつかの権利と義務があることを認める、言葉のやり取りというこの共同の活動が成功するために協力すると見なされる。

この原理は、会話において大変重要であり、そこでは（二人あるいはそれ以上の）相手は即座の接触があり、絶えず互いに働きかける。しかし、言説の法則はまた、どのような種類の発話行為にも、受信状況が生成状況とは異なる書き言葉でさえも通用する。

## 1.2. 言外の意味

対話者が互いに分かっているというだけの理由で、言説の法則は、特に、**暗黙**の内容を省略することを可能にする。

「禁煙（Ne pas fumer）」の代わりに「逃げるべからず（Ne pas s'envoler）」のような掲示が有名なインドのヒンズー教の導師[1]の控えの間にあるとしよう。この禁止は奇妙に思われる。しかし、それを見た人は、おそらく、奇妙だという判断に留まらず、以下のような推論をするだろう。

> この発話生成者は、「夢を見るべからず（Ne pas rêver）」と言ったのだ。私は彼が協調の原理を守っていないと考える理由はない。この原理に従って、あらゆる発話は、それが向けられる人にとって利益がなくてはならない。この掲示をした人は、それを知っており、また、掲示を読む人々が、その原理を知っていると分かっている。それゆえ、私はこの掲示は、諸発話は有益なものであるという法に違反したと推定する。しかし、それはうわべだけだ。実際には、この発話は有益であるが、それは他の方法によるのである。発話の文字通りの内容に留まらず、諸発話は受け手にとって有益であると定める原理に適した、他の解釈を探さなければならない。掲示をした人は、私が文字通りの内容に取るように何もしておらず、私がこの推論をすることを望んでいる。

こうして読み手は、**言説の法則は掲示した人によって遵守される**という**公準**に基づいて、**含意**と言われる暗黙の提案を**推論する**よう導かれるであろう。あるインドの大導師に関することであるため、読み手は、その大導師の教義から知っていることに適した含意を引き出そうとするだろう。この場

合、協調の原理は、話し手によって守られているが、間接的な方法による。つまり、導師は、私に関するメッセージを確かに伝えてはいるが、その内容はすぐに理解できるものではなく、書かれた発話から私が推論する暗示的なものである。

　このような、言説の法則が遵守されるという公準によって、発話を発話行為の文脈と関係づけることから導き出せる暗示の種類は、**言外の意味**と呼ばれる。一般的に、これを他の暗示のタイプである**前提**に対立させる。これら前提は、**発話内**に登録されている。
例えば、

　　　　ポールはもはや待合室で喫煙しない。

　ここでは、かつて彼は喫煙していたという**前提**が導かれる。この暗黙の内容というのは、**発話内**に存在するが、言うまでもなく、あらゆる異議から逃れている（第13章第1節参照）。

## 1.3.　言語コミュニケーションの三つの次元
　「協調」の原理は、何か言語コミュニケーションを構成するものを表す方法のうちの一つにすぎず、20世紀後半の他の多くの理論家たちが様々な名称のもとに作り上げたものでしかない。例えば、P. シャロドーは、あらゆる言葉の根底に、次のことを含む「コミュニケーション契約」[2]を認める。

- **規範**、つまり、コミュニケーションを支配するために参与者が受け入れる約束事の存在。より詳しく見ていく「言説の法則」は、このような規範である。
- 参与者の役割とコミュニケーション枠組の**相互認識**。F. フラオーによると、**立場関係**についても言うことができる。「それは、ある立場から生じる言葉ではなく、相関的な立場に対話者を呼び出す言葉である。この言葉は、立場の関係が効力を持つことだけを想定するか、あるいは、話し手がそこに自らの立場を認識することを期待するか、自分の対話者がその関係に加わることを強いる。」[3]
- コミュニケーション状況を定める多様な**言説ジャンル**への言葉の帰属（第5章第2節参照）

## 2. 主要な法則

### 2.1. 関連性と誠実性

一連の言説の法則と、これらの法則がその中で保っている関係は互いに異なる。あるものは極めて一般的な影響力を持つ。例えば、**関連性**の法則と**誠実性**の法則である。

**関連性**の法則は、多様で、直観的、あるいは高度に複雑な定義をされている[4]。直観的に、これは、発話行為はそれが介入する文脈に最大限適したものでなければならないと規定する。つまり、発話行為は、状況を変える情報をもたらすことで、自らの発話の受け手の関心を引かなければならない。この法則によって、インドの大導師は「逃げるべからず」という暗黙の内容を推論することを求めるのである。「この場所は禁煙スペースです（Ce lieu est un espace non-fumeur）」に対しても、同様の指摘ができるだろう。これを見た人々は、喫煙を禁止されていると結論づける。なぜなら、彼らはこの断定文は、彼らに関するもので、彼らの状況を変化させ得る可能性のあるメッセージを送っていると仮定するからである。

あらゆる発話行為は、それが関連のあるものだということを前提としており、発話の受け手に、この関連性を確認するように仕向ける。もし日刊紙が、その一面に「ダニエルがステファニー王女と再会した（Daniel a revu la princesse Stéphanie）」[5]と載せたならば、それを言うだけで、この情報は、それが存在する所に関連があり、それゆえに、その情報が向けられている人々のためのものなのだ。同様に、日刊紙『ル・モンド』は一面に次の文章を載せる。

インドラ・ノーイ氏が近くペプシコグループを経営指揮する。

（『ル・モンド』[6]、2006 年 8 月 17 日）

『ル・モンド』は、一面に、先験的には『ル・モンド』のこの特別な場所には現れないある種の情報を［受け手に］関連があるものとして載せるが、このような見出しを関連あるものとして載せることで、『ル・モンド』は読者にこの情報が重要で、読者が適切にその情報を把握しさえすれば、より世

界を理解できるようにすると考えさせる。

　**誠実性**の法則は、発話者がやり遂げた言説行為における発話者の**関与**に関係するものである。それぞれの言説行為（約束する、断言する、命令する、祈る等）は、いくつかの条件、ゲームの規則を前提とする。例えば、何かを断言するために、提唱することの真実を保証できると見なされる。命令するために、命令することが実現されることを望まなければならないし、不可能なことや既に実現されたこと等を命令してはいけない。それゆえ、発話者が実現して欲しくない願いを発言する、間違いだと知っていることを表明する等したならば、誠実性の法則は守られない。例えば、言語が「率直に（franchement）」や「誠実に（sincèrement）」といった発話行為の副詞を持つということは、この法則は、時に、礼儀に属す他の法則と対立関係にあることを示す。なぜなら、普通、率直に、あるいは誠実に話していることを明確にする必要はないからだ。

## 2.2.　情報性と網羅性の法則

　**情報性**の法則は、発話内容に関係する。すなわち、これは、何も言うことがないのに話すべきではなく、発話は受け手にとって新しい情報をもたらさなければならないということを規定する。しかし、このような規則は、状況においてのみ評価できる。この法則によって、トートロジー［同語反復文］（「夫は夫だ（Un mari est un mari）」）は、一般的に、発話の受け手が言外の意味を推論することを強いる。例えば、ある人が、うわべはいかなる情報ももたらさない発話をしたならば、それは、他の内容を伝えるためである。フィアットというメーカーの次の広告がこの事例である。

　　　プントでは満足していなかった人に、プントです。

　発話が何も新しいことをもたらさないように思われると認め、広告の読み手は、情報性の法則にのっとり、そこに、やはり新しい情報があること、例えば、新しいプントのことだと推論する。

　**網羅性**の法則は、情報性の法則とは重ならない。これは、発話者は、状況を考慮して、**最大限**の情報を提供しなければならないと明確にする。新聞記事において、「日本大使館で 7 名の人質が解放された（Sept otages ont été libérés à l'ambassade du Japon)」と読まれる際には、発話は最大限の情報を提供していると想定され、言い換えれば、7名の人質が**全員とも**解放されたということになる。実際、厳密に論理的な観点からは、5名の人質が解放されたと言うのも間違いにはならないだろう。同じく、もし、ブラジルの旅行ガイドブックに「リオはバイアからかなりの距離の所にあります(Rio est à une certaine distance de Bahia)」とあり、より詳しい説明がなければ、便利な情報を提供することを目指すという、この種の本に課された契約を考慮し、情報性の法則が違反されていると考えることができるだろう。網羅性の法則はまた、重要な情報を隠さないということを求める。これは、新聞が「若者グループが男性を暴行(Un groupe de jeunes agresse un homme)」という見出しを出し、問題の男性が、「制服姿の警察官(policier en uniforme)」であるというような事例である。反対に、もし見出しが「若者グループが 77 キロの金髪の警察官を暴行(Un groupe de jeunes agresse un policier blond de 77 kilos)」となっていたなら、網羅性の法則は情報過多によっても違反されている。しかし、常に、この種の見出しが奇妙ではない状況があり得るかもしれないと想像できる。なぜなら、情報性は関連性に依存しているからである。

## 2.3. モダリティの法則

かなりの数の**モダリティ**の法則が(発音、単語選択、文章の複雑さ等において)明瞭で、(最も直接的な文型を探すことで)**経済的**であることを規定する。これらの規範は言説ジャンルとはっきりと関係している。なぜなら、明瞭性の普遍的な規範は存在し得ないからだ。例えば、哲学、あるいは量子物理学の論文で優位に立つ規範は、くだけた会話を支配する規範と同じではない。

1990 年代初め、洗剤ブランド、オモ[7]は、人間のように洋服を着た猿が、明らかにモダリティの法則に違反する発話をする広告キャンペーンを行った。例えば、

> ケヌメロ SOS ミニ リプゥ(綺麗なオーバーオールを持って、嬉しそうに手をたたく子供を見る家族の映像)。
> ルカティ パピヌ(子供は彼の祖父の写真に向かってコップを挙げる)[8]。

ここでは、非常に不完全にしか理解されない。つまり、諸発話は単語の通常の意味で理解されるのではなく、その意味の遊戯的探求を呼び起こすようにし向けられている。この不完全な理解は、話し手自身が不完全な人間（人間の服装をした猿たち）でしかないということで、真実味が出される。「ヒューマノイドの」言語であるゆえに、メッセージの読み手は、言外の意味を引き出そうとはしない。広告であり、話し手が猿であるということが言語コミュニケーションの通常の規範から一種の断絶を引き起こす。しかし、それは始めの段階だけだ。なぜなら、上位のレベルでは、発話行為は正常に機能し、モダリティの法則を守っている。洗剤オモの優秀さをほめそやす定めにある広告メッセージとして、発話行為は実に明瞭である。ゆえに、オモの宣伝メッセージは他の方法、特に映像からもなされている。

## 3. フェイスの保護

### 3.1. ポジティブ・フェイスとネガティブ・フェイス

　言語コミュニケーションはまた、**社会的**関係でもあるので、これは、一般的に**礼儀**と呼ぶ規則のようなものに従う。言説の法則に違反すること（話題から逸脱して話す、曖昧である、必要とされる情報を与えない等）は、「失礼」と見なされる危険がある。誰かに話しかけること、その人の注意を独占することだけで、既にその人の空間への闖入なのであり、潜在的に攻撃的な行為となる。これら礼儀の事象は、「**フェイス**」といわれる理論に組み込まれたが、これは、P. ブラウンと S. レヴィンソン[9]によって 1970 年代末から展開され、彼ら自身、アメリカの社会学者 E. ゴッフマン[10]から着想を得たものである。

　このモデルでは、あらゆる個人は次の二つの**フェイス**を所有するとされる。

- **ポジティブ・フェイス**は、社会的な表向きであり、外に現そうとする自身の評価を上げるイメージにあたる。ここでは、「フェイス」は「面子を失う」のような表現でこの語が持つ意味を取る。

- **ネガティブ・フェイス**は、各人の「領域」（その人の身体、洋服、私生活等）にあたる。言語コミュニケーションは少なくとも二人の参与者を想定するので、コミュニケーションには少なくとも**四つ**のフェイスがある。つ

まり、対話者それぞれのポジティブ・フェイスとネガティブ・フェイスである。

あらゆる発話行為は、これらフェイスの一つ、あるいは複数に**脅威**となり得る。命令することは、話し手のポジティブ・フェイスの評価を上げるが、対話者のポジティブ・フェイスの評価を下げる。見知らぬ人に話しかけることは、受け手のネガティブ・フェイスを脅かす（その人の領域に闖入する）と共に、（無遠慮な人と見なされる恐れから）話し手のポジティブ・フェイスを脅かす。それゆえ、次のように区別される。

- **話し手のポジティブ・フェイスに脅威となる言葉はそれぞれ侮辱的行為である。** 例えば、過ちを認める、謝罪する等。
- **話し手のネガティブ・フェイスに脅威となる言葉。** 例えば、約束は、時間とエネルギーを要する行為をするように義務づける。
- **受け手のポジティブ・フェイスに脅威となる言葉。** 例えば、批判、侮辱等。
- **受け手のネガティブ・フェイスに脅威となる言葉。** 例えば、無遠慮な質問、求められていない忠告等。

ある同じ言葉が、一つのフェイスを脅かす恐れがありつつも、別のフェイスを保ちたいので、対話者は絶えず妥協や交渉をせざるを得ない。実際、対話者は、自らの相手のフェイスを脅かすこと**なし**に、自身のフェイスを保つために折り合いをつけなければならない。それゆえ、これら矛盾した要求において妥協点を探るためにあらゆる一連の言説的ストラテジーが展開される。

## 3.2. 誰もが怠惰で咎められない場所

例えば、ジャック・ダニエルのウイスキー広告の第一段落を検討しよう。それは、薄闇の中、手にカップを持った職人が、アルコールの大樽の近くに座っている一枚の写真を伴っている。

**一杯目のコーヒーの時間**[11]、マクギー氏は、私たちの大半が丸一日にする以上のことを既にし終えた。

このテクストは、ジャック・ダニエル蒸留所の模範的従業員としてマ

クギーを紹介しようとする。もし、「**あなた方**の大半が (la plupart d'entre *vous*)」と書かれていたならば、ジャック・ダニエルのポジティブ・フェイスは評価が上がるが (早起きするのは、努力の証拠だ)、商品の潜在的購買者は怠惰であると言っているように思われ、読者のポジティブ・フェイスが脅かされる。「**私達**の大半が (la plupart d'entre *nous*)」と記すことで、このテクストは妥協を実現する。つまり、企業のポジティブ・フェイスは模範的従業員を通して評価が上がるが、一般化する「私達 (nous)」は広告の話し手を、早起きしない人々の総体に含む。しかしながら、この妥協には代償がある。これは話し手、すなわち、ジャック・ダニエル社のポジティブ・フェイスを脅かす恐れがあり、この企業が努力をしない従業員からなるように思われ得る。この対立は次の段落で解消される。

> リチャード・マクギーは、夜もまだ明けないうちから起きる。テネシーの朝の爽やかさと静けさの中、熟成のための酒蔵でジャック・ダニエルの重い樽を回転させる。ゆっくりと、彼のリズムで、いつも同じように。ジャック・ダニエルでは、私達は何事も決して慌ただしく行わない。

「ジャック・ダニエルでは、私達は何事も決して慌ただしく行わない (chez Jack Daniel's nous ne faisons jamais rien à la hâte)」という文章は、一般化した「私達」をこの企業の従業員だけを指す「私達」に移行することにより、何名かの従業員は、マクギーとは異なる態度かもしれないという考えを排除させるのである。

## 3.3. 広告言説、新聞言説とフェイス

　この広告例は理由なく借用したのではない。実際、この点について、広告言説と新聞言説との重要な違いが存在する。広告言説にとって、その発話行為は本質的に脅かされているため、フェイスの保持の問題は極めて重要である。

- 読まれるよう求めることは、それだけで、発話行為の責任者、つまり、(「うんざり」と見なされる恐れがある) メーカーのポジティブ・フェイスへの脅威と、受け手のネガティブ、そしてポジティブ・フェイスへの脅威 (広告発話に興味を持ってもらうためには、受け手の時間を割くこ

とを要求することから、これを無視できない量として扱う）となる。

- あらゆる広告発話は、読者－消費者に、お金を要求することを目指しており、これは、読者－消費者のネガティブ・フェイスへの脅威として現れる。これは同時に、要求者の立場にある話し手のポジティブ・フェイスへも脅威となる。

　魅力的な、つまり、受け手に喜びを与える広告を作ることは、広告発話行為の構成要素となるフェイスへのこの脅威を、想像上で取り消すことである。

　反対に、新聞言説は、読者自身がそれを購入したということから、言わば前もって正当化されている。新聞は、その読者による明示的、あるいは非明示的な需要に応えるものとして現れようとする。新聞が「あなたの健康」や「スポーツの結果」欄を示す時には、新聞は読者の好みや要求に関心を寄せ、また、それらに応えて読者の正当性を示すことにより、読者のポジティブ・フェイスの評価を高める。そしてまた、新聞は読者の満足感について気に掛けているということを表すことで話し手である自分自身のポジティブ・フェイスの価値をも高めているのだ。

## 注

1　［訳注］サンスクリット語で「グル」と呼ばれ、他に先生、師匠等の意味がある。

2　特に *Cahiers de linguistique française*, n. 17, Genève, 1995 : « Le dialogue dans un modèle de discours. (「言説モデルにおける対話」『フランス言語学のカイエ』) » を参照のこと。

3　*La Parole intermédiaire*, Paris, Le Seuil, 1978, p. 58. (『媒介言語』)

4　ここでダン・スペルベルとディアドリ・ウィルソンの『関連性理論』に言及する。彼らにとって、関連性は発話解釈をうながす基本的原理である。(*La Pertinence*, 1986, trad. fr., Paris, Éd. de Minuit, 1989. (D. スペルベル、D. ウィルソン『関連性理論〈第 2 版〉──伝達と認知』内田聖二他訳、研究社出版、1999 年))

5　［訳注］モナコ公女のステファニー・ド・モナコと、当時のパートナー、ダニエル・デュクリュエのこと。

6　［訳注］*Le Monde*。1944 年創刊の日刊紙。以前は中道左派とされたが、最近は中立的とされる。国際面に定評があり、インテリ派層に影響力がある。

7　［訳注］Omo。英国で生まれ、フランスでも 1952 年から販売されている有名な洗

剤名。

8　［訳注］フランス語の音を真似てはいるが、意味をなしていない文章である。

9　*Politeness*, Cambridge, Cambridge University Press, 1987.（ペネロピ・ブラウン、スティーヴン・C・レヴィンソン『ポライトネス 言語使用における、ある普遍現象』田中典子監訳、研究社、2011 年）

10　*Les Rites d'interaction*, trad. fr., Paris, Éd. de Minuit, 1974.（アーヴィング・ゴッフマン『儀礼としての相互行為――対面行動の心理学［新訳版］』浅野敏夫訳、法政大学出版局、2011 年）

11　［訳注］フランス語原文では大文字表記であるが、日本語訳では便宜上、太字表記で強調とする。

# 第3章
# 様々な知識

　前章では、言語コミュニケーションを支配するいくつかの言説の法則を考察した。あらゆる言語活動に適用されるこれらの法則は、実際にはそれぞれの**言説ジャンル**の諸特性に適合されなければならない。例えば、聴衆をばかにすることは演劇作品では可能であるが、会議では可能ではない。学者ぶった口調で対話者のポジティブ・フェイスを会話において脅かすことは可能であるが、教室では可能ではない。

　言説の法則や言説ジャンル（**ジャンルに関する知識**）の法則を習熟することは、**コミュニケーション知識**、すなわち、人の様々な状況に適した発話を生成し解釈する能力において、極めて重要な構成要素である。この能力は明白な学習の対象ではなく、それらは、社会において振る舞うことを学ぶと同時に、吸収することで身につけられる。

　コミュニケーション知識を習熟するだけでは、もちろん言語活動に参加するには十分ではない。発話を生成し解釈するために他の審級が動員されなければならない。むろん、**言語能力**、つまり、目されている言語習得が必要である。さらには、世の中に関する相当の知識、**百科事典的知識**を自由に使える必要がある。

　これら三つの大きな審級こそが、発話を生成し、解釈するという二重の次元における言語活動に介入する。すなわち、言語習得、社会の知識、言語を通して社会に組み込まれる能力である。しかし、これらの能力内で区別すべきはいかなる構成要素か、またそれらはいかなる関係を保っているかという問いについて言語学者の意見は様々である。

# 1. 百科事典的知識

## 1.1. 無限の総体

　**百科事典的**知識によってこそ、例えば、待合室は、自分の順番を待つために作られていること、禁煙は、たばこに適用され、紙巻たばこ、葉巻、パイプはたばこを燃やし、たばこは燃えながら煙を放ち、この煙は一般的に医者によって健康を害するものとして考えられ、煙は閉じられた場では留まって、禁煙者によってもその煙が吸われる可能性があり、行政における規則、処罰を与える権威が存在するなどということが分かる。同様に、百科事典的知識のおかげで、ウェルキンゲトリクス[1]やドラキュラが誰なのか、隣人が何と言う名前か等が分かるのだ。この実質的に無制限の知識の総体、百科事典的知識は、生活する社会や各自の経験に応じてもちろん変化する。言語活動の間にこの知識は豊かになる。なぜなら、そこで学んだことが知識のストックに入り、後の発話の生成や理解のための拠り所となるからである。

## 1.2. 脚本

　百科事典的知識には、知識のみならず、**ノウハウ**、目的に合ったやり方で諸行動をつなげる能力もある。とりわけ、**脚本**（あるいは**シナリオ**）の事例こそが、諸行動のステレオタイプ化された諸連続なのである。それらの知識は、テクスト、とりわけ、構成要素間のあらゆる関係を明示していない語りのテクストを解釈するためにしばしば不可欠となる。例として、以下の映画の概要を見てみよう。

> 　アビーは、凡庸な容姿の若い女性獣医で、あるラジオ番組のパーソナリティーをしている。彼女のアドバイスに魅了された電話相手の一人が、彼女に一杯飲みに行こうと誘った。しかし、アビーは、自らを、親友である魅惑的な金髪女性として説明する。この状況が引き起こす誤解が想像される。　　　　　　（『テレ・ロワジール』[2]、566 号、1997 年、45 頁）

　この短いテクストは、ほとんどの読者にとって十分明白であるように思われる。実際には、このテクストを理解するためには、フランス語を知っていれば十分という訳ではなく、**二つの脚本**をも記憶において働かせなければな

らない。すなわち、ラジオ番組という脚本と、ナンパという脚本である。前者は、最初の二行の橋渡しを可能にする。ラジオ番組のパーソナリティーはいかなる仕事をするのか、特に番組の中で、電話で人と話をするということを知らなければならない。また(例えば、獣医などの)専門家が電話でアドバイスを与えるという番組が存在すること。さもなくば、いかなる「電話相手(correspondant)」のことであるのかよく分からないのである。第二の脚本は、一杯飲もうと誘われる人と親友として説明する存在との間の先験的に謎めいている対立関係(「しかし(mais)」)を理解させるものである。ナンパの脚本では、誘惑作戦の発端として男は女を一杯飲みに招待する。読者はさらに「魅惑的な金髪女性(blondes ravageuses)」がよく口説かれるのは分かるが、「凡庸な容姿(physique ordinaire)」の女性は口説かれるチャンスがかなり少ないことを知っていると見なされるのである。

それゆえ実際には、この二つの脚本やあらゆる関与知識を働かせることで、この状況が引き起こすであろう誤解を想像し得るのである。

## 2. ジャンルに関する知識

コミュニケーション能力は本質的に多種多様な言説ジャンルに合うように機能するものである。それゆえ、何よりもまず**ジャンルに関する知識**がある。実際、言説「というもの」は、そのようなものとして決して表されることはなく、天気予報、会議録、乾杯の挨拶等、常に、特別の言説ジャンルの形式で表される。各社会や社会の種類において、同じ言説ジャンルは見つからない(テレビのニュース番組は南米アマゾン川流域のインディアン社会には存在しない)し、「同じ」ジャンルに同じやり方で参加する方法も存在しない(一般的に、フランスでは、食料品店やパン屋で値切るという行為は認められていない等)。

たとえ、特定のジャンルを熟知していないにせよ、ジャンルを同定し、それらジャンルについて適切なやり方で対処することが大抵は可能である。各々の発話はある特定のジャンルの地位を有しており、この地位に基づいて、ジャンルを取り扱う。すなわち、ある発話が広告のポスター、説教、現用言語の授業等と分かる瞬間からこそ、それらに対し、適切な態度を取ることが可能となる。それを広告のちらしとして同定したときには、読まない権

利、紙をゴミ箱に捨てる権利を行使し得るが、雇用者に向けられた医療証明書は保管される。

ジャンルに関する知識は、関与する個人の諸タイプによって異なる。ほとんどの社会構成員は、かなりの数の言説ジャンルに属する発話を**生成する**ことが可能である。例えば、路上で見知らぬ人と会話を交わしたり、友人たちにポストカードを書いたり、窓口で電車の切符を購入したり等である。しかし、皆が哲学論文、国務院[3]の口頭弁論、あるいは労働組合の動議を書くことはできない。これこそが、社会不平等のとりわけ明らかな現れである。多くの話者が卑下するのは、ある種、社会的に評価が高い言説ジャンルについて楽々と語ることができないからである。

さらに、極めて多様な形で言説ジャンルに参加し、そこで異なる**役割**を演じることが可能である。生徒は講義することはできないが、生徒の役割を演じることはできる。すなわち、いつ話し黙るべきか、先生に話しかける時にいかなる言語レベルを使うべきかを知っているのだ。あるいくつかの役割は重要な学習を要求するものもあれば、最小限で済むものもある。例えば、原子核物理学博士号の著者の役割と比べると、広告ちらしの読者という役割が要するのはわずかな学習である。


## 3. 諸知識の相互作用

### 3.1. 解釈のためのジャンルに関する知識の重要性

ここまで、言説を自在に使いこなす際に介在するいくつかの「知識」を列挙した。しかし、**いかなる順序で**それらが介在するかを明確にはしていなかった。

最も単純なことは、それら諸知識が**連続した**やり方、すなわち、順番に介在するということである。実際、諸知識は解釈を生み出すために**相互作用する**。異なる戦略によって同じ解釈へと到達し得るのである。例えば、様々な順序の指標、内容と目的を大まかに決定づけるための発話が帰属する言説ジャンル、その送り手やそれに対して採らなければならない行動などを基にまず特定することを妨げるものは何もない。このように、一つの能力によって、諸欠陥や、他の能力に頼る失敗を取り繕うことができる。いかなる言説

ジャンルに帰属するかを知りさえすれば、大抵は、かなりの外国語の発話を「何とかこなす」ことができるだろう。たとえ、その言説が含む多くの語や文を理解していなくとも。それゆえ、厳密な言語能力は、ある発話を解釈するには不十分なのであり、**ジャンルに関する知識、百科事典的知識が重要な役割を担うのである。**

## 3.2. 不確かなジャンルのテクスト

例えば、以下のテクストにおいては、それが属する言説ジャンルを明確に特定できるものがないため、その解釈は多くのフランス人読者にとって難しいだろう。

> ［このテクストは(メキシコの)ユカタンの日刊紙の抜粋である。地域の三面記事に割れたページの隅の、ダンススクールの広告の真下に、字義的に訳したこのコラムがある。］
>
> グアダルーペの聖処女
>
> 三つの願い、具体的なもの一つと不可能なもの二つを願ってください。
>
> 9日間、アヴェ・マリアを9回祈ってください。たとえ、あなたが信仰を持っていなくとも、あなたの願いは叶えられるでしょう。ろうそくの火を灯し祈ってください。そしてそれが燃え尽きるままにしてください。私達のために願ってください。
>
> 私は許し与えられた奇跡に感謝の祈りを捧げます。
>
> G.P.N. P.M.M.
>
> (*Por esto!*、メリダ、1996年8月30日、26頁)

多くの外国人にとって多かれ少なかれこのテクストが不明瞭になる危険性があるのは、慣れ親しんだジャンルにこのテクストを分配することが難しいからである。どのジャンルに属しているか分からない瞬間から、理解について語り得ない。すなわち、地方紙のこの場でこのようなテクストは何を意味するのか。タイトル「グアダルーペの聖処女 (Vierge de Guadalupe)」は何を意味するのか。誰がこれを発行したか。いかなる目的なのか。「私は (je)」が指示しているのは誰か。最後に位置づけられた大文字は何を指示するのか等。

## 3.3. 言語的に不十分なテクスト

これから、パリの地下鉄の出口で配布されたこの文書を考察してみよう。これは 8cm × 10cm という長方形の小さな厚紙である。

---

真の霊媒透視者

ムッシュー・チッセ

[手の中にあるものを] よくご覧ください。もし、貴方が誰かと一緒になりたいか、もしくは、貴方のパートナーが誰かと出て行ってしまったのなら、それは運命の証です。ムッシュー・チッセの出番です。貴方達は愛され、貴方のパートナーはやってきて、貴方の [後ろを]、犬が主人に向かうように走るでしょう。そして [貴方に] 完全なる意味を創造し、愛の原理によって、[絶望的] と思われる問題も [検討され] 解決されるでしょう。

切手を貼った封筒を送ってください。ご相談は毎日9時から20時まで。

カロルス・デュラン通り8番地、75019　パリ

---

この実際のテクストは句読点がなく、綴りはかなりいい加減で、打ち間違いもあり、いくつかの文章は解読が困難である[4]。ところが、言語運用においてこのように多くの欠陥があるにも関わらず、テクストは比較的理解可能である。読者は、実際のところ、ジャンルに関する知識、百科事典的知識に依拠しつつ、障害を乗り越えるに至る。テクストは、街頭で無料配布される、持ち運びの楽な紙であるという事実から、これがちらしであることが分かる。明らかに広告言説に属していることから（例えばこれは政治ビラではない）、ある製品の品質を褒め称え、潜在的読者・消費者の購買行動を喚起しようとするものであると推定し得る。読者は、多くのアフリカ系移民が稼ぐために自ら霊媒を買って出ること、フランス語を上手に書けないことを恐らく知っているか、もしくはそれを推量するすべを有している。この知識によって、読者はこのテクストを悪ふざけと見なさないのである。このテクスト内にはアフリカ人霊媒について何も明確にされておらず、ただ、「チッセ」という姓のみが書かれている。これがアフリカ人の姓であることを決定づける能力も百科事典的知識に帰属している。それがなければ、この情報は、ち

らしの配布者自身がアフリカ人であるという単純な事実によって推測し得る。しかし、これは単なる推測に過ぎない。

## 4. モデル読者と百科事典的知識

　言葉は本質的に協調的であるため、テクストの作者は、受け手がテクストを解読するために所持する能力の種類について、常に予想することを余儀なくされる。多数の読者向けに印刷されたテクストである時には、受け手は、**経験に基づく読者**、すなわち、テクストを現実に読むだろう個人の集合体である前に、書き手は特定の適性を持つに違いないある種の人物像に過ぎない。読者に期待される言語能力と、百科事典的知識の程度はこのようにテクストによって様々である。

### 4.1. 全く異なる二つの記事

　以下の二つの記事の冒頭を比較してみよう。一つはスポーツ日刊紙『レキップ』[5]の「バスケットボール」欄の抜粋(1)であり、もう一つは地方紙『ル・クーリエ・ピカール』[6]の「三面記事」(2)として紹介されたものである。

> (1)そして、カーターが遮る…
> ポー人[7]はいい奴だが、アダムスを攻撃した。
> アンティーブ[8]。休憩まであとプレー時間は残り5分51秒。アダムスはボールの反対側に動き、彼を防御するカーターを押した。アンティーブ人はスレテノヴィッチのパスを呼んだ。ポー人はボナトが投げたボールパス上にスクリーンプレーを遮り、アダムスに飛びかかった。ハワードの右ひじはジョージの首を打ちのめした。
> 　　　　　　　　　　　　　　　　　　（『レキップ』、1993年2月1日）

> (2)エスクレンヴィエで襲われた80代女性。
> 月曜日の夜、二人の人物が襲われ暴力を振るわれた。一人は82歳の、エリー＝シュル＝ノワイエ[9]に近い小さな村、エスクレンヴィエの住人である。生まれ故郷の小集落で幸せな日々を過ごすこの80代女性にとって、この夜は彼女の記憶に永久に刻まれるだろう。

（『ル・クーリエ・ピカール』、1993 年 1 月 29 日）

　『ル・クーリエ・ピカール』の読者が、自らの言語能力に依拠し、テクストの一貫性を推定しながら、「82 歳の住人」「二人の人物」等、三面記事の行為者を指示する名詞的表現を解釈するのは困難なことではない。実際、それら行為者達は、全ての人に理解され得る語彙に属する名称（「人物（individu）」「…の住人（habitant...）」）の下に現れており、不定限定詞（「二（人）の（deux）」「一（人）の（une）」）を動員し、正確には受け手が知らないと見なされる指示対象を紹介し得るのである。「この 80 代女性（cette octogénaire）」の指示対象を特定するためには、フランス語で「80 代（octogénaire）」が 80 歳から 89 歳の個人を指示し、「この（ce）」という限定詞が通常、とりわけ近いところで先に紹介された要素を言い直すということを知っているだけで十分なのである。

　逆に、『レキップ』の記事では、解読するのに言語能力には少ししか拠っていない。少なくとも部分的に、バスケットボールの規則と 1993 年に行われたフランス選手権の経過という**百科事典的**知識のこの部分集合について知識を得ている方が良い。例えば二番目の文、

　　　ポー人はボナトが投げたボールパス上にスクリーンプレーを遮り、アダムスに飛び掛った。ハワードの右ひじはジョージの首を打ちのめした。

で、テクストが一貫していると想定されるなら、先験的に、「アンティーブ人（l'Antibois）」という呼び名は、「アダムス」と同様に「カーター」を指示し得る。厳密な言語的観点からすると、一貫性を中断させ得るものは何もない。読解が簡単であるには、読者は対峙している 2 チームの構成や、選手の名前を知っている方が良い（そうでなければ、「ホワード」がカーターで、「ジョージ」がアダムスであるとどのように知るのか）。もし、読者がこのような情報を保持していなければ、常にバスケットの試合の記述の知識に依拠し得るし、以下のような形で推論し得るだろう。もし、選手がボールに反して踏み出すということは、おそらく、呼ぶパスを予想してのことである。結果的に、アダムスが「アンティーブ」人であることを推論し得る。もし読者がバスケットボールの試合について十分知識がなければ、場合によって

は前の、パラテクスト(この場合、記事タイトル)に戻ることで、カーターが
ボーの選手で、もしアダムスを攻撃したのであれば、アダムスが敵のチーム
でプレーしているからであり、それゆえ、アダムスはアンティーブ人である
と推論し得るのである。チームメートよりむしろ敵の選手を攻撃するという
推測に基づく推論である。このようなパラテクストによる婉曲表現は、読者
にとって手間の掛かるものであるが、読者はしばしば、前のテクストに戻る
よりも、読みを続け、物事が次第に明らかになるであろうことを期待するの
である。

## 4.2. モデル読者

　明らかに『レキップ』は、読者の言語知識よりもバスケットの分野に関す
る知識により依拠しているが、『ル・クーリエ・ピカール』は言語知識に多
く頼っている。言えることは、この二つの記事がお互い異なる**モデル読者**を
仮定しているということである。

- 　『ル・クーリエ』の記事のモデル読者は、地方紙の読者であり、その読
  者は極めて不均質であるが、彼らは同じ地理的領域に暮らすことを共通
  点とする。それゆえ、想定される百科事典的知識は最も小さくなる。
  しかし、それをないものとすることはできない。なぜなら、おそらく、
  その読者の大半はエリー＝シュル＝ノワイエをエスクレンヴィエよりは
  知っているし、またジャーナリストが、エリーの指示対象を明示しない
  権利を感じていたのは、ピカールのモデル読者は、小集落ではなく、地
  域の村々を知っていると見なされると仮定しているからである。
- 　『レキップ』のモデル読者はバスケット選手権に興味があると想定さ
  れ、注意深く、筋の展開を追っている。このように、スポーツ紙は、読
  **者との共犯関係を強化する**。つまり、たとえ、全ての読者が正確に固有
  名詞の指示対象を特定することができないにせよ、通の領域に含まれる
  印象を有している。それゆえおそらく、「ホワード」と「ジョージ」と
  いう指示に頼るのである。すなわち、主にこれらの選手に詳しい人々専
  用の名前の使用が読者領域に広がっている。実際には、新聞を熱心に
  読むことを通して、読者は徐々に必要な百科事典的知識を習得する。す
  なわち、この記事において話の背景としての名前に過ぎないスレテノ
  ヴィッチとボナは、おそらく他の記事においては前面で見つけられ、

このようにより知らしめることができる。

　これら二種類のモデル読者における相違は、排除によってその読者（「テーマ別」読者）を構築するメディアの生産物と、最小限の読者カテゴリー（「一般的」読者）を除外するメディアの生産物という周知の対立である。この対立は二つの記事のタイトルを検証することで確認される。『ル・クーリエ・ピカール』の記事は、語りの単純な要約であるのに対し、『レキップ』のそれは、要約（サブタイトル）を謎めいたタイトルに結びつけており、それは、創世を語る聖書のテクストを遊びの様式へと曲解したものだ。この模倣はいかなる風刺効果をも有しない。なぜなら、聖書のこれらの文章と結果として得られる文の間にいかなる関係も存在しないからである。単に、共謀関係が作られ、それは、平俗な領域に属する動詞（disjoncter ［「遮る、切り離す」という意味の俗語］）と名詞の使用（type ［「奴」という男性を指す俗語］）によって強化される。このようにして読者は通の世界に属している印象を持つのである。

## 注

1　［訳注］ガリア（現在のフランス）のアルウェルニ族の首領。他の部族を糾合して前 52 年ユリウス・カエサルと戦った。（『ブリタニカ国際大百科事典』）

2　［訳注］*Télé Loisirs*。フランスのテレビ週刊誌。1986 年創刊。

3　［訳注］Conseil d'État。フランスにおける最高位の行政裁判・諮問機関。

4　［訳注］［　］内に入れた原文はフランス語の綴りが不正確なため、文脈、その間違いの形式から推論して訳出した。

5　［訳注］*L'Équipe*。フランスのスポーツ日刊紙。1946 年創刊。

6　［訳注］*Le Courrier Picard*。北仏のオー＝ド＝フランス地域圏（旧ピカルディー地方）の日刊紙。

7　［訳注］ポー（Pau）とは、フランス南西部、ピレネー＝アトランティック県の県庁所在地。

8　［訳注］Antibes。カンヌとニースの間に位置しているフランス南部の都市。

9　［訳注］Ailly-sur-Noye。フランスの地方自治体の一つ。

# 第4章

# 言説、発話、テクスト

## 1. 言説の概念

　この本の冒頭から、言葉や言語ではなく、言説と呼ぶものを問題としている。それは一体どういう意味であるべきだろうか。

### 1.1. 通常の使用

　通常の使用では、厳粛な発話（「大統領が演説した (le président a fait un discours)」）や、効力のない発言に対して軽蔑的に（「これら全部、無駄話だ (tout ça, c'est des discours)」）、「言説 (discours)」と言う。この語はまた、言語のあらゆる限定的な使用を示し得る。例えば、「イスラーム言説」「政治的言説」「行政的言説」「攻撃的言説」「若者の言説」等。この使用において、「言説」は常に曖昧である。というのも、それは一連のテクストを生み出させるシステムと、そのテクストの総体そのものの両方を示し得る。例えば、「コミュニスト的言説」は、コミュニストによって生成されるテクストの総体と、コミュニスト達にそれらテクストやコミュニストと規定されるその他のテクストを生み出させるシステムの両方なのである。

　かなりの数の話し手が、言語学に由来する「言説」と「物語」の区別をも知っている。実際、エミール・バンヴェニストによるこの区別は、中等教育において、広く普及している。この区別は、発話状況に定着したある種の発話（例えば、「明日、来てね (Tu viendras demain)」）を、発話状況から切り離されたその他の発話（例えば、「カエサルは敵を攻撃し、惨敗させた (César attaqua les ennemis et les mit en déroute)」）に対立させる（第11章第1節参照）。

## 1.2. 言語科学において

　今日、「言説」という用語は言語科学において広がっている。それは、一般的な言語活動、あるいは個別の発話を指し示すのに応じて、単数（「言説領域(le domaine du discours)」「言説分析(l'analyse du discours)」等）でも、複数[の意味]（「それぞれの言説は固有である(chaque discours est particulier)」「言説は文脈に含まれる(les discours s'inscrivent dans des contextes)」等）でも使用される。

　この「言説」の概念は、とても多用されている。なぜなら、それは、**言語を理解する方法における変化の兆し**であるからだ。この変化は、大部分でしばしば**語用論**に分類される、人文学の様々な潮流の影響によるものである。実際、語用論は、一つの学説である以上に、**言語コミュニケーションの把握方法**なのである。「言説」という用語を用いることは、暗黙のうちにこの把握方法を参照しているということだ。以下が、その重要な特徴である。

### 1.2.1. 言説は文を超えた組織である

　これは、あらゆる言説が、必然的に文より大きい単語の連なりとして現れると言っているのではなく、文の構造とは**異なる種類**の構造を集めていることを言う。諺、あるいは「禁煙です(Ne pas fumer)」のような禁止は言説であり、これらは単文で構成されているが、完全な単位を成している。文を超える単位である言説は、ある特定の社会集団において効力のある組織規則に従っている。物語、対話、論証等を支配する規則、テクスト構成に関する規則（例えば、三面記事は論文や使用説明書等のように区切ることはできない）、発話の長さ等。

### 1.2.2. 言説は方向づけられている

　言説は「方向づけられている」。それは、話し手の**目的**に応じて構想されているだけではなく、**時間において**、線状に展開するためである。実際、言説はある目的のために構築され、ある場所に向かうとされている。しかし、それは途中にそれることもできるし(脱線等)、元の方向に戻ること、方向を変えることもできる。その線状性は、しばしば先取り効果（「…を見ましょう(on va voir que...)」「後ほど言及します(j'y reviendrai)」等）や逆戻り（「あるいはむしろ…(ou plutôt...)」「…と言うべきであった(j'aurais dû dire...)」）として

現れる。これらは全て、話し手の発言による「誘導」である。話し手の自身の発言に関するコメントは、同じレベルには置かれないものの、テクストの流れに滑り込むと言える。例えば、「ポールは、**言うなれば**、貧苦にあえいでいる。(Paul se trouve, *si l'on peut dire*, sur la paille)」「ロザリー(**何という名前だ！**)はアルフレッドを愛している(Rosalie (*quel nom !*) aime Alfred)」等。ここでは、イタリック体［行書体太字］の一節は、文**中**に挿入されてはいるが、文を取り巻くものに言及しているのである。

　この線状的展開は、発話がその始めから終わりまで一人の発話者によってなされているか(例えば、本の中でのモノローグ的発話)、あるいは、発話が絶えず対話者によって中断されたり、迂回されたりする相互作用の中にある(ディアローグ的発話)かによって、異なる状況で繰り広げられる。実際、口語的相互作用の状況においては、絶えず、語が「逃げる」ので、他人の反応に応じて、捉えたり、明確にしたりしなければならない。

### 1.2.3.　言説は行為の一形式である。

　話すことは他人に対しての**行為**の一形式であり、単なる世界の表象ではない。1960年代からJ. L. オースチン(『言語と行為』、1962年)、そしてJ. R. サール(『言語行為』、1969年)といった哲学家によって発展された「言語行為」(あるいは「発言行為」、または「言説行為」)の問題は、あらゆる発話は、ある状況を変えることを目指す行為(約束する、提案する、肯定する、尋ねる等)であることを示した。上位レベルでは、これら基本的な行為は、それ自体、受け手において変化を生み出すことを目指す、ある特定の**ジャンル**の言説(ちらし、診察、テレビニュース等)に同化される。それ以上に、言語活動自体は、**非言語活動と関係がある**のだ。

### 1.2.4.　言説は相互作用的である

　実際、この言語活動は、発話内で私 – 君 (JE-TU) のペアの人称で示される、二人の相手を関わらせる**相互作用的活動**である。相互作用が最も顕著な表現は、口語的相互作用、すなわち会話で、そこでは二人の話し手は、彼らの発話行為を調整し、相手の態度に応じて発話し、自らの発言の相手への効果を即座に感じ取る。

　しかし、会話とは別に、全く「相互作用的」とは思われない、数多くの言

語特徴の形式が存在する。それは例えば、講演者やラジオの司会者等のケースである。書き言葉ではそれはより明瞭である。そこには受け手が現れさえしない。それでもなお相互作用と言うことはできるのであろうか。ある者にとって、やはり言説が本質的に相互作用的であるという原則を保つ最も簡単な方法は、口語的やり取りが言葉の「正当な」用法を構成すると考えることであり、他の発話行為形式がいわば発言のぼかされた使用であると考えることかもしれない。しかしながら、言説の根本的な**相互作用性**と**口語的相互作用**とを混同しない方が良いと思われる。あらゆる発話行為は、受け手の存在がなく生成されたとしても、実際には構造的な**相互作用性（対話関係**とも呼ぶ）の中にある。それは、潜在的あるいは実在の、他の発話者との明示的あるいは暗黙的なやり取りである。それは常に、発話者が対象とし、それに対して自身の言説を構築する、他の具体的発話行為の存在を前提としている。この観点から、会話は典型的な言説ではなく、（それは疑いなく最も重要であるが）言説の本質的な相互作用性の表現方法の一つにしかすぎないと考えられる。

　もし、言説が相互作用的であると認め、二人の相手を集めるならば、「受け手」を対話者と呼ぶのは困難になる。なぜなら、我々は、発話行為は一方通行であり、受動的な受け手に話しかける、ある一人の話し手の考えの表現のみであるという印象を持ち得るからである。それゆえ、その点において、アントワーヌ・キュリオリ[1]に従い、「受け手」とはもはや言わずに、**共・発話者**［co-énonciateur］と言おう。複数で、ハイフンなし［日本語版では黒丸なしとする］で用いる、**共発話者**［coénonciateurs］は言説の二人の相手を意味する。

## 1.2.5.　言説は文脈化されている

　文脈がまるで環境や情景でしかないように、言説がある文脈**内**に介入するとは言わない。むしろ、実際には、文脈化された言説しかないのである。ある意味を文脈外のある発話に割り当てることは実際にはできない（第1章参照）。異なる二つの場における「同様の」発話は、異なる二つの言説に相当する。さらに、言説は、発話行為の過程で**変化し**得る文脈**を定義することに寄与する**。例えば、二人の共発話者が対等に、友達同士として会話をする。そして、数分間会話した後、彼らの間に新しい関係（二人のうちの一人が医

者の身分で、もう一人が患者等)を構築し得る。

### 1.2.6. 言説は主体が責任を引き受ける

　言説は、それが主体、私(JE)に関係づけられてのみ、言説と言える。私(JE)は人称、時間、空間の*指標の出所*(第9章参照)であると同時に、自らが言うことと、自身の共・発話者に対してどのような**態度**を取っているかを示すものである(「モダリティ付与の現象」)。主体は特に自分が言うことの責任者が誰であるかを示す。例えば、「雨が降っている(Il pleut)」のような非常に基本的な発話は、その責任者、真実の引受人となる発話者によって真実であるとされるのだ。しかし、この発話者は自らの同意の程度を調整したり(「おそらく雨が降っているだろう(Peut-être qu'il pleut)」)、責任を他の人に付与したり(「ポールによれば、雨が降っている(Selon Paul il pleut)」)、自身の言葉にコメントしたり(「正直なところ、雨が降っている(Franchement, il pleut)」)などもできるだろう。主体はまた、共・発話者に、自分は責任を引き受けるふりをしているだけだと示すことさえもできる(アイロニー的発話行為の場合)。

### 1.2.7. 言説は規範によって支配される

　言説の法則について見た通り、言語活動は、言葉の巨大な制度に組み込まれており、それゆえ、あらゆる行動と同様に、諸規範によって支配されている。それぞれの言語行為はそれ自体が特別の規範を含んでいる。例えば、質問のような一見単純な行為が、話し手が答えを知らないこと、答えが話し手にとって何らかの利点を持つこと、話し手は自らの共・発話者が答えを与えてくれると思っていること等に関係する。より根本的には、あらゆる発話行為は、どのみち、あるがままに生じる権利を正当化することなしには現れることはできない。言葉の行使によってしかなされない正当化の作業なのである。

### 1.2.8. 言説は間言説の中にある

　言説はその他の言説の領域内でしか意味を持たず、そこを通して、ある道が切り開かれねばならない。ごく些細な発話を解釈するにも、それをコメントやパロディーや引用等、他のあらゆる種類の発話と関係づけなければなら

ない。各言説ジャンルは、間言説的関係の複雑さに対処する方法を持っている。例えば、哲学の教科書は宣伝販売員と同じ方法、同じ情報源を引用しない。ある言説(講演、テレビニュース等)をあるジャンルに属するものと見なすだけで、その言説を同じジャンルの他の言説の限りない総体と関係づけるのである。

## 2. 発話とテクスト

　言語生成を示すために、言語学者は「言説」だけではなく、多様な定義がなされる**発話**と**テクスト**も使用する。そして実際、その中のどれに入れるかという対比に従って、「発話」に様々な価値を与える。

- 発話は生成物が生成行為に対立するのと同様、**発話行為**に対比される。この観点では、発話は発話行為という出来事の言語的形跡である。ここでは、発話の大きさはいくつかの単語であれ、一冊の本全部であれ、全く重要でない。この発話の定義は広く受け入れられている。

- 一部の言語学者達は、発話を**言語コミュニケーションの基礎単位**であり、意味が備わった、統語的に完全な連なりと定義する。例えば、「レオンは病気だ(Léon est malade)」「ああ！(Oh !)」「何という娘だ！(Quelle fille !)」「ポール！(Paul !)」等はどれもが明瞭な種類の発話とされる。

- 他の言語学者達は、あらゆる文脈外にあると考えられる**文**を、この文が存在し得る様々な文脈に応じて、対応する**発話**のまとまりに対比させる。こうして、第1章の例、「禁煙(Ne pas fumer)」は、あらゆる特定の文脈の外で考慮したならば、**文**であり、ある文脈の中に入れられたならば、**発話**である。例えば、ある病院の待合室のような場所に赤の大文字で書かれていたら、これは「発話」を構成し、ある家の壁にペンキで書かれていたら、これは別の「発話」を構成するという具合に。

- また、一つの言語シークエンスを示すためにも「発話」を用いる。それは、**特定の言説ジャンルに属する**完全なコミュニケーション単位を形成するもので、例えば、天気予報、小説、新聞記事等であり、これらどれもが**発話**なのである。非常に短い発話(落書き、諺等)もあれば、非常に長い発話(悲劇作品、講演等)もある。一つの発話は、その言説ジャ

ンルのコミュニケーションのための目的に関連づけられている（テレビ
ニュースは時事を伝える、広告は消費者を説得することを目指す等）。
それゆえ、ここでは「発話」は「テクスト」とほとんど同じ価値を持っ
ている。

- 「テクスト」はまた、**全体を形成するもの、首尾一貫した総体を構成す
るもの**と理解する時、より明確な価値と共に用いられる。この一貫性を
研究する言語学の分野は、まさしく、**テクスト言語学**と呼ばれる。実
際、長く続き、繰り返され、本来の文脈から離れて流布するように構成
された口語、文語の言語生成物を指して、「テクスト」と言う傾向があ
る。それゆえ、一般的な用法では、むしろ「文学テクスト」や「法律テ
クスト」と言うが、会話を指して「テクスト」と言うことを受けつけな
い。

　一つのテクストは必ずしも一人の話し手によって生成される訳ではない。
議論、会話等では、テクストは複数の話し手の間で割り振られたものとして
現れる。また、「報告話法」がある時、つまり、一人の話し手が自らの話の
中に他の話し手の話を入れる時、話し手たちは階層化され得る（第13章参
照）。この声の多様性は、テクストの不均質性の最初の形である。他の形の
不均質性は、同じテクスト内にしばしばある**言語記号**や**図像的記号**（写真、
図案等）の組み合わせである。さらに画像や音声の記録、復元技術の多様化
は、テクストの伝統的表象を著しく変化させているところだ。それはもはや
ある一ページにおける一連の記号であるばかりではなく、一本の映画や一枚
の CD-ROM 内の言語、音楽、画像記号の混ざったもの等である。

　この本では、多くの場合、**発話**をある特定の文脈に組み込まれた文の価値
と共に用い、**テクスト**を、どちらかと言えば、ある言説ジャンルに属する言
語単位を指して言うつもりである。しかしながら、この区別が重要でない時
はこの二つの用語を区別なく用いる。

**注**

1　［訳注］Antoine Culioli。フランスの言語学者。発話理論が有名。

# 第5章
# 言説タイプとジャンル

　あらゆるテクストはある一つの言説カテゴリー、つまり、**言説ジャンル**に属している。話し手は、社会において生成される非常に多様なテクストを分類するために多数の用語を有している。「会話」「教科書」「新聞」「悲劇」「感傷小説」「描写」「論争」「ソネット[1]」「物語」「格言」「週刊誌」「ちらし」「研修報告書」「神話」「グリーティングカード」等。これらのジャンルの名称は大変異質な指標に基づいている。例えば、「感傷小説」は（感傷的な）内容のタイプに依拠しており、「物語」は一つの語りの構造形式に、「新聞」は出版物の定期的な特徴に、「ソネット」は詩句のある配列にという具合である。これらのカテゴリーは、使われ方によって変化する。例えば、本屋で本を探す読者が使用するカテゴリーは、本屋や、新聞の文学批評や、はたまた、文学理論家のカテゴリーとは同様ではない。一般的に使用されている語彙に属する名称ではなく、特定の職業に固有のものが存在する。すなわち、新聞・雑誌のジャーナリストは、「一面」「短信」「リード」等、職業学校で教えられた特有の語彙を使用する。
　このようなカテゴリーは日常生活での必要性に合わされており、言説分析者はそれを無視することはできない。厳密な基準を定義したい場合には、それでは十分と思われない。それにも関わらず、厳密さは多様な基準に適応でき、その基準は言説を異なったやり方で理解することに対応する。すなわち、様々な種類の類型学が存在するのである。


## 1.　コミュニケーションの諸類型

　「論争の言説」「教育に関する言説」「命令的言説」等としてのカテゴリーは、発話と共に**なされる**こと、つまり、**コミュニケーション目的**であることを指し示す。これらのカテゴリーは、ある時には、**言語の諸機能**による分

類、またある時には、**社会的機能**による分類として現れる。けれども、この二つのタイプの間に明確な境界を引くことは難しい。「論争」「命令」「情報」というような非常に抽象的なカテゴリー間で揺れ動く。これらは、言説ジャンル、そして（「政治に関する」「美に関する」「倫理に関する」等）活動分野において社会の諸構造に最も近いカテゴリーの総体を貫くのである。

## 1.1.　言語の諸機能によって

　R.ヤコブソンの「言語の諸機能」の分類（「指示的」「感情的」「働きかけ的」「交話的」「メタ言語的」「詩的機能」）はコミュニケーション領域のこれらの分類の中で最も有名なものである。そこでは、言説は、主要な一機能に基づいて分類される。例えば、「交話的」機能によって支配されるテクスト（広告のちらし、使用説明書、指示等）において、話し手は他者に働きかけようとする。反対に、文法書や辞書においては、「メタ言語的」機能（そこでは、言語はそれ自身が対象として解釈される）こそが支配するであろう。この類型論は、非常に微妙な操作による。なぜなら、同じ言説が同時に複数の機能を結集するというだけではなく、この六機能のうちの一つに明瞭に結びつけることが難しい多くの発話が存在するからである。

## 1.2.　社会的諸機能によって

　多くの文化人類学者や社会学者が、「遊戯の機能」「契約機能」「宗教的機能」等、社会に必要とされるだろういくつかの機能を区別することを提案している。例えば、なぞなぞのようなジャンルは、遊戯の機能に関連するだろうし、カトリックの説教などのジャンルは、宗教的機能に、打ち解けた会話は契約機能に関連するだろう。このような機能は言説の様々なジャンルに共通する。「契約」のような機能はカフェでの会話でも、お悔みや、ポストカードにおいても認められるものである。

# 2.　コミュニケーション状況の諸類型

## 2.1.　言説ジャンル

　「雑誌」「ヴォードヴィル[2]」「就職面接」「トークショー」等のようなラベルは、普段、**言説ジャンル**と言われるものを指す。すなわち、ある社会的、

歴史的条件が結びつく場合のみ出現し得る伝達諸装置である。例えば、研修報告のジャンルは、職業経験が必要な学生、また、この報告書を義務づけ評価する教員、また、さらには、職業世界に開かれたあらゆる教育システムの存在を前提とする。「三面記事」というジャンルに関しても同じ種類のことが言えるだろう。三面記事は、多くの発行部数をもつ出版物が存在する社会に現れるものである。すなわち、田舎では、噂は吹聴するだけで十分なのである。

　つまり、言説ジャンルの諸類型は、その歴史的に変化し得る性格によって、コミュニケーションの諸類型と対照をなす。あらゆる社会のあらゆる時代において、「教育的」「遊戯的」「命令的」といったカテゴリーはある。しかし、トークショーや論説等は永遠なものでは全くない。このように、ある社会が可能にし、またある社会を可能にする言説ジャンルによって社会を特徴づけ得るのである。

## 2.2.　ジャンルとタイプ

　「ジャンル」と「言説タイプ」を無差別に使用する人もいるが、支配的傾向はむしろそれらを区別することであり、本書も、最初からそれを実践してきた。言説ジャンルは多様な言説**タイプ**に属し、社会活動の巨大な諸分野に結びついている。例えば、トークショーは「テレビの」**言説タイプ**の内側に**言説ジャンル**を構築するし、この言説タイプ自体は「メディアの」**言説タイプ**であろう巨大な総体の一部なのであり、そのメディア言説には、ラジオ言説や新聞・雑誌言説が存在するであろう。このように社会は異なる諸分野に分割される。商品生産、行政、趣味、健康、教育、科学的研究等、多くの言説タイプに対応している。このような分割は多かれ少なかれ直観による社会学的モデルに依拠している。

## 2.3.　その他の分類

　活動分野ではなく、**制度上の場所**を不変要素と見なして、言説ジャンルを再配分することができる。病院、学校、会社、家族等がそれに当たる。例えば、病院を不変要素として見なすならば、そこで実践されたり、書かれたり、話されたりする多数の言説ジャンルを分類整理し得る。例えば、診察、カルテ、業務会議、放射線治療等である。

また、言説の**話し相手の地位**を指標とすることも可能である。例えば、子供と大人の間での言説、子供同士の言説、男女間の言説、女性同士の言説、上司と部下の間での言説等である。しかしながら、「若者の言説」や「女性の言説」について語るということは、多くの困難を引き起こす。なぜなら、これらは見せかけのカテゴリーだからだ。すなわち、「若者」は、実のところ、多くの言説の活動に極めて多様な対話者と共に参加するからである。

話し相手の地位に立脚したこの分類のほかに、**イデオロギー的**性質を帯びた位置づけに立脚するものもある。例えば、ある時代、ある場所の「社会主義的言説」や「カトリック的言説」等である。実は、言説分析にとって、このような諸単位は、これら諸単位が結集する言説のジャンルや、その結集方法と切り離せないものである（以下、第6章を参照）。


## 3. 言語と言説の諸類型

### 3.1. 発話の諸類型

これまで、あまり知られていないある分類のタイプには触れずに来た。なぜなら、それは、言語の、より正確には、**発話の諸属性**に基づくものであるからだ。基盤には、フランスの言語学者エミール・バンヴェニストによって確立された「言説」と「　物　　語　」との対立がある。これらは、第10章で再度取りあげる。誇張的な例として、この分類は、諺と俗語的会話とを対立させ得る。すなわち、会話は私－君(JE-TU)という組み合わせや発話行為時のある現在に関して組織されるものであるのに、諺の発話行為は発話とその発話行為状況との間にある種の断絶（私－君の不在、発話行為時に関するいかなる指示もない）を含有するのである。


### 3.2. 言説の諸類型へ

これら発話の諸類型は、発話が社会的に組み込まれることとは非常に異なる。それらにとって、コミュニケーションあるいは状況の諸類型は、テクストの言語学的機能とは関係がない。言説分析にとって、理想なのは、まさしく**言説**の類型にも依拠し得ること、すなわち、機能や、言説タイプやジャンル、また発話の特徴づけを分離しないことである。言説研究の発展に伴い、このような類型が発展するのは確実である。「通俗言説」と呼ばれ

第5章 言説タイプとジャンル　71

るものは、例えば、一つの社会的機能に相当するが、同時に言語の特定の
機能とも密接な関係がある。これら二つの側面を分離することはできない
のである。


## 4.　言説ジャンルの有用性

### 4.1.　経済的要因

　話し手にとって、言説ジャンルを自在に操るということは、重要な認知機
能に関わる**経済性**の要因である。ロシアの言語学者、M. バフチンは以下の
ように強調していた。

　　ジャンルの諸形式に言葉をはめ込むということを学び、他者の言葉を聞
　　きながら、まさに冒頭の言葉で、直ちにそのジャンルを見抜き、その分
　　量、与えられた構成構造を推察し、その最後を予見する。言い換えるな
　　らば、最初から、あらゆる言説全てに敏感である［中略］。もし、言説
　　ジャンルが存在していなければ、もし、それを自由に操らなければ、そ
　　して、言葉のプロセスで最初にジャンルを自身で作らねば、かつそれぞ
　　れの発話を構築しなければならないとすれば、言葉のやり取りは不可能
　　であろう[3]。

　実際、言説ジャンルの知識のおかげで、我々を取り囲むあらゆる発話の全
詳細に、常に注意を向ける必要はない。広告ちらし、領収書といった、何某
かの発話はたちまち特定することが可能であり、限られた数の要素にだけ精
神を集中し得るからだ。


### 4.2.　コミュニケーションを安定させる

　コミュニケーションは集団の構成員によって共有されるため、ジャンルに
関する知識は、やり取りの際、双方に暴力、誤解、恐れを避けること、要す
るに、言語伝達を**安定させる**ことを可能にする。

　ある友人にヴァカンスのポストカードを書いていると想定してみよう。あ
る書面を期待し得ること、それを相手も知っているということをお互いが
知っていることを、その友人は書いている本人と同様に、周知している。そ

れゆえ、例えば、そのテクストは短すぎても気を悪くしないし、晴天や、観光地巡りについてのみ書いても、封筒にカードを入れなくても驚かない。このようにポストカードのジャンルの規範に自らを順応させながら、受け手に不快感を与える心配もなければ、信用を失わせる心配もない(第2章第3節「フェイス」概念を参照)。さらには、多くの権利や義務のようにジャンルと結びついており、各人がそれらを知っていると考えられる時には、意味のある**違反**が行われる可能性がある。例えば、海辺からエッフェル塔のポストカードをパリに住んでいる誰かに送るなら、その人物がこの行動の何かしらの底意を探ることを期待するのだ。「ヴァカンスのポストカード」というジャンルの暗示的規則の違反によって、その受取人は、状況によって変化し得るほのめかしを探るよう指示され得る。

# 5. いかにしてジャンルを理解するか

## 5.1. 作品と習慣的行動

　ジャンルという伝統的概念は、はじめに、詩学、文学に関する考察という枠組みで練り上げられた。この概念があらゆる種類の言語生成へ広がったのは最近のことである。この移行に危険がなかった訳ではない。実際、文学作品は、ちらしや数学の授業と同じ資格でジャンルのカテゴリーに属さない。例えば、17世紀のある劇作家が自らの作品を「悲劇」と名づけたが、彼はそれをJ.-M. シェファーが「系統分類」[4]と呼ぶものに加える。なぜなら、この悲劇を、多かれ少なかれ、彼が忠実に再演したそれ以前の先の文学、この場合、ギリシャ文学に準拠しているからだ。例えば、18世紀のフランスの悪漢小説、ジル・ブラス[5]やスペインの悪漢小説の関係は、何よりもまず、それらの題材との類似点と相違点である。哲学者が対話を書いても事情は同じで、プラトンの対話をモデルとする系統に位置づける。作品はこのように、「プロトタイプ」に依拠される。書簡小説では『危険な関係』[6]、叙事詩では『イリアス』[7]というように。反対に、それらが、卓越した作品ではなく、研修報告、スポーツのテレビ中継、大学の講義等に関する場合、高名な作品に対する系統的関係はない。これらはつまり、**習慣的行動**、次第に安定はするが、継続的な変化となる傾向がある、ステレオタイプ化された匿名の行動なのである。露店商人の宣伝文句、あるいは三面記事の編集者は、習慣

に従い、状況によって採用する習慣的行動に従う。これらはいかなる規範となるテクストをも参照しない。反対に、非常に儀式化されたいくつかのジャンルは一度確立されたモデルに従い、そこから遠ざかってはならない（例えばミサ等）。

## 5.2. 成功した、あるいはしなかった行動

言説ジャンルは話し手が自らの発話を流し込むことを選ぶであろう型のようなものではない。実際には、社会行動こそが、それ自体として、**成功**の一基準に従う。「言語行為」（約束、質問、陳謝、忠告等）は成功条件に従属している。例えば、誰かに何かを約束するために、約束されたことができなければならない、受け手がこの約束の実現に興味がなければならない等である。高度に複雑なレベルである言語行為、言説ジャンルは、それ自体、成功の諸条件の総体に従属する。これらの条件は様々な秩序の要素、とりわけ、以下に示す要素に関与する。

### 5.2.1. 周知の最終目的

あらゆる言説ジャンルは、それが関与する状況のある種の変更を目指す。その最終目的は暗示的問いかけに回答することで定義される。すなわち、「何を言うために、あるいはするために、ここにいるのか。」[8] という問いかけである。会話に加わるということは社会的関係を維持する目的があり、小論文を作成するということは、評価を得るための能力を示す目的がある等。この最終目的は間接的であり得る。広告は最終的に商品を売るために気を引くことを目標とする。この最終目的を正しく決めることは、受け手が言説ジャンルに適合した行動を取り得るために不可欠なのである。

### 5.2.2. 正当な話し相手の地位

発話者と共・発話者はいかなる役割を引き受けねばならないのか。実際、ある言説ジャンルにおける言葉は、誰からでも誰へでも向けられる訳ではない。大学の講義は知識を持つと想定される高等教育から正式に委任された教授によって担われなければならない。そして、教授は、その知識を持たないと想定される学生という聴衆に向けられねばならない。商取引は買い手と売り手とを関係づけ、乗車証の検札は検札係と乗客を結びつけ、広告はブラン

ドと消費者を関係づける等。これらの地位は時に制服によって実現されることがある(例えば、電車の検札係)。これらの地位のそれぞれに権利と義務が結びつけられると同時に、知識も結びつけられる。心臓学の科学雑誌の読者は、心臓血管症に関する大衆向けテレビ番組の視聴者と同じ医学知識を保持しているとは見なされない。

### 5.2.3. 正当な場所と時間

あらゆる言説ジャンルはある特定の**場所**とある特定の**時間**に関わる。それらは、「外的」制約ではなく、何らかの構成要素である。神父が公共の場でミサを執り行う、あるいは、教師がバーで授業を行うということを想定してみよう。これらの言説ジャンルにとって、それらは、通常非正統的な場である。違反は意味をなし得るのである。従って、最初の例では、(教会は世界に開かれなければならないということを示しながら)通常非正統的な場を正当化し得るし、二つ目の例では、逆に教育の場の不足に抗議するためであり得るのである。

言説ジャンルによって必要とされる発話行為における時や場という概念は明白ではない。鉄道沿いの壁に張られた広告用ポスターは、束の間見られるために定められ、作成されるのに対し、雑誌における広告は移動するものであり(定期刊行物はどこでも読み得る)、不確定の期間見られ得る。ポスターは女性週刊誌に掲載されるものと同様の広告を構成しない。すなわち、その読者は不確定である(男性、女性、子供、あらゆる職業、あらゆる年齢等の電車に乗り得る全ての人)のに対し、雑誌の読者ターゲット層は定められている。この違いは、[広告の]消費方法に関わる。実際、広告の潜在的読者はそれに気づかない危険があり、とにかく長時間それを読む時間はなく、また、おそらく読みたいとも思わないだろう。それゆえ、広告の立案者は、大変短く、大きな文字で書くというテクストレベルだけに留まらねばならないだろう。それに対し、雑誌は、定期刊行物をめぐる誰かの一定しない注意を引き寄せるものである。それゆえ、少なくとも、二つのレベルが提案される。一方では、情報を凝縮し、注意を喚起する短く、大きな文字で書かれた一節、他方では、さらに読み進めることを受け入れる読者のために、議論を繰り広げられるようより小さな文字で書かれたテクストである。

言説ジャンルの時間性については、以下のように複数の軸を含んでいる。

第5章 言説タイプとジャンル 75

- **定期性**：授業、ミサ、ニュース番組等は定期的に行われる。それに対して、大統領の演説やちらしは定期性に従わない。
- **展開期間**：ジャンルに関する能力は大体、言説ジャンルの遂行期間がどれくらいかを指示する。ジャンルによっては、**複数**の期間の可能性さえ含むものもある。例えば、日刊紙は少なくとも一つの記事の二つの長さの読み物を区別する。太字、大文字で際立った要素によって引き立たせられた簡潔なものに、場合によっては、真のテクストの読みが続く。
- この展開における**継続性**：滑稽な話は完全に語られなければならないが、それに対して、小説は通常、不確定回数読み得る。
- 予期された**有効**期間：雑誌は、まる一週間で、日刊紙は、一日おきに読まれると考えられるが、創始的な宗教テクスト(聖書、コーラン等)は期限なく読まれることを求める。

### 5.2.4. 物質的媒体

　新聞と広告用ポスターに触れたばかりだが、ここでは今日重要性が認められる側面に立ち入ろう。すなわち、発話の**メディオロジー的**側面である(第6章参照)。つまり、テクストは音波(口承性)によってのみ伝わり、デコーダーによって加工、再生され(ラジオや電話等)、手書きされ、一部印刷され(個人プリンター)、コンピュータのメモリーに記録されることが可能である等。その物質的媒体の変化は、根本的に言説ジャンルを変える。例えば、テレビの政治討論は、そこに唯一の聴衆として面前の聴衆を有する会場における議論とは全く異なる言説ジャンルである。ゆえに「テクスト」と呼ばれるものは、ある内容が何某かの媒体に固定するようなものではなく、その物質的存在方法と一体でしか成り立たない。それは、**媒体／運搬**方法と、**保管**、すなわち**記憶**方法である。

### 5.2.5. テクストの構成

　あらゆる言説ジャンルは特定の**テクスト構成**に結びついており、それを学ぶことは、テクスト言語学に帰する。言説ジャンルを極めることは、異なるレベルでの構成要素の連鎖方法を、文章から文章へ、しかしまたその大部分において、多かれ少なかれはっきりと意識することである。これらの構成方法は学習対象になり得る。小論文、総論の文書等は教えられている。また、

実際、他のジャンルは、すなわち、大半のものは吸収によって習得できる。諺のような基礎的ジャンルは、二項的に構造化された唯一の発話から構成される（「この父にしてこの子あり（Tel père/tel fils）」「二兎追うものは一兎をも得ず（Qui trop embrasse/mal étreint）」等）。会話はまず、良い天気、健康等に関する儀礼化された話題から始まり、挨拶、そして再会の約束をして結ばれる。話者間で、共発話者達は継続的に発言し、それを厳格な筋書きに従うことなく、比較的短い時間維持するのである。小論文のような厳格なテクスト構成のジャンルに比べて、くだけた会話などは、「素描」を辿る他のジャンルである[9]。

## 5.3. 特定の言語能力

あらゆる言説ジャンルは、言説の参加者のある種の言語使用の習得を前提とするが、それは、参加者たちが都合よく言語を使用したい場合である。それぞれの種類の言語活動に、特定の言語能力が存在する。例えば、ある種の「行政言語」が存在するが、それは、特定の前置詞（「を考慮して（eu égard à）」「…の理由で（en raison de...）」等）、動詞句（「…に知らせる（porter à la connaissance de）」等）、特定の構文等を結集する。以下は、銀行によって発行された本物の証明書である。話し手が砕けた会話、あるいは、会議録で使うだろう能力とは全く異なった能力を結集しているのは明らかである。

証明書
2万ユーロの初期総額の不動産融資は、項目に言及された口座番号、支店において、X氏に当行によって認められ、それは、2000年6月12日付けで定められた融資に先立つ提供に従うものであるが、2006年2月9日付けで分割先払いによって全額が返済され、その結果当行の債権は消滅される。
この証明書は、項目に言及された口座に登録された融資によって表示された銀行の債権にのみ発行され、不確定な総融資枠によって表示された銀行の債権が存在することを明記する。
この証明書は、その記載されている目的および意図において権利の行使を可能にするものである。パリ、日付：…

このようなテクストにおいて、特定の語彙が使用され、それらは、特別の用語（「初期総額（montant initial）」「先立つ提供（offre préalable）」「債権消滅（éteindre une créance）」等）と、また同時に、その話し手が、諸表現がその証明書を公証すると自覚している表現（「付けで（en date de）」「支店において（en l'agence）」等）である。長い文章（一段落が一文章）は複数の従属節よって作られ、同時に、一人称、二人称のマーカーの不在と、活用された動詞の受動態構造（「返済された（a été remboursé）」「消滅される（est éteinte）」「明記される（est stipulé）」「発行される（est délivré）」）や過去分詞（「言及された（cités）」「認められた（accordé）」「定められた（établie）」「登録された（enregistré）」「引用された（cité）」「表示された（representé）」）だけ、または非人称（「明記する（il est clairement stipulé）」）に頼った動作主の消去がある。これら全ての特徴は法的であると思わせようとする発話行為に特徴的なものである。同時にこれらは、話し手にとって、顧客や同僚に対し、自らの能力を示し、自らの地位を正当化することを可能にする。

　しかし、あらゆるジャンルが特別の言語能力を必ずしも前提とする訳ではない。反対に、特有の能力が存在しない多くの言語活動がある。例えば、広告ジャンル等は、その舞台装置において、最も多種の言語使用を採ることが可能である（第7章第2節参照）。この場合には、特別の能力がないことが特別なのである。さらに、忘れてはならないことは、話し手は常に諸規範を違反することが可能ということである。それは、話し手が規範を良く熟知していないからか、もしくは故意に、文脈に従って解釈されるように、ある種の効果を生成するためである。1970年代、テレビのニュース番組の若いキャスター、イヴ・ムルシが伝統であった「こんにちは、皆様」を単純に「こんにちは」に置き換え、規範を違反した。しかし、暗示的に新しい正当性の形式に依拠しながらだった。すなわち、それはスローガンが「現代化」であった政治的文脈においてであったのだ。


## 6.　ジャンル概念によって提起された二つの問題

　ジャンル概念は、しばしばほとんど制限なく使用され、あらゆる種類のテクストを指す。明瞭さのために、「言説ジャンル」という用語を言語活動、つまり、コミュニケーション装置に割り当てた方が良いだろう。これらの特

徴は既に指摘した対話者の役割、媒体、時間等である。それゆえ、「言説ジャンル」を、言説ジャンル群を指すために分析者たちによって作られたカテゴリーとして語ることを避けよう。もし、例えば、私が言説ジャンルを「面談」という用語の下で、医療診察、新聞雑誌インタビュー、警察の尋問等のように一つにまとめると決めたなら、この「面談」という用語は一言説ジャンルを指さないだろう。なぜなら、一分析者によって構築された言説ジャンルの一系列だけが、他の諸指標と共に、他の言説ジャンルを構築し得るのだ。一般的な話し手にとって、唯一の現実とは言説ジャンルである。すなわち、話し手が医療診察に関与する場合、この活動が雑誌のインタビューと同じカテゴリーに入るか等を自答する必要はない。

　同様に、他の「ジャンル」に「ジャンル」を含む現象も問題となる。例えば、一般に社説や三面記事はジャーナリズムのジャンルと言われている。実際には、正確に言うならば、唯一の真の言説ジャンルは新聞で、その中にこれらの「ジャンル」は含まれている、すなわち、三面記事を読むには、それらが一部となっている新聞を読まない訳にはいかない。確かに、三面記事や社説は、テクストのジャンルであるが、それらが、ある一定の数の規範に従うという意味においてであって、それらは、言説ジャンル、つまり自立した言語活動ではないのである。


## 7.　契約、役割、ゲーム

　言説ジャンルを特徴づけるために、主として、**法律**（契約）、**遊戯**（ゲーム）、**演劇**（役割）の三分野から借用したメタファーを進んで援用しよう。これらのメタファーはどれも、完全に正確ではないし、十分でもない。しかし、**教育的**価値を有し、それぞれ、言説ジャンルの重要な一側面を明らかにするのである。


### 7.1.　契約

　言説ジャンルは**契約**である[10]と言うことは、それが、本質的に協調的で、規範によって決定されることを強調することである（第2章第1節参照）。あらゆる言説ジャンルは、そこに参与する者たちに、互いに知っているいくつかの規則や、それを違反したときに受ける制裁を受け入れることを要求す

る。もちろん、この「契約」は、明示的同意の対象である必要はない。すなわち、「単にコミュニケーションの契約は、**それ自体の有効性を含む言語行為を作るためである。他の間発話者 – 受信者は、契約の間、前もって同意者として見なされるのである**[11]。」ジャーナリストは、自らが関与する言説ジャンルが前提とする契約を引き受ける。例えば、三面記事では、ジャーナリストは真実を語り（真実しか詳述しない）三面記事に関するテーマ（納屋の火事であって、政治的事件ではない）を選び、理解に必要なあらゆる情報を提供し（有名な「誰が」「いつ」「どこで」の例）、モデル読者の知識ではない知識は前提としない（第3章第4節参照）等と見なされるのである。相互的に、三面記事の読者にはこれらの規範が尊重される権利があり、これらの規範は、読者にとって、ジャンルに関与するのと同様の期待であるが、規範が尊重されるなら、読者は、このテクストを批判的には評価できないだろう。

## 7.2. 役割

　古代ギリシア・ローマより、社会相互行為を、役割を演じるだけの巨大劇場と見なす道徳家の長い伝統が存在する。**役割**について語るということは、各言説ジャンルがそれに可能なあらゆる因果関係ではなく、定められた地位を通して対話者を関わらせる事実を強調することである。警官が身元検査を行う時には、公的権力を持つ警察官として介入するのであり、三人の子供がいる家庭の父親で、褐色の髪で、ひげを生やし、トゥールーズあるいはアルザス訛り[12]がある男等としてではない。調べられる個人は、規則として書類を有するかどうか、また、司法警察に探されているか否か等という対立によってのみ調査される。治療のやり取りでは事情が異なる。例えば、精神分析の治療では、あらゆる他の因果関係が引き合いに出されるのである。男性か女性か、不安に満ちているか否か、愛において不幸か等。この演劇のメタファーは、しかしながら制限がある。もし、役者が彼はハムレットやアルパゴン[13]ではないと断言し得るならば、言説ジャンルに参加する者たちは、極めて特別な状況以外では、彼らの衣装を楽屋に置いておくことはできない。ある見方からすれば、我々の人格は我々に与えられた様々な「役割」が織りなすものなのである。

## 7.3. ゲーム

　ゲームについて語ることは、ある種契約のメタファーと演劇のメタファーを交差させることであり、言説ジャンルへの参加を前提とする規則順守と同時に、演劇的側面を強調することである。ゲームのように、一つのジャンルは相互的に知っていると見なされ、それに違反すると参加者はゲームの外に置かれ、既に構築された多くの規則を前提としている。しかし、ゲームの規則と異なり、言説の規則は厳格なものは何もない。それらは、変動の領域を持ち、ジャンルは変形され得るのである。さらに、言説ジャンルは動機がないことはほとんどないが、ゲームは実用的な最終目的から切り離され、気晴らしを目指すのである。

## 注

1　［訳注］ヨーロッパの定型詩。4 行詩二つと 3 行詩二つからなる 14 行詩。

2　［訳注］流行歌入りの軽喜劇。語源は 15 世紀のフランス、ノルマンディーのビールという谷間 Val-de-Vire（または Vaux-de-Vire）地方で歌われた風刺的流行歌、あるいは「街の歌」の意の voix des villes と言われる。（『ブリタニカ国際大百科事典 小項目事典』）

3　*Esthétique de la création verbale*, Paris, Gallimard, 1984, p. 285.（『言葉の創造の美学』）

4　*Qu'est-ce qu'un genre littérature ?*, Paris, Le Seuil, 1989.（『文学ジャンルとは何か』）

5　［訳注］*Histoire de Gil Blas de Santillane*。フランスの作家ル・サージュの小説。4 巻。1715–35 年刊。スペインの悪者小説の伝統に立つ作品で、従僕となったジル・ブラスが全国を渡り歩き、さまざまな変転を経て幸福を手に入れるまでを描く。（『ブリタニカ国際大百科事典 小項目事典』）

6　［訳注］*Liaisons dangereuses*。18 世紀にフランスの作家コデルロス・ド・ラクロによって書かれた書簡体小説。

7　［訳注］前 8 世紀のホメロス作とされるトロイア戦争を題材とした古代ギリシャ英雄叙事詩。

8　P. Charaudeau, « Une analyse sémiolinguistique du discours », *Langages,* n° 117, 1995, p. 102.（P. シャロドー「言説の記号言語学的分析」『ランガージュ』）の表現。

9　P. Charaudeau, *Cahiers de linguistique française*, n° 17, Genève, 1995, p. 157.（P. シャロドー『フランス言語学研究』）

10　特に、P. シャロドーによって、彼の著作 *Langage et discours*（Hachette, 1983）（『言語と言説』）とそれ以後の研究で発展された問題。

11 P. Charaudeau, *Cahiers de linguistique française*, n° 17, p. 160. (P. シャロドー『フラン
　　ス言語学研究』)
12 ［訳注］トゥールーズ方言は、フランス南西部にあるトゥールーズで話されるオッ
　　ク語。アルザス方言は、フランス中東部のアルザス地方で話されるドイツ語の方
　　言。
13 ［訳注］アルパゴンは、17世紀フランスの劇作家モリエールの作品『守銭奴
　　(*L'Avare*)』の主人公の名前。

# 第6章
## 媒体と言説

## 1. 一つの重要な側面

### 1.1. 媒体は副次的ではない

　言説の**物理的な表示**方法、つまりその**運搬**と同様に、口述の発話、紙媒体、ラジオ放送、パソコンのディスプレイ等の**媒体**にも重要な地位を与えなければならないことを考察した。言語コミュニケーションのこのような側面は、長い間、後回しにされた。特に、文学研究では、その媒体とは無関係に、意味が備わった一連の文章としてテクストを考察することを習慣としてきた。今日では、媒体は言説にとっての単なる運搬手段ではなく、言説内容を制約し、その使われ方を制御すると考えられるようになっている。媒体は単なる「手段」としてではなく、確固としたメッセージを運ぶための道具として現れる。つまり、媒体の大きな変化が**言説ジャンル全体**を変化させる。

　特に、視聴覚メディアの到来と情報科学の発展によって、媒体のこの非常に重要な役割が意識されるようになった。事実、これらはテクストの性質と、それらの消費方法を一変させた。これらの出現は、あらゆる意味概念と連動していた書籍文明との断絶を引き起こした。口述の特性、そしてまた、書く行為と印刷術がもたらした変化をより意識させた激変である。

### 1.2. コミュニケーション装置

　ある言説ジャンルの媒体を扱う際、厳格な意味でその物質的媒体（口述、筆記、手書き原稿、テレビ等）を考慮するのでは十分ではなく、その言葉を組織する回路全体もまた考えなくてはならない。事実、コミュニケーションは線的なプロセスではない。まず始めに発話者による表現欲求、次にある意味の理解、そして媒体とジャンルの選択、さらには作成、伝播方法の追求、そして受け手との推測的出会いというプロセスである。実際には、即座に媒

体を組み入れる**コミュニケーション装置**から始めなければならない。発話の運搬や受信方法はテクストの組織自体を条件づけ、言説ジャンルを作り上げる。まさに、社会変化が「メディオロジー的な」（つまり、媒体に関する）移動だけを通して現れるのだ。あるカップルが困難な状況にある時、心理カウンセラーの診察室で自分の気持ちを述べる代わりに、テレビの「トークショー」でそれをしたならば、それは単なる場や伝達手段の変化とは別のことだ。それはまさに、関係づけられる社会の変化である。繰り返しになるが、一つの社会は、その社会が成り立たせ、かつ、その社会を成り立ち得るものとするコミュニケーション方法と一体をなす。

## 1.3.　一つの例

　19世紀のフランスにおける選挙集会の事例を検討しよう。それはパーティーの部屋、カフェの奥のホール、あるいは村の広場で行われた。聴衆は候補者の話を聞くために移動した。彼らは候補者と何かを共有していた。それは、例えば、同じ町や地域の出身である、あるいはまた彼らとイデオロギー的に近い等である。実際、この候補者は、**演説者**であり、大声で話さなければならなかった。なぜなら、マイクがなかったからだ。このような状況では、囁いたり、複雑な論拠を述べたりするのは問題外であった。それゆえ、意図的に集められたグループを想像上で統一しなければならなかった。

　数十年後、ラジオで選挙運動をする政治家は、温和で、親しげな声で話し、個々人に訴えかけることができるようになる。ラジオ放送媒体は、家族といる誰の所にでも言葉を挟み込む。話し手は、もはや自身と聞き手との間に暗黙の了解を想定できない。なぜなら、話し手はあらゆる人、友人、敵や無関心な人に聞かれるのであり、聞き手は話し手の話を聞くために移動しない。聴衆はもはや演説者の前でグループを自任する自発的な聴衆の共同体ではなく、顔のない聴衆の分散であり、それに対して演説者を自任するのはもはや問題外である。言説は、個人から個人への言葉になることを目指す。その後のテレビの出現は、政治的発言の遂行に新たな変化を起こし、何よりもテレビ視聴者の共感を喚起しなければならない討論に有利になるように意見表明をする重要性を下げるのだ。これら異なるメディアによって、同じ言説ジャンルに関係していると言うことはできない。つまり、実際、政治コミュニケーションの「物質的な」状況変化は、言う「内容」と方法、「政治言説」

や「政治」と呼ぶものの性質そのものを一変させた。これは、古い言説ジャンルが消え去ったのではなく、周辺に追いやられたということだ。政治家は、路上で商品の販売促進をする行商人のように、選挙集会を開くことを続けてはいるが、これらの言説実践は、形式的に新たに定義し直され、政治や商業の言葉、つまりテレビ討論と大量流通が支配的になったのだ。

## 2. 口述と筆記：単純すぎる対立

口述と筆記の区別は、最も古く、文化に最も深く根を下ろした「メディオロジー的な」カテゴリーである。しかし、この区別は考え得るほど単純なものではない。この区別を用いながらも、実際には異なるレベルに位置する対立が混同されている。

### 2.1. 口述発話と書記発話

この対比は物理的媒体に関係する。つまり、**口述**は音波を通して、**書記**は固体の媒体、かつては粘土板、パピルス、羊皮紙等、今日では紙に記された記号を通して行われる。この口述と書記の区別は便利だが雑駁だ。特に、これは**手書きのテクスト**と**印刷されたテクスト**との区別を無視している。さらに、これは、音声、文字、そして画像をほとんど「非物理的な」方法で扱い、分解し、再構成し、収集し、画面に映し、さらにそこから場合によっては電子あるいは紙の他の媒体に投影するような、現代の情報処理技術を述べるにはお粗末過ぎる。

### 2.2. 安定した発話と不安定な発話

言葉は消え去るが文字は残る[1]と［諺が］言うように、伝統的に口承が**不安定**、筆記が**安定**と結びつけられる。実際には、全ての口述の発話が必ずしも不安定ではない。それはその実用的な地位、すなわち、何に役立つかによる。重要なのは、口述の特徴や諸発話の書記よりむしろ、それらの保存を保証する枠組みにおいて**記されること**である。実際、口述の言説ジャンル（格言、諺、金言、標語、歌、宗教的決まり文句等）が存在し、口述であるにもかかわらず、その発話は無限に繰り返されるために紋切り型である。伝統的な社会においても、非常に安定した口承文学が存在していた。そのため

に、専門家は非常に高度な方法で暗記する技術を開発していた。詩法はこのテクストの安定化の作業において重要な役割を果たしていた。同様に、今日の広告スローガンは、思い出させるために、詩的制約に最も頻繁に従う（「コカ・コーラ、セサ（Coca-cola, c'est ça）」[2]「オネフーダフルルー（On est fou d'Afflelou）」[3]「ヴァジィ・ヴァサ、ヴァジィ・ラ・フォルム（Vas-y Wasa, vas-y la forme）」[4]）。例えば、「オネフーダフルルー（On est fou d'Afflelou）」のスローガンは、両方とも $f$ で強められ、$-ou$ で韻を踏むそれぞれ三つの音節の二つの部分として分析し得る。同じ位、技法が詩において働き、かつては暗記や朗読と強く結びついていた。

　現代社会は、発話者の声のみ、あるいは身ぶりやジェスチャーと共に声を記録する可能性を与えることで、口述を筆記と同じくらい安定したものにした。言い換えれば、今日、記録する際には、ある特定の方法で**記述している**のだ。すなわち、筆記が支配していたが、口述もまた重要な役割を果たしていた社会（伝統的なヨーロッパ）の後、口述自体が全く異なる種類の書式によって理解される社会なのである。ある政治家がテレビで録画され、少しでもその演説がゴールデンアワーに流れるならば、その人は、発行部数の少ない雑誌に書くよりも、自らの言葉により強く拘束される。口述ではあるが、その言葉は固定され、際限なく繰り返され得るし、世界中に瞬時に拡散され得る。

## 2.3.　状況に依存した発話と依存しない発話

　「口述」と「筆記」との区別はまた、非言語**状況に依存する**発話と**依存しない**発話との区別を生じる。「口述」では、発話は、発話者と物理的に同じ状況を共有する共・発話者に向けられる。「筆記」では、発話は**記録され**、つまりは、他の状況にある受け手に応じてなされる。

### 2.3.1.　状況に依存する発話

　発話者の言葉は、そこでは、進行中の発話行為にいつでも介入し得る共・発話者からの絶え間ない脅威の下にある。また、共・発話者は（「ああ！（ah !）」「まあ！（tiens !）」等、自らの態度によって）賛同を示しながら発話者をその地位に認め得る。

　共・発話者たちが同じ状況を共有し、互いに会うことは、次のようなこと

を生じさせる。

- 非言語標示（身ぶり、ジェスチャー）が言葉に伴う。
- ある物が状況において存在する時の省略（「君は見たかい。(t'as vu... ?)」）。
- 発話行為の状況に関連する、指示対象を特定する多くの転位語（第10章第2節参照）（**私は**( *je* )、**ここ**( *ici* )、**明日**( *demain* )等）がある。

　話し手は自分が言うことを消せず、自分自身の言葉の力学に支えられているため、訂正したり、共・発話者の反応より先回りしたりするのに、自分自身の言葉を解説する**モダリティ付与**を用いたがる。例えば、「つまり、言うならば(enfin, si l'on peut dire)」「あるいはむしろ…(ou plutôt...)」「あらゆる意味で(à tous les sens du mot)」「私に言わせれば(passez-moi l'expression)」「あなたは言うだろうが(vous allez me dire)」等である。

　言葉のやり取りの力学は、接触を保つことに寄与する、**交話的**言いまわし（「ね、そうでしょう(tu vois)」「わかった(bon)」「ねえ(écoute)」等）を生成させるか、あるいはまた、話し手が自ら話したい文の主題を切り離し、前に**分散させた構造**（「僕の弟は、車をね、盗まれたんだよ。(Mon frère, sa voiture, on lui a volée)」）あるいは、後ろに**分散させた構造**（「盗まれたんだよ、僕の弟は、車をね。(On lui a volé, à mon frère, sa voiture)」）を生成させたりする。

　一般的に、話し手は従属関係に基づき、入念に作り上げた構文（**従属**）を展開しない。また、正確な意味で等位接続詞や従属接続詞によってその結びつきを説明することをせず、文の並置（**並列**）に容易に頼る。例えば、『アポストロフ』[5]というテレビ番組での作家、ジョルジュ・シムノン[6]とベルナール・ピヴォ[7]との次のやり取りがある。

　　　ベルナール・ピヴォ──しかし、ある日あなたはこのシーンを描く。
　　　ジョルジュ・シムノン──ある日、彼女が現場を押さえたんだ
　　　ブール[8]とのね
　　　そして、彼女は僕に言ったんだ　この女か私かどっち
　　　あんたはとっとと消えなさいよ
　　　この女か私か
　　　この女っていうのがそれだけでも僕を完全に苛立たせた
　　　彼女がブルジョワ家庭出身だと言わないとね

彼女は僕のような庶民じゃないんだ
だから、この女って訳だ
それで、僕はこの女だよと言ってやったんだ
それだけのことだ。

　強い支配状況で作家によって生成されているこの応答では、［句読点もなく］発話は並置されている。これらの結びつきは、その内容が明確ではない、「そして(et)」「と言わないとね(faut dire que)」「だから(alors)」「それで(eh bien)」といった要素によって保証され、イントネーションやポーズ等と切り離せない。

### 2.3.2. 状況に依存しない発話
　状況に依存しない発話は、内テクスト的な(すなわち、テクストの内部に)標定システムを構築するのに自給自足であろうとする。これらは、発話行為に影響力を持つとは見なされていない共・発話者と共有する状況に依っていない。この区別はテクスト(1)と(2)を比較対照することで説明できる。

**テクスト 1**
A：おい、君はそれを少しは見たんだろう。
B：(嫌悪で口をとがらせる)
A：さあ、さあ！
B：［私は］断言するよ。

**テクスト 2**
「1953年から1955年まで社会主義学生団の全国書記を務めた、財務監査のミッシェル・ロカール氏は、アルジェリアについてギー・モレや政党幹部との不和の後、1958年に社会主義労働者インターナショナル・フランス支部(SFIO)を離脱した。彼は無党派急進主義の社会党に加わったが、それが1960年に統一社会党(PSU)を生み出し、そこで彼は1967年に全国書記となる。」

（『ル・モンド』、1993年4月4日）

［テクスト１の］発話(1)は二人の対話者によって共有された状況に主に関わっている。「君は(tu)」「私は(je)」「それ(le truc)」等の指示はこの状況によって起こり得る。注意を引くための決まり文句（「おい(dis donc)」）、言葉ではなく、身ぶりに答えるもので、そのイントネーションを知ってでしか本当は解釈できない他の言い回し（「さあ、さあ allons, allons)」）がある。反対に、［テクスト２の］発話(2)は、読者である自らの共・発話者を無視しているように思われ、記者と同じ物理的環境にあるとは見なされていない。ここには「私は」と「君は」との間の交流、つまり交話的表現、省略等は存在しない。これらは固有名詞と、発話行為の状況に依存せず、テクストの指示対象を形作る要素、代名詞（「彼は(il)」「それ(qui)」「そこ(dont)」）による繰り返しである。確かに、この種の発話はその読者に特定の百科事典的知識、特に政治史に関する知識を要求するが、それは直接的な時空間的状況とは異なるものだ。

## 2.4. 文語体の発話と口語体の発話

話し手は状況に依存する発話と依存しない発話のこの区別を巧みに扱うことができる。実際、ある一つの発話は、

- **書記媒体**を通してなされ、録画・録音による受信を前提とする時、**状況に依存する**発話のいくつかの特徴を表す。それゆえ、**口語体**の書かれた発話と言うことができる。
- 反対に、口述である時には、**状況に依存しない**発話の特徴を表す。それゆえ、**文語体**の話された発話と言うことができる。

「口語体」の発話は、女性誌に掲載されたこの広告が良く例証している。

何という会議なの！このビジネスブレックファースト、このクロワッサン、プチパン全てが、あまりに美味しそうで、誘惑に勝てなかった…だけど、また始めるわ。お昼は、頑張るわ。ランデブー・スリム。まさにウィークエンドと私。どこにでも持ち運べる小さな袋は便利。バニラ味と野菜味、元の体重にすぐ戻れるわ。ブレイク・スリム ウィークエンドとバランスの取れた食事、グルメの日課にぴったりよ。

このテクストは読まれるためのものだ。しかしながら、これはその状況に

依存する発話のいくつかの特徴を提示する。指示詞「この (ces)」は読者の手の届かないものを指し、「私は (je)」は特定しない発話者を指示する。また、左に離れた構造（「このビジネスブレックファースト…あまりに美味しそうで (ces petits-déjeuners [...] si tentants)」「ブレイク・スリム…グルメの日課にぴったりよ (les pauses-minceur [...] une gourmande)」）もある。

「文語体」の発話は、例えば、口頭でなされるにもかかわらず、状況に依存しないものとして表現される学術会議における発表が、良い例であろう。

これら二種類の発話行為において、追求される効果は、媒体とそれに結びつけられた発話との間に生じるまさに**緊張**の結果である。口語体の例では、読者に模範とするよう促し、女性の体験にすぐに到達するという印象を与える。科学的なコミュニケーションの場合、聴衆は、いつでも発話者の話を遮り得る通常の共・発話者としてではなく、それだけで十分と見なされる論証の展開をする研究者の一般的な聴衆として扱われる。これはまさしく、それが発話される特別な状況に依存せず、真実だと主張する科学的言説の特徴の一つである。

## 3. 書かれたものと印刷物の特性

書かれたものは、口述の分かりやすい表現ではなく、印刷物は書かれたものの単なる増殖ではない。口述、書かれたもの、印刷物は、異なる発話行為規則で、非常に異なった文化を前提とする。

### 3.1. 書かれたもののいくつかの特性

書かれたテクストは、非常に際立った特性を持つ。

- それはその出所から遠くで流布し、予測不能な読者と出会い得る。もっともそれは毎回変わる訳ではない。書き手はその発話の受信をコントロールできる訳ではないので、理解可能なものとするためにその発話を構成し、**テクスト**を最大限に意味で満たしていなければならない。
- **口述では**、共・発話者は話し手と同じ状況を共有し、即座に話し手のイントネーション、態度等に反応する。共・発話者は発話の構成をその全体の中で検討することができない。つまり、発話を徐々に発見し、その構成を非常に不明瞭に意識するのだ。反対に、**書かれたものでは**、共・

発話者は個人的な読みを行わなければならない。少なくとも二人の話し相手がかかわる口頭での相互作用の流れを操るのが難しい時には、自らの発話の終わり方、適したリズムを課すことができる。それは例えば、自分に適した速さ、黙って、大声で、注意深く、あるいはざっと目を通して読んだり、望むときに中断したりすることである。

- 例えば、共・発話者と、書かれたテクストとの間の距離は、批評的**コメント**や**分析**では間隔が開く。つまり、読者は、解釈を練り上げるように、テクストを探求したり、あちらこちらの部分を比較したりできる。

- 書かれたものはまた、**複製され、保存され、分類され**得る。言い換えれば、それをストックすることは、様々なテクストに向き合ったり、（テーマ別、ジャンル別、作者別、日付別等）分類の原則を確立したりすることを可能にする。

## 3.2. 印刷物

印刷は**書くことの効果を非常に際立たせる**。かなりの数のテクストを全く同一で均一に印刷することを可能にすることで、印刷は読者にさらに大きな自律性を与える。もはや写本のように手書きの痕跡、テクストを個別化する写本者の筆跡（間違い、不注意や疲労の時、出身地の現れ等）はない。絶え間ない変化の代わりに、作者が想定するように、変質せず、それ自体で閉じたものを相手とする。印刷は、同一のページから他のページへ白い空間上の不変の記号を並べながら、人から人への直接的なコミュニケーションテクストを抽象化するのである。

これらの効果の一部分は現代の**タイプ原稿**に見られ、手書きの私信とタイプ打ちされた行政や商業からの手紙との違いが生じる。前者は、個人から個人へ届けられるもので、その書き手の独特の痕跡を留める独自のテクストを生成する。後者は、二人の個人を関係づけない。何某かの責任者によって署名がなされていても、公的な組織から客や消費者に届けられるもので、前もって作られたテクストを生成し、その写しを保存することができる。タイプ原稿の標準化された特徴は、言わばこの匿名性を実現する。

## 3.3. テクストの空間性

書かれたもの、特に印刷物では、テクストは、**一定の物理的空間を専有す**

ることをより利用している。居合わせる発話者によって拡散されない発話、親しい人に限られた輪の中にあり拡散するのではない発話は、**その解読に必要な全てのものを含まなければならない**。読者が作者の世界を共有しなかったり、少ししか共有しなかったりして、両者間の暗黙の了解が乏しい場合には、明白で細かい句読点が必要である。現在使われている［フランス語の］句読法は、印刷に課せられた制約で、16世紀に確立された。実際、印刷物が可能にする大衆的流布は、比較的正確な句読法を必要としていたのである。

　書かれたものと印刷物の空間性はまた、それらを様々な（図表、図案、版画、写真等）**図像的**要素や**パラテクスト**と結びつけるのを可能にする。いわゆるテクストに伴う言語的断片の総体は「パラテクスト」と呼ばれる。これは、巨大な単位（まえがき、表紙のテクスト等）、あるいは、縮小した単位、例えば、タイトル、署名、日付、小見出し、欄名（「雑報欄」「社説」「広告」等）、ページ下の注、余白のコメントであり得る。

　それゆえ、口述でない発話は、もはや純粋に言語的ではない現実を構築する。高レベルでは、あらゆるテクストは、**それ自体、イマージュ、つまり、眼差しのために与えられた外観を構成する**。横に広げる、テクストを段組みや円形にする、黒や点線で分けることができる等、これら**ページ組み**の現象にもたらされるあらゆる入念さは知られている。

## 4.　新しいコミュニケーション装置[9]

　口述と筆記、あるいは手書き原稿と印刷原稿との古い対立は、伝統的な形式では、今日にはもはや存続していない。情報の記録と流通のますます洗練された技術が、コミュニケーション装置、つまりは言語的発話の地位を変化させた。現代社会は、伝統的な口承と比べものにならないような**新しい口承形式**の出現によって特徴づけられる。今後、言語資料について研究する時には、非常に様々な要因を考慮しなければならない。例えば、

- 発話者が自らの受信者を**見る**ことができる**かどうか**が、対話者が互いに見えるウェブによる通話と旧来的な電話とを対比させる。
- **受信者数**が限りなく開かれていることは、物理的接触の不在の結果である。二人の人や（授業、会議、催し物等）同じ場所でより大きなグループ

である大衆との発話行為の代わりに、ラジオやテレビは、途方もなく非対称な形で、発話者と、その広がりやアイデンティティを確定するのが困難な聴衆とを関係づける。

- 対話者達の**動きがないかどうか**という特徴は、媒体にもよる。旧来的な固定ラジオとは違って、カーラジオ、ノートパソコンあるいはスマートフォンは、移動する聴衆を想定している。

- 共・発話者が**発話者を中断させる**ことが可能かどうかは、電話インタビューと書かれたものやラジオ放送によるコミュニケーションを対比させる。

- **目に見えない第三者**の存在は特定の言説ジャンルを特徴づける。テレビ番組内で(演劇もそうだが、別の方法で)、スタジオにいる対話者達は、目に見えない第三者(テレビ視聴者、リスナー)の面前で話をし、第三者に応じて自らの言葉を練り上げる。また、スタジオでは招待された観客がいたり、目に見えない受信者がある種の［視聴者の］代表者を現場に有しているように、番組が劇場で行われたりすることもある。それぞれの番組形式が、それぞれのやり方でこの「トリローグ」の状況、つまり、三名の参加者での言説を有効に管理しなければならない。

- 発話は一時的であるか、あるいは、デジタルな**記録形式で消費されるよう特定する**ことが可能だ。さらには、記録に応じて考え出された「自発的な」発話(テレビ局によって記録されると知りながら話す政治家の場合)と、ウェブ上、映像共有サイトや情報サイトで見つけられる記録が不意になされた発話との区別をすることができる。

- **機械**の介入もまた役割がある。(ビデオゲーム、コンピュータ、様々な種類の機器、さらにはロボットにおいて)一定の数の「口述的」発話は機械によって**生成され**、人によるものではない。相互的に、声による命令で、人は機械に対して本当の音声発話を差し**向ける**ことができる。

- テクストの**物質的安定性**でさえも、発話の物理的諸媒体を**非物質化**させる新しい技術によって問題となっている。ウェブに接続されたコンピュータのスクリーンは、様々な断片からできたテクストを提供するが、それは絶えず変化し得ると共に、そこでは話し言葉と書き言葉が混ざりあう。スクリーンのテクストは完全には表示し得ない。なぜなら、実際には、それは「ハイパーテクスト」であり、一つの巨大でヴァー

チャルな交流ネットワークなのである。これは、無限の異なる経路、つまり、ウェブ上をネットサーフィンしながら「読者」が自分自身で自らのテクストを構築することを可能にする。

この本では、**印刷された発話**だけを検討するが、一見伝統的に思えるこれらの発話でさえ、今やデジタル技術を用いて生成されており、印刷されたテクスト自体、コンピュータスクリーン上で作り上げられたイメージの投影でしかないことを忘れてはいけない。

## 注

1　［訳注］「Les paroles s'envolent, les écrits restent.（言葉は消えてしまうが書いたものは残る）」というフランスの諺。

2　［訳注］「そうさ、コカ・コーラ」という意味。日本では Coke is it！というスローガンであった。

3　［訳注］「私達はアフルルーに夢中」という意味。眼鏡店の宣伝スローガン。

4　［訳注］スウェーデンのクリスプ・ブレッドのブランド。ダイエット食として宣伝されている。「ヴァジィ（Vas-y）」は「さあ、どうぞ、それ行け」、「ラ・フォルム（la forme）」は「体型」という意味。

5　Eddy Roulet による引用（« Vers une approche modulaire de l'analyse du discours », in *Cahiers de linguistique française*, n. 12, 1991, p. 76.（「言説分析のユニット式アプローチに向けて」『フランス言語学研究』））。［訳注］『アポストロフ』はベルナール・ビヴォ司会の書評番組で 1975 年から 1990 年まで続いた。

6　［訳注］Georges Simenon、1903 年 –1989 年。ベルギー出身の小説家、推理作家。メグレ警視シリーズが有名。

7　［訳注］Bernard Pivot、1935 年生まれ。フランス人ジャーナリスト、教養番組の司会者。フランスで最も権威ある文学賞、ゴンクール賞の審査員も務める。著書も多い。

8　［訳注］ブール（Boule）はシムノン家の家政婦で、シムノンの恋人となったアンリエット・リベルジュのこと。「玉」という意味で彼女の体型にちなんだ呼び名。

9　［訳注］時世の急速な変化に伴い、コミュニケーション装置も大きく変わってきていることから、日本語版では本節の一部を著者に新しく書き変えてもらった。

# 第 7 章
## 発話行為舞台

## 1. 三つの舞台
### 1.1. 三重の呼びかけ

　テクストとは、不動な記号の総体ではなく、言葉が**演出**される言説の痕跡である。

　先に扱ったダイエット広告（第6章第2節参照）を再度取り上げよう。この広告の左端には、オフィスの椅子の肘かけに腰掛け、電話しているパンツスーツを着た若い女性の小さな写真が添えられている。

**それぞれの女性は違うから、ウィークエンドは1日、3日、5日間のオーダーメイドのスリム療法を開発しました。**

何という会議なの！このビジネスブレックファースト、このクロワッサン、プチパン全てが、あまりに美味しそうで、誘惑に勝てなかった…。だけど、また始めるわ。お昼は、頑張るわ。ランデブー・スリム。まさにウィークエンドと私。
どこにでも持ち運べる小さな袋は便利。バニラ味と野菜味、元の体重にすぐ戻れるわ。ブレイク・スリム　ウィークエンドとバランスのとれた食事、グルメの日課にぴったりよ。
ウィークエンド：新しいダイエット法

　このテクストの発話行為舞台は何であろうか。この問いには、以下のように位置づけられる視点から三つの答えを提示できる。
- 発話行為舞台は広告（言説のタイプ）である。
- 発話行為舞台は女性雑誌のダイエット商品の広告（言説のジャンル）である。
- 発話行為舞台はオフィスでパンツスーツ姿の女性が親しい人に電話するという電話での会話である。

　このテクストが掲載されている雑誌の読者はこの三つの舞台に同時に存在する。読者は、**消費者**として（広告舞台）、**スリムな体形を維持することを気づかう雑誌の読者**として（言説ジャンルの舞台）、そして電話をしている［この広告の］女性の**通話相手、友人**として（テクストによって構築された舞台）呼びかけられる。最初の舞台である**包括的舞台**、第二の舞台である**ジャンルに関する舞台**、第三の舞台である**舞台装置**について述べていこう。

## 1.2. 包括的舞台とジャンルに関する舞台

　**包括的舞台**とは、言説のタイプに対応するものである。道でちらしを受取る時、それが宗教の言説に属するのか、政治のものなのか、広告のものか等を決定できなくてはならない。すなわち、このちらしを解釈するためには、いかなる包括的舞台に位置するか、どのような資格で読者に訴えるか、いか

なる目的に応じて組織されているかを決定できなくてはならないのである。例えば、政治に関する発話なら、複数の市民達に訴えかける一市民を含意する。特徴づけは確かに最小限ではあるが、非時間的でないものは何もない。すなわち、特徴づけは、話し相手の地位及びある時間と空間の範囲を限定するのである。多くの過去の社会では、とりわけ政治という包括的舞台は存在していなかった。いかなる社会、いかなる時代においても、行政に関する舞台、広告に関する舞台、宗教に関する舞台、文学に関する舞台等と言うことはできない。

　政治に関する発話の発話行為舞台は、政治に関する包括的舞台であり、哲学に関する発話行為舞台は、哲学に関する包括的舞台であるというだけでは不十分なのだ。つまり、共・発話者は、非特定の政治もしくは哲学ではなく、特有な**言説ジャンル**に関わるのである。各々の言説ジャンルはそれら固有の役割を規定する。すなわち、選挙キャンペーンのビラで、投票者に訴える候補者、授業において生徒に話しかける先生等である。

　これら二つの「舞台」は、同時にテクストの**舞台枠**と呼ばれ得るものを定義し、この舞台枠こそが、意味をなす発話に安定した空間、言説のタイプとジャンルの空間を定義する。つまり、この「ウィークエンド」の広告の読者は、この枠組みを意識しなければ広告を読み取ることはできない。


## 2.　舞台装置

### 2.1.　逆説的なループ

　読者が直面させられるのは、直接舞台枠にではなく、**舞台装置**にである。この広告の制作者達は、例えば、叙情詩、使用説明書、なぞなぞ、科学的記述等、全く別の舞台装置を通して、うまく宣伝することも十分できたであろう。舞台装置は舞台枠を目立たなくさせる効果を生む。この広告の読者は、例えば、こうしてある種の策略に取り込まれる。なぜなら、読者はまず、このテクストを電話の会話として受け取り、限定されたジャンルの広告として受け取らないからである。あらゆる言説は、まさにその展開によって、言説を正当化する発話行為舞台を構築しながら説得しようとする。電話するOLに言葉を与えるマーカーは、いきなりこの舞台装置を強要するようなものである。また他方で、まさにこの発話行為を通してこそ、この発話行為が強要

する舞台装置を以下のように正当化し得る。すなわち、発話行為がその読者に関与する場合、読者に舞台装置内に自らに割り振られたと思われる場所を受け入れさせるに至る場合である。あらゆる発言は、確かに、様々な度合いにおいて、リスクを負うものである。舞台装置は、既に構築され、この言説から独立した空間内にあたかも言説が突発するような、単なる枠組み、装飾ではない。むしろ、発展しながら、言葉というその固有の装置を、徐々に配置させようとする発話行為なのである。

舞台装置は、このように**逆説的なループ**の過程を前提とする。それが出現するやいなや、言葉は、ある発話行為状況を想定するが、それは実際には、この発話行為自体を通して次第に認められるものである。舞台装置は、このように**そこから言説が生じると同時に、この言説が生成する**ものでもあるのだ。舞台装置はある発話を正当化するが、その発話はその代わりに舞台装置を正当化しなければならず、また、言葉が生じるこの舞台装置は、正確には、政治、哲学、科学、あるいはある商品の販売促進といった状況に応じて発話するために必要とされる**決まった**舞台装置である。「ウィークエンド」の広告の読みを進めれば進めるほど、女友達の電話こそが、この商品への最良の入り口を形成していることに納得せざるを得ない。このテクストが述べることは、舞台自体を有効にし、この舞台を通してこれらの内容が生じるのである。そのために、舞台装置は商品に適応しなければならない。すなわち、二つの会合の間の女友達への電話と、ウィークエンドの包みに付与された特徴との間に適合性が存在していなければならないのである。

舞台装置は、それ自体の発展を抑制し、共・発話者に対する距離を維持し得る場合のみ、十分に繰り広げられる。反対に、例えば、議論において、参加者が、**自らの**舞台装置を通して発話するのは非常に困難である。なぜなら、参加者は発話行為の支配力を持たず、場において、対話者達によって引き起こされる予見できない状況に反応しなければならない。ゆえに、活発な相互行為状況において、しばしばフェイスへの脅威(第2章第3節参照)やエートス(次章参照)が、全面に押し出されるのである。

## 2.2.　舞台装置と言説ジャンル

広告テクストを例に取りながら、一つの言説ジャンルを選んだが、それは、舞台装置の観点からすると、特権的地位を有するものである。というの

も、広告の言説というのは、そこで動員される舞台装置を先に決めてかかれない言説のタイプなのである。それに反して、ジャンルが、いわば紋切り型の発話行為舞台を前提とする言説タイプが存在する。例えば、行政の手紙や、専門家の報告書等はかなり制限された舞台において一般的規則に沿って展開しており、ジャンルに関する舞台の決まり切った型に順応する。

　他の言説ジャンルは、予め設定されたモデルからそれた舞台装置をより生み出し得る。例えば、かなり制限されると考えられ得るジャンルの一つ、旅行ガイドブック『ルタール・ガイドブック』[1]においては、若い共・発話者に話しかける若い発話者という「話し言葉」を演出しながら（第6章第2節参照）、革新的立場を取っている。

> **テートギャラリー：**ミルバンク、SW1. M. ピムリコ（地図II、C3）
> 平日は10時から17時50分まで、日曜日は14時から17時50分まで開館。入館無料。ロンドンにおける僕らのお気に入りの美術館の一つであること間違いなし。真の衝撃。大まかに言えば、この美術館は、二つの大きな部門に分割できる。三分の一は16、17、18世紀の英国絵画、三分の二は種類の豊富な20世紀の世界的絵画と彫刻だ。傑作がたっぷりだ［後略］。　　　　　　　　　　（『ルタール・ガイドブック、イギリス編』
> 1994–1995年版、アシェット社、107頁）

　このような発話は「旅行ガイドブック」というジャンルが強要する義務を満足させる。すなわち、発話は、旅行者にとっての興味に値する場所を定義したり、そこにアクセスするために役立つ情報を提供したりする。しかし、それは、同じジャンルの他の諸テクストとは対照をなす**舞台装置**を強制しながら行われる。発話者が自らの存在のマーカーを消すこれらのガイドブックで、通常の教育的タイプであるジャンルに関する舞台に留まる代わりに、『ルタール・ガイドブック』は、独自の舞台装置、自らの言葉への他の演出（「真の衝撃（un véritable coup de cœur）」、「大まかに言えば（grosso modo）」、「たっぷりだ（en pagaille）」）等を展開させる。この舞台装置は偶然定義されたのではなく、『ルタール』のイメージに一致すると考えられ、それは、多くの点で、日刊紙『リベラシオン』[2]が重視する点に類似する。

## 2.3. 拡散的かつ特定化された舞台装置

ウィークエンドの商品広告では、テクストによってはっきりと**特定化された舞台装置**を扱った。すなわち、女友達との電話での会話である。しかし、常にこうとは限らない。例えば、ウィークエンド商品の別の広告は以下の通りである。

> ウィークエンドは、貴女の努力の度合いを自ら決められる新しいダイエット食品です。
> 貴女が落とすべき体重や、いつまでに体重を減らしたいかによって、1日、3日、あるいは5日間の食事療法を選んでください。
> ウィークエンドは、塩味(野菜風味)と甘味(バニラ味)の二種類あります。これらは、食物繊維や、貴女の体のバランスに必要な栄養素を全て含んでいるので、かかりつけの医師も薬剤師も安心してこれを貴女に推薦するでしょう。

発話者は、まず一つのカテゴリー(「新しいダイエット食品(un nouveau minceur)」)に商品を導入させることから始め、その使用方法(「体重や…によって(selon les kilos...)」)、そして最後にその構成(「ウィークエンドは…の二種類あります(Week-end existe en deux versions...)」)を提示する。この図式は同時に、使用説明書、百科事典の項目、授業等を喚起する。さらに、このテクストは医師、薬剤師への言及で締めくくられているが、これはまさしく、健康に関する**有知識者**として最高のイメージである。このテクストの舞台装置は**拡散的である**。つまり、これは明確な言説ジャンルではなく、科学的かつ教育的秩序を可能とする舞台装置の曖昧な総体を指し示しているのだ。

## 3. 有効であると認められた舞台

### 3.1. 「全フランス人への手紙」

発話行為舞台のこの三つの場面は、1988年の大統領選挙の際にフランソワ・ミッテラン[3]によって書かれた「手紙」に見ることができる。ミッテランの大統領再選を促すために、この「全フランス人への手紙(Lettre à tous les Français)」は、新聞にも掲載され、多くの有権者に郵送された。

　この政治発話の意味はその内容のみに還元されず、手紙という舞台演出から切り離せない。その舞台は、宛名の形式（「親愛なる同胞たち（Mes chers compatriotes)」）や、署名（「フランソワ・ミッテラン（François Mitterand)」）が手書きであるという事実によって強調される。このレイアウトは、この個人的書簡という効果を強調している。テクストの左側には、小学生のノートにも少し似た一本の線によって表された余白が残されている。

　　親愛なる同胞たちよ
　　あなた方はご存じだろう。この手紙を通して、私が、あなた方にフランスについて語りたいと願っていることを。私が、共和国の最高任務を七年間勤め上げることができたのは、あなた方の信頼のおかげである。もし、世界で、我が国に期待される役割を保証し、国家単位で備えるために、さらに一丸となって多くのことをしなければならないという確信がなければ、私は、この任期の終りに、あなた方の票の下、再び立候補する計画を立てなかったであろう。
　　しかし、また、私はあなた方に、あなた方のこと、あなた方の不安、希望、当然の利益について語りたい。
　　私が、あなた方に手紙を書くというこの方法を選んだのは、フランス人の間で扱われ、議論される価値あるあらゆる重要なテーマ、ある種の共同の考察に関して自らの考えを表明するためである。夜、食卓を囲んだ家族の話題のように。

　**包括的舞台**は、政治に関する言説の舞台であり、その対話者は、選挙の時空間に関与している。

　**ジャンルに関する舞台**は、公表に関する場であり、それによって、候補者が有権者に自らの公約を表している。

　**舞台装置**は、個人的書簡という舞台装置で、そこでは、個人的関係を保つ、二人の個人関係が作られる。

　ところで、この舞台装置は、第三段落で、他の言葉の舞台を引き合いに出している。「ある種の共同の考察…夜、食卓を囲んだ家族の話題のように (sorte de réflexion en commun, comme il arrive le soir, autour de la table, en famille)」と。ゆえに、これは、有権者が読むと考えられる手紙であるだけではない。想像的に食卓を囲んだ家族の考察に参加しなければならず、大統領は暗示的に父親の役割を装い、有権者に子供の役割を付与する。この例はしばしば起こる手順を表している。一つの舞台装置は、**有効**と認められた、つまり集団の記憶に既に備えられている言葉の舞台に依存し得るが、それは引き立て役あるいは有効なモデルとしてである。食事における家族の会話はフランス文化において価値のある有効と認められた舞台の例である。言説によって定められたグループに従って、利用できる舞台の一覧は変動する。強い信条をもつ共同体(宗教のセクト、哲学の学派等)は自身の固有の記憶を所持する。しかし、一般的には、あらゆる大衆において、たとえ、その記憶は莫大なものでかつ異質なものであろうとも、共有していると想定し得る数々の舞台のストックを結びつけ得る。「有効と認められた**舞台装置**」ではなく、「有効と認められた**舞台**」について語るということは、「有効と認められた舞台」は厳密に言うと、言説ではなく、自立し、非文脈化したステレオタイプなのであり、それは、他のテクストにおいて再投資のために利用される。この舞台は、メディアによって大衆化された原型の表象として容易に固定される。これは、ジャンルに関する舞台(ポストカード、会議等)のように歴史的な出来事(6月18日の呼びかけ[4])に関するものであり得る。

## 3.2. 複数の舞台における緊張

 「全フランス人への手紙」の読者はこのように、政治言説(包括的舞台)の例を受取ると同時に、選挙公約(ジャンルに関する舞台)や家族での話(有効と認められた舞台)のように表されている個人的手紙(舞台装置)を受け取るのである。しかし、この様々な舞台間の関係は、潜在的な葛藤として証明され得る。例えば、選挙公約というジャンルに関わる舞台は先験的に、個人的書簡とは調和しづらい。家族での話という有効と認められた舞台に関しては、舞台は、複数の発話者間の生き生きした**相互作用**を構築するのに対し、選挙公約や手紙というのは、**独白的**発話行為(すなわち、一人の発話行為者しか存在しない)を想定する。この緊張は、全体的に確固たるものではないが、テクストはこの緊張を緩和させ、忘れされようと努める。最後の文章で見られるものこそが、書簡的舞台において、政治舞台の会話を正当化するために、有効と認められた舞台を導入するのである。

私が、あなた方に手紙を書くというこの方法を選んだのは、フランス人の間で扱われ、議論される価値あるあらゆる重要なテーマ、ある種の共同の考察に関して自らの考えを表明するためである。夜、食卓を囲んだ家族の話題のように。

　実際、この矛盾の解決は純粋に言葉によるものなのである。名詞句「共同の考察（réflexion en commun）」は二つの舞台に作用を及ぼす。「考察」は個人的思考の意味におけるものであり、「共同の」は議論の意味で使われる。しかし、この手紙は、「共同の考察」なのであろうか。実は、テクストの動き、読みの力学こそが、**実践的に**この困難を解決するのである。見て取られるように、発話するということは考えを進めることだけではなく、発話行為の枠組みを位置づけし、正当化しようとすることなのである。

## 注

1　［訳注］*Le Guide du Routard*。1973 年から出版されているフランスの代表的な旅行ガイドブック。『地球の歩き方』『ロンリープラネット』のような読者を対象としている。

2　［訳注］*Libération*。1973 年にジャン＝ポール・サルトルらによってパリで創刊。フランスの中道左派系日刊紙。

3　［訳注］François Mitterrand。フランス共和国第 21 代大統領（第五共和制）。二期14 年に渡り務めた。

4　［訳注］Appel du 18 juin 1940。第二次世界大戦中の 1940 年 6 月 18 日に、自由フランスの指導者で前国防次官であるシャルル・ド・ゴールが亡命先のロンドンから BBC ラジオを通して行った歴史的演説。フランス国民に対独抵抗運動を呼び掛けた。

# 第8章

# エートス

前章では、発話を一つの舞台を前提とする発話行為の産物として示した。しかし、それでは十分ではない。なぜなら、あらゆる言葉はある役を演じる発話者によるものであり、書き言葉でさえも、一つのテクストは一つの声、つまり、テクストの向こう側にいるある主体の声によってもたらされるからである。

## 1. いくつかの広告テクスト

### 1.1. 「お急ぎのあなた方に…」

キャセイパシフィック航空のこの広告を考察しよう。

初めてのパリ・香港ノンストップ便。

お急ぎのあなた方に、これ以上は言いません。

要するに、9月18日から、毎週月曜日、キャセイパシフィックは香港便をエクスプレスで提供する唯一の航空会社です。この初めてのノンストップ便は、11月2日からは2便になります。3本の経由便を含む、全部で週5便がロワシー空港発であなた方をお待ちしています。私たちの極東のサービスでは、時間がものを言うでしょう。あなた方はビジネスマンで、仕事は待ってくれません。だから弊社も単刀直入に。キャセイパシフィックは、最高の体調で到着するよう万全を尽くします。旅行会社かキャセイパシフィック 電話42 27 70 05にお問い合わせください。

ベターな状態での到着

キャセイパシフィック

このテクストは、その発話行為自体を通して、重要な点に至る効果的な言

説、ためらわず数字を書く、英語に頼る[1]など、一般にビジネスマンの行動に結びつけられる特性を「具現する」。この言葉は、それを通して、テクスト内部自体で言及されたビジネスマンとしての能力を有していることを示す人によるものだ。こうして、この種の人々に属する読者の同意を生じさせる。このように、キャッチフレーズの冒頭は、動詞を全く含まず、「初めてのパリ・香港ノンストップ便（1$^{er}$ Vol non-stop Paris Hong Kong）」という限定詞を伴わない[2]名詞の連続である。物理的には、直接的な配慮、次の行で、発話者が「お急ぎのあなた方に（vous êtes pressés）」という自身の発話行為にコメントするという、はっきりとした配慮を示す。テクスト冒頭から、「要するに（en bref）」と始められ、「時間がものを言うでしょう。あなた方はビジネスマンで、仕事は待ってくれません。（nous parlerions des heures. Mais vous êtes homme d'affaires et vos affaires n'attendent pas）」と続けられるのも、同じ発想である。このように発話行為を通して、発話と表象される世界との間の混同が生み出される。言われた速度は、発話者の言葉に「同化され」、その話し方を通じて、ある種、発話者が言うことの効力を証明し、役割を演じながら、権威を与えるのである。

### 1.2.　「このビジネスブレックファースト…」

では、ウィークエンドの広告に再び戻ろう。その区切り方と印刷方法は非常に重要だ。

それぞれ女性は
違うから、ウィークエンドは
1日、3日、5日間の
オーダーメイドのスリム療法を開発しました。

何という会議なの！このビジネス
ブレックファースト、このクロワッサン、プチ
パン全てが、あまりに美味しそうで、魅惑に勝て
なかった…。だけど、また
始めるわ。お昼は、頑張るわ。
ランデブー・スリム。まさにウィークエンドと私。
どこにでも持ち運べるこの小さな袋は便利。バニラ味と
野菜味、元の体重にすぐ戻れるわ。
ブレイク・スリム　ウィークエンドと
バランスのとれた食事、
グルメの日課にぴったりよ。

ウィークエンド：新しいダイエット法

　テクストの行は不揃いな長さである。明らかに、広告制作者は読むのを容易にしたり、調和の取れた印象を作り出そうとしたり努めていない。統語のつながりは中断されている（「ビジネス／ブレックファースト (déjeuners / d'affaire)」、「プチ／パン (petits / pains)」、「勝て／なかった (n'ai pas / pu)」、「また／始めるわ (vais me / reprendre)」等）。テクストは、通常の印刷用の活字体ではなく、［ビジネス書類のような］「タイムズ」のフォントで書かれており、強調や、アラビア数字がある。これらの印が、口語体（第6章第2節参照）に関して既に記したことと一致する。テクストは、現代企業の慣行にかなった、急いだ発話行為を提示する。それはまさしく、何とか椅子に腰掛けながら、二つの約束の間に急ぎの電話をかける活動的な発話者のテクストである。このテクストは、（「スリムな食事のための**インスタント**食品 (Préparation *instantanée* pour repas minceur)」と形容される）販売促進する商品が、**写真の若い女性のような発話者が身を置く世界に場所を見つけられる**

ように考えられている。言説はここでは、**この発話行為の種類**と**この商品**を結びつけることを目指す。このような舞台装置に参加し得る身体と共に、発話者は、この商品の理想の消費者の役を演じる。また、この商品は、このような舞台装置に想像的に入り込み、こうして、その社会に身体的に参加し得る女性たちのためのものなのである。

### 1.3. 「ゆっくりと、彼のリズムで…」

　ジャック・ダニエルのウイスキーの広告テクスト（第2章第3節参照）では、モデルとなる従業員マクギーが、ゆっくりとしたペースであると述べられ、**発話行為**自体もこのゆったり感を具現している。「私たちは何事も決して慌ただしく行わない (nous ne faisons jamais rien à la hâte)」をも含むこの広告発話行為は、ゆったりと区切られた文章から作られており（「ゆっくりと、自分のペースで、いつも同じように (Lentement ; à son rythme ; toujours le même)」）、文章を「重い樽」のように進める。発話者は、自らの言葉を通して、その企業の構成員のものとされる行動を感じさせるのだ。


## 2.　保証人と同化

### 2.1.　エートスと口調

　伝統的な修辞学の延長線上にある**エートス**と呼ぶもの、発話行為を通して、発話者の人格が示されるもの、それがこの種の現象である。ロラン・バルトは、このエートスの重要な特性を明らかにした。「発話者が、聴衆に、良い印象を与えるために**示す**であろう（誠実さは重要ではない）、性格的特徴である。それは、すなわち**態度**だ。［中略］発話者はある情報を述べると**同時**に、私はこうだが、そうではないと言う。」[3] ゆえに、このエートスの効力は、発話者が、ある種、発話の中に明示されていない発話行為を包み隠しているという事実に起因する。

　　それは、発話者が自らの言説の内容において、自身の人柄についてなし得る美化した言明、逆に、聴衆にひんしゅくを買う恐れのある言明ではなく、自らに与える口調、温かい、あるいは厳格なイントネーション、語の選択、論証等の体裁である。［中略］自分が発話行為の源であるが

ゆえに、発話者は、ある性格を付与され、結果的には、この発話行為を
受け入れられるもの、あるいは不愉快なものにするのである[4]。

しかし、このエートスは、古来の修辞学の中のように、法廷弁論術、さら
には口頭陳述だけに関するのではなく、あらゆる言説、書かれたものにさえ
も当てはまる。否定しようとも、ある書かれたテクストは、言われたことに
保証を与える**口調**を確かに持っている。この口調は、読者に発話者の**身体表
象**(もちろん、実際の筆者の体ではない)を構築させる。このように、読むこ
とは、言われたことの**保証人**の役を演じる主観的な個別的発話行為を出現さ
せるのである。

## 2.2.　性格と身体性

このエートスの概念は、本来の声の次元だけでなく、発話者の人柄への集
団的表象によって付与される心身的確定の総体をも含む。読者を含む保証人
は、テクストによってその精密度が変化する様々な種類のテクストの指標か
らその人物像を構築し、また、**性格**や**身体性**を示されなければならない。「性
格」は、一群の心理的な特徴につながっている。「身体性」の方は、体質、
そしてまた、社会空間での服装や体の動かし方にも結びついている。事実、
エートスは、全体的な行動を通して捉えられる身体の規則を前提とする。保
証人の性格と身体性は、発話行為が拠り所とし、逆に補強したり、変化さ
せ、価値を上げ下げする社会的表象の散漫な総体に由来する。これらの文化
的ステレオタイプは、文学、写真、映画、広告等、最も多様な分野で伝わる。
言説が与える意味領域は、言説が伝達する「思想」同様、エートスによっ
て認められる。実際、これらの思想は、ある**話し方**によって表明されるが、
それは、ある**存在方法**、ある体験への想像的参加を指し示す。テクストは、
見入られることを目指しておらず、ある種の意味領域に結集し、身体的に加
入しなくてはならない共・発話者に向けられた、緊張した発話行為である。
ある言説の説得力は、一つには、読者を、社会的に明示された価値に囲まれ
た身体の動きに同化させることに執着する。実際、エートスの質は、自身の
言葉を通して、発話内で出現するとされる世界にふさわしい、アイデンティ
ティを与えられるこの「保証人」の人物像に向けられる。起こり得る矛盾、
それは、自身の発話を通して、保証人が自らの話し方を正当化しなければな

らないことだ。エートスに関するこの考慮が、改めて、発話の「内容」が発話を引き受ける発話行為の舞台から独立している言説の概念に対して、距離を取ることを可能にさせる。実際には、**内容構成と言葉の舞台の正当化は切り離せない**のである。

## 2.3. 同化

　共・発話者に対するエートスの作用を示すため、**同化**と呼ぶこととする。語源について言えば、実際、この「同化」を三つの不可分な言語使用域で用いることができるだろう。

- 発話行為は、共・発話者がエートスをその保証人に与えるように仕向け、つまり、**具現化する**。
- こうして、共・発話者は、姿勢、生き方、社会に加わる独自の方法を通して、ある主体のために定義する全体像を**同化し**、自分のものにする。
- これら二つの同化が、**身体**の組成、つまり同一の言説に加入する人々の想像的共同体の組成を可能にする。

　このように、上記で言及したウィークエンドの広告の舞台装置は、読者たちが、自己同一化し得る、この急いでおり、パンタロン・スーツで屈託のない保証人のエートスから切り離せないように思われる。この自己同一化を通して、読者らは、他者と「一体をなしている」、痩せて、魅力的で、有用な女性という想像的共同体に参加していると感じるのである。キャッチ効果を行使するために、エートスはイデオロギー的局面が同じでなければならない。つまり、「同化」のプロセスがこの種の保証人に読者の自己同一化を可能にさせるように、活動的な女性は「有能な」ステレオタイプでなくてはならない。これらの新聞の読者は、彼女たちが高く評価されるために合わせようと努力するような表象をそこかしこでくみ取っている。それゆえ、ここでは、特に明瞭なテクストを前にしていると言える。なぜなら、この広告の内容は、**消費者がこの広告の保証人のエートスと同じ身体を作るのを助けるとされるある商品についてはっきりと述べている**からである。


## 3. エートスとジャンルに関する舞台

　上記で言及した、二つのエートスの例（キャセイパシフィックとウィーク

エンド）は広告言説から借用したものであった。これは驚くには値しない。事実、広告はそれが売る商品を動く身体、生活様式、社会での生き方に結びつけつつ、説得することを目指す。文学と同じように、このようにして、広告はそれが言及する発話行為自体を通して、それが感知され得るように「具現化」しようとする。

　もし、エートスが広告内で特に明らかであれば、それが文語的発話全体に関わることは少ない。

## 3.1.　ジャンルに関する舞台のための二つのエートス
　これら二つのテレビ放映される映画の紹介記事を比較しよう。

　(1)**デルス・ウーザラ　20時40分　アルテ。**1902年、ウスリー川流域のシベリア地方で地形測量を行う一人のロシア人の探検家が、優れた猟師であるアジア人ガイドに出会い、一緒にタイガの亜寒帯林を何度も駆け巡る。1975年に黒澤明によって制作され、ロシアで撮影された実話は、自然賛歌やヒューマニズム的価値にまで達する冒険物語。字幕版で公開。　　　　　　　　　　　　　　　　（『ル・モンド』、2006年9月21日、35頁）

　(2)**パリの大泥棒。**クリスチャン・ルジャレ監督のフランス映画。コメディー。今夜は、火曜日。明日は学校がないので、子供たちは、夜遅くのテレビをお願いする。その後は、彼らはベッドに入るとお約束。そこで、迫りくる［何を見るかの］つらい判定。『パリの大泥棒』か『もしもし、ママ、また僕だよ』か。母親のおなかの中での生活を語る耐えがたい赤ん坊に対して（『もしもし、ママ』）、『パリの大泥棒』の方がまとも。クリスチャン・ルジャレの初の長編映画は腕白なストリートチルドレン、ルル（少しいらいらさせるジャン・ヴァンコイリ）と彼が養子にしてもらおうとする両親カップル、発明家ジュリエット（アネモネ）と、かなり感じの良い泥棒ピック・ラ・リュンヌ（ジャン・レノ）のとんでもない冒険を描く。タイトル通り、映画は少し支離滅裂で、手に負えない三人組のばかないたずらとこれら優しい心を持った惨めな人々の愛情あふれる穏やかな時を巧みに操る。すなわち、フィクション番組の画一化した今日の世界において、この映画はむしろ威厳がある。

（『リベラシオン』、1994 年 10 月 25 日）

　テクスト (1) は、平静に意見を述べ評価する人にふさわしいと見なされる距離を取ったエートスを取り入れつつ、一般契約を果たすことで満足している。このテクストは、ジャンルに関する舞台に結びつけた発話行為の習慣的パターンに従う。逆に、テクスト (2) はこの言説ジャンルに通常結びつけられるエートスから離れている。一般契約は誠実に守られている。まず、映画の要約、次に評価。しかし、その見取り図は主に保証人のエートスをより前面に押し出す用途にあてられた長いイントロダクション（「今夜は…まとも (Ce soir [...] la route)」）によって支離滅裂としている。実際には、（大衆の、若い等）安定したエートスというよりも、言語使用域が混じりあったものである。高度で特殊な言語使用域に属する語や表現（「何を見るかのつらい判定 (cruel arbitrage)」「初の長編映画 (le premier long-métrage)」「腕白なチルドレン (gavroche)」「愛情あふれる穏やかな時 (les moments calmes où perce la tendresse)」）と俗語的口語、さらには子供っぽい言語使用域（「子供たち (bambin)」「かなり感じの良い (assez sympa)」「ばかな (bêta)」「まとも (tient la route)」等）が混ざっている。語の他に、発話行為は口語の短く切れる調子と並列構成を取っている。テクスト冒頭の文は重要である。「明日は学校がないので、子供たちは、夜遅くのテレビをお願いする。その後は、**彼らはベッドに入るとお約束**(Demain il n'y a pas d'école et les bambins réclament leur dose de télé tardive, après quoi *ils iront se coucher c'est promis*)」つまり、三人称で子供たちを描写する発話者によって引き受けられた発話行為から、ベッドに入るのを拒む子供たちの声と視点を再現すると考えられる一節へといきなり飛んでいる（第 13 章第 1 節参照）。

　このような発話行為から生じる保証人は、最も様々な言語使用域の間を行ったり来たりし得る、屈託なく変わりやすくタブーのない個人である。このエートスの不安定性は、日刊紙という分野における『リベラシオン』のような新聞の巧妙な「姿勢」をよく定義している。つまり、一般契約遵守（「真面目さ」という保証）と「周辺的な」言語使用域の演出との間の妥協である。両極のどちらかに定めることなく、加わっていると同時に、加わっていない主要な規範を知っていながら、「他の」作法とも手を組んでいることを示すある種皮肉な姿勢だ。すなわち、不均質な大衆の同化を容易にする流動性で

ある。

## 3.2. 「言われた」体と「示された」体

「私生活」欄で、女性誌『マリー・フランス』[5]は、一つの記事を女性たちの性生活の向上に割り当てた。このテクストは「セックス：常に上達できる」というタイトルで要約されたこのメッセージを提供するだけに留まらず、非常に特徴的なエートスを通してこのメッセージを伝える。

> ［前略］真の自分を知り、沈んだ愛戯を花火パーティーに変えるべく、あらゆる停滞、恐れ、ぎこちなさから自由にさせるために、ちょうど良い時にだけ不意にやって来る、ピュグマリオン[6]やサンタクロースは、毎日、我々の煙突から立ち寄りません…。カセット？本？雑誌？［精力を崇拝する］タントラ教の講習？若いアニエスのぎこちなさを数回のレッスンで取ることができる、この問題についてのあらゆる教育道具がそろっています。しかし、アシミル[7]環境がこのテーマには最適という訳ではありません。　　（『マリー・フランス』、1996年1月号、48頁）

　体の「停滞 (blocages)」「ぎこちなさ (raideurs)」を扱うこの記事は、文化的言及（ギリシャ神話、サンタクロース、モリエールの『女房学校』[8]）と言語の堅苦しさ（言語使用域の混合、遊びのメタファー）を用いながら、自由な女性のエートスを通して、はっきりと述べられている。「上達」しなければならない女性は、ぎこちなさのない保証人を通して表象されている。つまり、**性的に自由な女性がこの言説を述べることができよう**。

## 4.　混合のエートス

　ここまで、比較的同質のエートスの例を考察した。しかしまた、**混合のエートス**の現象、つまり、同じ発話行為の中に複数のエートスを混ぜる現象も見られる。それは、例えば「農場文化」という団体によってピカルディーで開催されたフェスティバル[9]を宣伝するための、この粋なパンフレットの事例だ。次のテクストは、牧場での牛の写真の横に添えられている。

フェスティバル、それは、時であり、感動であり、ただただ舞台に魅了された眼差しであり、小さな空間における凝縮された時間です。さらに、それは、周り、前、横でも行われます。ボーケーヌでは、催し物は、農場の中庭で行われます。そして、もちろん、周りには、納屋や牧草地があります。納屋では、フェスティバルの写真、人々の映像、イベントの映像といった展覧会を観ましょう。牧草地では、友人達と飲んだり、催し物の前に夕食を取ったり、余韻を楽しむために夜食を食べましょう。観終わった、あるいは観る予定の催物について話しましょう。毎年の思い出話に花を咲かせましょう。時には歌い、音楽も演奏しましょう。つまり、人生を謳歌し続けましょう。

　このエートスは、明らかに文化的仲介者のエートスと、型通りの田舎の人のエートスの特徴を混ぜている。これは、実際には、言語的ステレオタイプであり、つまり、ピカルディー方言の特徴ではなく、農民の言葉について一般的になされる表象である。「フェスティバル、それは、時であり、感動であり、ただただ舞台に魅了された眼差しであり、小さな空間における凝縮された時間です (Le festival c'est un moment, une émotion, un seul regard absorbé par la scène, une concentration du temps dans un espace réduit)」「フェスティバルの写真、人々の映像、イベントの映像 (photos du festival, images de gens, images de moments)」等のいくつかの要素は、文化会館のちらしから真っ直ぐ引っ張ってきたかのようだ。他の要素（「牧草地 (la pâture)」「夜食を食べましょう (on soupe)」）は、明らかに、多少不器用な口伝え、あるいは古風な農民の語彙に属するものとして表される。知的熟考と田舎風安らぎとを同時に大切にした、このように作られた世界において、言い回しや語彙のほかに、ゆっくりとしたリズム、並置された文章が、読者をゆったりとした、昔の世界に同化させる。この混合のエートスの現象は、社会の現実に直接的には一致しない。つまり、田舎風に話す特徴と、洗練された教養風の特徴とを混ぜ合わせて、このように自然に表現し得るとは考えにくい。しかし、だからといって、この人工的エートスは恣意的である訳ではない。なぜなら、これは、伝統的な農村文化と都市文化を混ぜることを目指す、つまり、二つの観客に関わることを目指すこのフェスティバルの基礎となるコンセプトに確実さを与えているとされる。同化のプロセスを通して、「田園都市の (rurbain)」

と言うことができるこのエートスが、都会的洗練と本物と見なされる農民社
会への回帰という、このありそうもない組み合わせに想像上の確実性を与え
る。言語としては、益々増えている、伝統的な田舎社会で生きることなく農
村で暮らす都会人を指す混成語、「田園都市の（rurbain）」（「田舎の（rural）」
＋「都会の（urbain）」）という別のレベルで、都市／農村の対立を新しい一体
性のうちに乗り越えることを意味するのだ。


**注**

1　［訳注］「エクスプレス（express）で」「ベターな状態での到着（Arrive in better shape）」
2　［訳注］限定辞とは、名詞の前について名詞を修飾する語。冠詞、数詞、指示形
　　容詞、所有形容詞等。
3　« L'ancienne rhétorique », *Communications*, 16（1966）, p. 212.（「旧修辞学」『コミュ
　　ニカシオン』）
4　O. Ducrot, *Le Dire et le Dit*, Éd. de Minuit, 1972, p. 201.（『言うことと言われたこと』）
5　［訳注］*Marie France*。フランスの女性月刊誌。1944 年創刊。
6　［訳注］キプロス島の王。自作の象牙の女人像に恋し、愛の神アフロディテに生
　　命を与えてもらい、妻とした。（『ロベール仏和大辞典』、小学館、1988 年）
7　［訳注］*Assimil*。『苦労しないで…語』という外国語学習本を古くから売り出して
　　いる出版社。
8　［訳注］モリエール（Molière）は 17 世紀のフランスの俳優、劇作家。彼の作品『女
　　房学校（*L'École des femmes*）』の主人公である女性の名前がアニエス。
9　ボーケーヌ（ピカルディー）で、1999 年 7 月に開催された「農業喜劇」フェスティ
　　バル。

# 第 9 章
# 非常に多様な言説ジャンル

## 1. 二種類の言説ジャンル

　これまで、あらゆる言語活動は一つの言説ジャンルに属することを見た。しかし、この非常に概括的な断言は、一つの困難にぶつかる。すなわち、言語活動があまりに多様ということである。カフェのテーブルでの友人同士の会話とプラトンの対話は全く異なるが、この二事例において「会話」について語る権利はある。プラトンの対話は、作者によって隅々まで考案され管理された創作物で、均一なテーマ群に従って書かれたテクストであり、その登場人物は、非常に正確な哲学的局面内で編み出された特定の教義自体において、正確な役割を演じるのである。反対に、会話は、口語活動を構築するものの、テーマ群は非常に不安定で、対話者間で交渉されるのである。しかし、対話者たちは、自らの相互行為の総体について曖昧に意識し、テーマ群を計画することはできない。

　しかし、このように、極端な例を取る必要もなく、会話のタイプの相互行為の特殊性に気づく。テレビのインタビューは、いかに口頭の相互行為であろうとも、自発的なやり取りには程遠い。こうして、**制度化されたジャンル**と**会話のジャンル**と呼ぶのが適する二種類の主要な言説のジャンル間の差異を提示するよう導かれる。

　**制度化されたジャンル**は、口語でも文語でもあり得るが、非常に変化に富んでいる。学校評議会[1]、行商人の誇大宣伝、インタビュー、文学の小論文、医師の診察、日刊紙等である。これらは、社会歴史的に定義された言語コミュニケーションの装置として最もよく言説ジャンルの定義に対応する。その参加者は、前もって定められた枠組みに取り込まれ、彼らが演じる役割は通常コミュニケーション行為において変化しない。それらを特徴づける諸要因（「行為者」の役割、相応しい時と場所、必要な媒体等）は、特定の社会状

況において実行される言語活動に結びつけられた安定化の結果である。それらは特定の時代と場所の需要に関連し、また、それらと共に消滅する。

　反対に、**会話のジャンル**は、制度的な場所、その対話者のための役割、比較的安定した台本と密接に結びついてはいない。それら会話の構成、テーマは、大抵の場合、非常に流動的なもので、それらの枠組みは絶えず変化する。すなわち、強い拘束、とりわけ、**局所的な**拘束に従うのである。例えば、やり取りの始まりの文句（「こんにちは (bonjour)」「お元気ですか (comment ça va ?)」等）、もしくは終りの文句（「それでは、また (à bientôt)」「よい一日を (bonne journée)」等）の形式であり得るし、また同時に、異なる言葉の言い回しの間のつなぎの形態でもあり得る。制度化されたジャンルにおいては、拘束は、**全体的**、とりわけ**垂直的**であり、関与する言語活動の性質によって強制されるが、会話のジャンルにおいては、それは、「水平的」強制、すなわち、言語活動をもたらす対話者間で調整や交渉をする戦略なのである。これらの諸条件において、会話の相互行為は、簡単はっきり異なるジャンルに分類化できず、それは制度化されたジャンルの場合と同じであることが分かる。コーヒーマシンについての同僚間の会話が、街頭での同じ個人の会話と同じジャンルであるかどうか自問することは、処方箋もしくは商用手紙が異なる制度化された二つのジャンルであるかどうか自問することと同じではない。制度化されたジャンルは、ジャンルの識別が比較的直観的である。使用者自身が言語活動を変える意識を持つ。それに反して、多様な会話のジャンル間の差異は、何よりも研究者の関心であり、彼らが選択する基準によるものである。使用者は困難ではあるが異なる会話ジャンルを区別することができる。

　犯してはいけない過ちは、制度化されたジャンルはある特定の社会に関連するが、それとは反対に、会話のジャンルは、あらゆる歴史から引き出され得ると考えることである。実際には、会話方法もまた、歴史的、社会的に変化するのである。


## 2.　制度化されたジャンルの異なる様式

　制度化されたジャンルは、非常に多彩であると述べた。公証人によって書かれた売渡証書、テレビの政治討論、詩集の間では、あらゆる点において大

きく異なる。それゆえ、制度化されたジャンルの多様なタイプを分別しながらより練り上げる必要がある。よって、問題なのは、いかなる基準によってそれらを再分割するかを決定することである。実際には、媒体の性質、活動の最終目的、参加者の地位、言語マーカー等多くの基準が存在し得る。全ては、選択した視点による。

　ここでは、「ジャンルに関する場面」と「舞台装置」(第7章第2節参照)との間に関係を築く方法を基準として取り上げてみよう。制度化されたジャンルは、四つの様式に分類することが可能である。

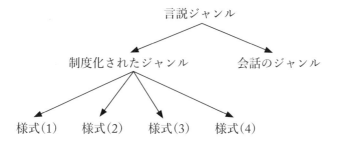

　様式(1)：これは極めて拘束力をもったジャンルに関するもので、それはその形式にも含まれる。例えば、ビジネスレター、天気予報、電話帳、飛行機のパイロットと管制塔とのやり取り、行政のファイル、公正証書等である。これらは、話し手が、先験的に入れ替え可能なジャンルである。

　様式(2)：多くのジャンルは、型にはまった行動に従うが、大多数は常套句を使用しない。例えば、テレビのニュースや大学の講義等がその事例である。それらは、拘束する契約条件に従うが、話し手は規範の役目を果たすであろうテクストを模倣するだけでは満足できない。一般的に、それらのジャンルに関する場面は、むしろ、何らかの舞台装置を必要とする。しかし、話し手が時折、予期されているものから離れ、よりオリジナルな舞台装置を用いることも当然可能である。同じ新聞ジャンル、三面記事に属する二つのテクストの冒頭を比較しよう。これらは二つの異なる地方紙から抜粋したものである。

　　(1)エレベータ室で燃えあがった炎によって3階に閉じ込められたイザベル・サユ、30歳は、取り乱した。彼女は、住んでいたクレルモン＝

フェラン、ボールベール通りにある建物の 3 階のワンルームマンショ
ンの窓から飛び降り死亡した。この若い女性は、4 人の犠牲者のうちの
一人で、この火事は、土曜日の朝、この 4 階建ての狭い建物を含む、
街の中心部の小さな通りにある 11 のアパートに猛威をふるった。ステ
ファン・フロマン、30 歳、マリー・フェルナンデス、20 歳、ルセット・
サラ、80 歳が消防士によって残骸の中から黒焦げになった状態で見つ
かった［後略］。　　　　（『ル・クーリエ・ピカール』、1994 年 4 月 25 日）

(2) 日曜日の朝、8 時、ニオールのアエロドローム通り。まだ夜は明け
ていない。強盗集団が、盗難車に乗ってディスコクラブ「マリブ」を出
発した。そしてパトカーと鉢合わせる。警察官の一人が車から降り、す
ぐに彼は撃たれる。当たったが、重傷ではない。盗難車はさらに道を進
んだ。アエロドローム通りに面する石灰石の小道以外に出口はなかっ
た。約 200 メートル。小道の突当りで、二番目のパトカーが封鎖した。
［後略］

　　　　　　　　（『ル・クーリエ・ドゥ・ルエスト』[2]、2001 年 12 月 27 日）

　明らかなのは、テクスト (1) が、ジャンルのしきたりに従っていることで
ある。すなわち、その発話行為舞台は、大半の三面記事のものである。それ
とは反対に、テクスト (2) は、明らかに語りの現在形、従属節がない文、非
常に短く、いくつかは動詞が不在といった推理小説の文体から着想を得てい
る。しかし、二つとも、規則通り、テクストの冒頭に、記事の元となった劇
的な出来事の舞台装置と語りがあるといったジャンルの契約条件を守ってい
る。
　様式 (3)：(2) の様式のジャンルは、期待された型にはまった舞台装置が存
在する。反対に、大多数の制度化されたジャンルは、一人、あるいは複数の
作者がオリジナルな舞台装置を発明しなければならない。なぜなら、ジャン
ルに関する舞台は、本質的に、特別な舞台装置を必要としないからである。
例としては、広告、歌、テレビのバラエティー番組等である。何某かのテク
ストが、広告ポスターであると知っても、いかなる舞台装置を通してそれが
発話されるかは予知できない。同じ製品、例えば、洗剤などを販促するため
に、洗剤の成分を説明する博識な人、電話で話す二人の友人、洗濯の問題を

息子に話す母親等を提示することができる。確かに、広告に関してさえも、しばしば慣例が用いられるが（何らかの商品のための広告メッセージは、類似の舞台装置を用いる）、本来は、絶え間なく、創造性を刺激し、発明するのがこれらのジャンルの特性である。広告や娯楽番組が前もって決められた舞台背景を有するなら、それらが消費者の心を捉えるのは困難だろう。しかしながら、創造性はジャンルに関する舞台によってあらかじめ設定された枠組みの内側で行使される。

　様式（2）と様式（3）のジャンル間の違いは、手紙として紹介されたポピュラーミュージック（例えば、ボリス・ヴィアンの『脱走兵』）とF.ミッテランの『全フランス人への手紙』にあるこの選挙公約との比較によって説明され得る。それぞれの作者は、様々な理由のために、手紙という舞台装置を通して、一つのジャンルに属するテクスト（それぞれ、歌と選挙公約）を紹介することを選択したという類似があると思われる。しかし、先験的に、逃亡というこのテーマを取り扱うことを可能にする舞台装置の無限性が存在しているため、『逃亡者』の作者は舞台装置を考案するのに制限を受けた。それとは反対に、『全フランス人への手紙』を構想した人達は、故意に、選挙公約の通常の舞台装置からは距離を取っていた。

　様式（4）：かなり多くの場合、「ジャンル」概念は問題となるが、自ら定義した「ジャンル」に特異なテクストを加えさせるのは、作者の責任である。この現象が頻繁に起こるのは、文学や哲学テクストの場合である。実際、作家というものは、ジャンルによって前もって、定められ、設定された契約条件に従うだけでは満足しない。なぜなら、文学はまさにこれら言語活動に属するものであり、その最終目的と表現形式は根本的に不確定だからである。

　選挙公約は言説ジャンルで、コード化された言語活動に相当するものであり、真剣な候補者に義務づけられ、選挙キャンペーンの全体に含まれるものである。F.ミッテランが、たとえ、オリジナルな舞台装置を生成したとしても、彼のテクストはどちらにしても選挙公約に留まる。ラジオやテレビが流す歌も同様である。反対に、例えば、恋愛連載小説の場合のように大衆文学等ではない限り、文字を用いて小説を出版する作家は、「小説」ジャンルによって強制される契約条件を守ることに留まることはできない。作家が生産する作品は、社会空間において明らかに限界が定められた言説行為には相応しない。政治家は**戦略的**論法を操り、制限された効果（票）を生み出すことを

目指し、方法と目的という観点から考える。それに対し、哲学者は彼にとって真実であることを定義するが、それは、「対話」（プラトン）あるいは「省察」（デカルト）のような「ジャンル」を援用する選択を通してである。作者は、大衆を引きつけるため、また、大衆にとって個人的な意味の領域に加わらせるために、自らが選び、その内容そのものと調和が取れているように思われるジャンルにテクストを割り当てる。このような「ジャンル」の選択は記憶という役割を果たし得る。この記憶と関連してこそ、ジャンルの分類行為は意味をなす。すなわち、あるカトリックの作家が『創世記』と自らの一作品を名づけるならば、聖書に現れる同じ名前の本を考慮せずには、それを行うことはできない。

　この場合、「ジャンル」という語を括弧づきにすべきということが分かる。もし、何某のテクストが「日刊紙」あるいは「診療」のジャンルに属すると言うなら、言説行為そのものへの影響を有しない命名である。この言説行為は、その命名から独立して存在しているからだ。さらには、多くの制度化された言説ジャンルは、命名を有しない、もしくは、流動的、さらには不正確な命名を有するものである。名前は、それが一つある時、とりわけ、言説ジャンルを特定し得る。使用者達が「テレビニュース」「訴訟」「会議」等のような用語が指示するものに関して共通の認識を持てれば十分なのである。反対に、哲学者あるいは作家が、「省察」あるいは「告白」とあるテクストに題名をつけるならば、この命名は、それなしでは存在し得ないだろう作品の意味を形成する。というのも、命名は解釈に大きく寄与するからである。それは、「会話」は「対話」や「面談」ではなく、類義語で置き換えることはできない。このように作者にとって自らのテクストに付与されたジャンルのラベルは、そのコミュニケーションの現実の縮小された一部分を特徴づけるにすぎない。すなわち、あるテクストを「省察」であると言うことで、どのような言説タイプにそれが属するか、どのような媒体を通るのか、その消費方法、テクスト構造、長さなどはどのようなものか等を決定づけることはできないのである。

　本書において扱うテクストの種類（主に新聞・雑誌や広告に属するものである）は、この様式（4）のジャンルには関係しない。実際、これらは、明確な期待に応えるテクストであり、比較的はっきりと範囲を限定された社会的役割を果たすものである。これらは既に設定された枠組みから距離を取るこ

と、その読者を不安定にすることは難しいのだ。

## 3.　三種類のラベル

　大抵は、テクストの生成はそれがいかなるジャンルに属するかを明示する「ラベル」には結びついていない。例えば、政治ビラは、明瞭にそれとして指示されない(ちらしの上部に「政治ビラ」と書かれていない)。しかし、ビラとして**表すこと**に留めることで、それとして、使用者に認められるのである。新聞の欄には(「世界のニュース」「天気予報」「映画プログラム」等)多くのラベルがあるが、多くは、いわゆるジャンルではない。しかしながら、時折、テクストのそば、特にタイトルやサブタイトルに、例えば、「格言」「省察」「提案」「観点」等のラベルが位置づけられるのである。

　作者が自らのテクストに付与するこれらジャンルの「ラベル」は、非常に多様な現実を対象とする。先験的に、一つのラベルはむしろテクストの**形式**の特性、その**解釈**、またはその両方を目指す。

　テクストの構成方法に関わる「形式的な」ラベルにとって、最も興味深い事例は、**ハイパージャンル**と呼ぶものによって構成される。「対話」「手紙」「エッセー」「新聞」「日誌」等のようなカテゴリーであり、それらは言わば、テクストを形式化できるようにするが、正確な作用については、全くあるいは何も大したことを言っていない。実際、ハイパージャンルはいわゆる言説ジャンルではなく、歴史的に定義されたコミュニケーション装置であるが、何世紀にもわたって比較的安定した、決まりの乏しい一種のテクスト構成であり、その内部では、実に様々な話の演出を発展させ得る。西洋において、2500年間最も多様なテクストにラベルを付与することを可能にした対話は、ハイパージャンルの良い例の一つである。つまり、少なくとも二人の人物が「対話」について語り得るためには会話させることで十分だからである。同様に、「日記」という地位を全体に付与し得るには、断片の始まりに日にちを添え、年代順にこの断片を設置ことで十分なのである。対話は、手紙や日記のように、最も多様な内容を受け入れることが可能なのである。

　1950年から1960年代には、作家 F. モーリアックが有名な「ブロック・ノート」を『レクスプレス』[3]、その後、『フィガロ・リテレール』[4]といった雑誌に書いた。「ブロック・ノート」といったラベルはあまり強制されてい

ないハイパージャンルの良い例である。フランスでは、2002年の大統領選挙の際に、日刊紙『ル・モンド』が、有権者の肖像、会合の描写等、選挙戦の多様な様相に関する一連のルポルタージュを掲載した。これらのルポルタージュは、「選挙日誌」というラベルに置かれた。「日誌」というラベルはとても曖昧であり、単に一人のジャーナリストが個人的に見たものを喚起することをいう一つの言い方である。このあまりに制限されていないカテゴリー内で、多くの作家によって書かれた非常に多様な主題や調子等を有するテクストを整理できるのだ。同様に、ラベルは、「夢想」「ぶらつきながら」「市民の話」「アヒル池」「自由な話」等、むしろ読者がテクストを読むべき方法を方向づけようとすることもあり得る。この主題に対しては「解釈の枠組」について話すことが出来る。なぜなら、それは、テクストの構成方法ではなく、テクストの解釈がこのように強調されて「枠にはめられる」のである。また、ある種の効果を引き起こすように、ラベルがテクストの内容からあからさまにかけ離れた事例を考察することもあり得る。例えば、化粧品の一連の記事に、「ヴァカンスの宿題」とラベルがつけられていたとする。この「ヴァカンスの宿題」というラベルが意味し得ることは、宿題が生徒に新学期を準備させることを可能にするのと同じように、化粧品に関する良いアドバイスを読むことは、自らの健康、見た目を向上させ、良い状態で仕事を再開することを可能にするということである。

特に、テクストを形式化しようとするハイパージャンルと、「解釈の枠組」のラベルとの間では、境界は決められない。それはしばしば中心の問題である。「日誌」のような用語はテクストを形式化させようとするが、同時に、その解釈の枠組み作りに寄与する。すなわち、日誌は、逸話的、かつ主観的であろうとするのだ。

ラベルがテクスト構成の特性と同時に、内容も指し示す時は、**系譜分類**に関わる。文学理論では、これによって、暗示的モデルとして使われる作品と多かれ少なかれ似たものとして構成されるこれらのジャンルを指し示す。ローマの詩人ウェルギリウスの『アエネーイス』が、「叙事詩」として考えられるのは、この作品は、西洋世界で代表的な叙事詩として考えられているホメロスの『イリアス』と『オデュッセイア』に、その内容と同様に、その形式的にも類似しているからである。ある時代、社会の実践に密接に関連するジャンルと異なり、系統分類のラベルは必然的に歴史的背景を持ち、集団

の記憶に基づくのである。

　例えば、新番組の製作者は、ベルナール・ピヴォの有名な教養番組の名前を取り、『カルチャースープ』[5]というタイトルをつけることにしたと想像できる。それは、この前番組と、テクスト構成、及び内容のレベルで多くの類似点があるからかもしれない。新しいテレビ「ジャンル」という系譜分類の始まりである『カルチャースープ』は、場合によっては、この系統の種類に位置づけられる一連の番組を指し示すだろう。これら系譜分類に伴う問題は、どこまであるテクストがこの種類に属するという権利を持つと言えるのか、いかなる客観的基準も存在しないということである。

　「解釈の枠組」「ハイパージャンル」「系統分類」の間には気密性が存在し得ない。それゆえ、しばしば、優位性の問題となるのである。多くのジャンルのラベルにとって、一つの単純な形式（ハイパージャンル）、作品の意味の見方（解釈の枠組）、そして一つのモデルテクストとの一連の類似性への加入（系統分類）との間を切り離すことは困難である。しかしながら、このジャンルの創造性の領域は制限されており、一般に、安定した言説ジャンルの分野に関するものである。すなわち、新聞の記事であって、新聞そのものではない。その使用者はどの言説ジャンルに関するかを知る必要性を強く感じる。反対に、このジャンルの諸分野のラベルづけは使用者にとって、全く重要なものではないのである。

注
1　［訳注］Conseil de classe。中学、高校において、教師・父母・生徒代表が参加し、学校生活、成績評価等について話し合う会のこと。
2　［訳注］*Le Courrier de l'Ouest*。アンジェを中心とするフランス西部で発行されている地方日刊紙。
3　［訳注］*L'Express*。1953 年創刊のフランスの時事週刊誌。
4　［訳注］*Figaro Littéraire*。『フィガロ・文学』という意味。右派系全国紙『ル・フィガロ』の文芸付録としての週刊誌。
5　［訳注］*Bouillon de culture*。1991 年から 2000 年まで Antenne 2 と France 2 で放映された文化番組。司会はベルナール・ピヴォ。

# 第10章

# 発話行為の転位

　ここまで、言説タイプとジャンル、発話行為舞台といった言説の枠組みを見てきた。本章からは、発話行為を通して現れる言語マーカーを考察しよう。

## 1.　発話行為の再帰性

### 1.1.　発話行為による標定

　発話は状況を考慮せずには存在し得ない。発話は何某かとの関係において位置づけられなければならない。ところで、人間の言語活動は、発話が**発話の出来事**という指標を取ることを特徴とし、発話はその産物でさえある。この出来事の全ての特徴が考慮に入れられるのではないが、発話者、共・発話者、この発話の時空間といった言語学的**発話行為状況**を定義するのである。以下、星占いの例を挙げる。

　　牡羊座——仕事：再びあなたの毅然としたライバルから辛辣な言葉を受け、困難な生活を送るでしょう。それゆえ、今週は戦わねばなりません。この挑戦に応酬することになるでしょう。なぜなら、あなたにはそれができるし、この経験から利益を引き出すことができるからです。

　　　　　　　　　　　　（『テレ・スター』[1]、2003 年 4 月 7 日、160 頁）

　これを読む際に、**あなた**（*vous*）が指示するのは、まさにこの広告を読む瞬間のその読んでいる人である。もし、他の読者が読むなら、**あなた**という指示対象が、それゆえ変化するだろう。直接法現在の動詞に関しては、発話行為と同じ時の時間指示を引き出す。すなわち、星占いがメディアに掲載されたその日である。このテクストを 6 か月後に読むなら、発話はもはや有効ではない。すなわち、現在形は他の時間を指示することになる。

この標定現象は、現在形のみで使われるわけではない。以下の発話を見よう。

**去年**…に着手するためのあらゆる可能な切り札を手にしていた。

あるいは、

**来年**…に着手するためのあらゆる可能な切り札を手にするだろう。

ここでも同様に、発話行為状況こそが「去年（l'an dernier）」「来年（l'an prochain）」あるいは動詞の時制を解釈するための目印となる。実際、過去のカテゴリー、未来のカテゴリーに対して定義されるのは、発話行為の現在形に関連づけてである。すなわち、「過去形」は発話行為状況によってもはや有効でないものとして設定され、「未来形」はまだ有効ではないものとして設定される。

## 1.2. 人称と非人称

星占いの抜粋において、注目し得ることは、発話者の直接的痕跡、すなわち、私という人称代名詞（私は（je）、*私を／私に*（me）、*私の*（mon）、*私のもの*（le mien））のような単位が存在しないことである。そうはいっても、あらゆる発話は、発話者を含むが、それは**君**（tu）を標定するものに対してであり、**君**は発話者によってそのようなものとして構成される。もし、発話行為を支えるこの発話者が、文の主体と一致するなら、それは「私は」という形式のもとに現れるだろう。もし、直接目的語と一致するなら、それは「私を／私に」という形式を取り、前置詞の後なら、「私（moi）」という形式を取る等である。「私は」というのは、**ゆえに発話者ではない**。それは、単に発話者の痕跡なのである。同様に、「君は（tu）」は、共・発話者ではなく、それが、文章の主体と一致した時の共・発話者の痕跡なのである。

「三人称」といわれる要素に関しては、それは、あらゆる指示対象（生物、事物、抽象的考え等）を指示するが、それは、発話者でも、共・発話者でもない。エミール・バンヴェニスト[2]によると、この伝統的「三人称」は、しばしば**非人称**と呼ばれ、私－君（JE-TU）という二人一組、共発話者達とは違

う別の領域に存在することを強調する。

　実際には、あらゆる発話の基礎に人称のようなこれほど基本的なカテゴリーが存在することは、実に奇異だ。名詞群もしくは代名詞には一つの「人称」は割り当てられるが、それは純粋に言語学的なカテゴリーで、単に発話行為において、この名詞群もしくは代名詞によって担われる役割を指示する。すなわち、言語以外の現実においては、存在というものは言語学的「人称」を所有しない。以下の例を見よう。


　　　社長は私にコンピュータを贈った。


　このように言う際には、名詞群「社長 (le patron)」に「三人称」というカテゴリーを割り当てる。なぜなら、彼とは、第三者に語られていることだからである。しかし、「社長」とここで指示されている人が発言したとするなら、社長は、「私は (je)」によって指示され、他の個人を構成することはない。言語は、自ら発話行為状況の範囲を示しながら、世界を表象するのである。

## 1.3.　モダリティ付与
　同様に、あらゆる発話は**モダリティ**のマーカーを持つ。動詞の態(直説法、特に接続法)は、発話者が自ら言うことに対してどのような態度を取るのか、また、発話行為を通してどのような関係を共・発話者と確立するのかを示すのではなかろうか。あらゆる発話がモダリティ的な価値を有すること、あらゆる発話が発話者によって**モダリティ付与される**ことが示すのは、発話者が、直接的もしくはそうでなくとも、自らが言うことを通して自らの存在を表す場合にのみ、言語が世界を表象し得るということである。例えば、次の四つの文はモダリティ的役割を担っている。


　　(1)あなたに電話をプレゼントすることができます。
　　(2)あなたに電話をプレゼントした。
　　(3)この電話を取ってください。
　　(4)幸い、あなたは電話を持っている。

（1）では、発話者は、有効から不可能までの度合いの上にそれを位置づけることで、引き起こす事態に関する判断をもたらす（**論理的**と言われる様態）。（2）においては、確立したものとして事実を表す。（3）は、発話行為を果たし、自らの発話行為自体で共・発話者に直接の作用を及ぼそうとする。（4）は、物事の状態を確立したものとして設定し、同時にそれに対する価値判断を示す。「幸い（heureusement）」は**賞賛**といわれるモダリティを構成する。

　従って、人称、時制やモダリティのどれを伴っても、発話行為はこのように、根本的に**再帰的**なものとして現れる。発話行為は世界について語るが、それは、ある種自らの発話行為を指しながらである。「私は（je）」と言うことは、誰かを指示すると同時に、「私は」が現れるその発話を言う人であることを示す。同様に、現在形で使われた動詞は、この現在を含む、発話を生成するのと同じ時を指示するのである。


## 2.　転位と転位語

### 2.1.　人称、時制、空間

　発話がその発話行為状況に投錨されることによる諸操作全体を**転位**と言い、発話内でこの転位を記す諸要素を**転位語**（**指呼詞**とも言われる）と呼ぶ。

　**人称**の転位語は、

- **私は**（*je*）、**君は**（*tu*）、**私達は**（*nous*）、**あなた（達）は**（*vous*）という一人称、二人称の伝統的「代名詞」。
- **私の**（*mon*）／**君の**（*ton*）、**私達の**（*notre*）／**あなた（達）の**（*votre*）という、男性単数の限定詞とその女性形と複数形。
- **私のもの**（*le mien*）、**君のもの**（*le tien*）／**私達のもの**（*le nôtre*）、**あなた（達）のもの**（*le vôtre*）という代名詞とその女性形と複数形。


　しかし、別の時空間の転位語が膨大に存在するが、しばしば、それは**空間の指呼詞、時間の指呼詞**と呼ばれている。これは以下のために使われる。

- 動詞の語幹に付随する現在形、過去形、未来形のマーカー、あるいは、**昨日**（*hier*）、**明日**（*demain*）、**今日**（*aujourd'hui*）、**二日前に**（*il y a deux*

jours)、**一年後に**（*dans un an*）というような時間の価値を有する語や語群
は、その発話行為の時を指標とする。なぜなら、**一年後に**が一年という
期間を指すのは、話される時から一年であり、**昨日**という副詞が前日を
指示し、**今日**は、発話行為と同じ日を指示する。

• それに比べると、**空間**の転位語は少ない。発話行為が存在する場所が構
成する基準点から割り当てられる。**ここ**（*ici*）が指示するのは、共発話者
が語る同じ領域であり、**あそこ**（*là-bas*）は、離れた場所、**これ／それ／
あれ**（*ça*）は、発話者によって示された無生物である。これら空間の純粋
な転位語のかたわらで、同様に**この／その／あの**（*ce*）によって限定され
る名詞群（「**この／その／あの**外国人女性（cette étrangère）」「**この／その
／あの**街（cette ville）」等）があり、それらは、**この／その／あの**と発話
行為状況から独立した意味を所持する名詞（「外国人女性」「街」）によっ
て転位と結びついている。

## 2.2. 指標点の変異

　同テクスト内で、空間の転位語の基準が変化することがある。次の記事の
冒頭でその現象がよく描かれている。

> **マレシャル博士とハイド氏**
> 彼が二人の憲兵に護送されて到着した時、バルビゾンの住人達は唖然と
> した。住人たちは、居住地で召喚された男、「ペテン師」が、マレシャ
> ル博士であったことを信じなかった。ここで、1963 年以来、パリ病院
> の旧インターンであった精神科医は、14 年前からヌイイのアメリカン
> 病院で精神療法の診察を行い、村民の皆から尊敬された名士だった。15
> 年前に購入したバルビゾンのセカンドハウスの持ち主である、優良な医
> 者はそこで陽気で、多弁で、身近な存在として評判を得ていた。
> （『ル・ヌーヴェル・オプセルヴァトゥール』[3]1994 年 12 月 29 日、61 頁）

　このテクスト内で二つの転位語（「ここで（ici）」「そこで（là-bas）」）は同じ場
所、バルビゾンを指示するが、一方（「ここで」）は発話者が存在する場所を指
示し、他方（「そこで」）は、発話者から距離のある場所を指示している。事
実、ジャーナリストは、バルビゾンを指標点として取ることから始め、その

住人達の視点を喚起することで、「ここで」を使用するに至る。そして、最後にジャーナリストは、新聞社本社と医師の主たる住居のある街であるパリを暗黙裡の指標とするのだ。

## 2.3. 転位語の特性

　転位語は、他の種類の言語学的記号を、共・発話者に、その指示対象の特定を可能にするやり方によって区別する。実際、指示対象は、「ピエール (Pierre)」「プジョー (Peugeot)」のような**固有名詞**か、「彼は (il)」のような**代名詞**か、「隣人の兄弟 (le frère du voisin)」のような、**確定記述**に関わるかに応じて、同じやり方では特定しない。すなわち、この三種の名詞表現は転位語ではない (第 19 章「名称の種類」参照)。実際、一つの転位語は、一つの安定した意味を有している (例えば「私は (je)」は、常に話をしている人を指示する)、それが特徴づけられるのは、転位語**が現れる固有の発話行為の時空間の環境に依拠しながら**、その指示対象を特定するという事実によってなのである。以下を比較してみよう。

　　(1) **フランス・テレコム**は、大企業である。(**固有名詞**)
　　(2) ポールは到着した。**彼は**、満足げな様子だ。(**代名詞**)
　　(3) **君は**、感じがいい。(**転位語**)

　(1) において、「フランス・テレコム (France Télécom)」の指示対象は、それぞれの発話行為において変化しない。(2) の「彼は (il)」の指示対象は、発話行為によって変化する。しかし、指示対象の特定には、その先行詞、すなわち文脈を参照する。それに対して、「君は (tu)」は、発話行為の物理的環境 (誰が、誰に、どこで、いつ、話すか) や、「君は」が発話された個別の発話事象に至ることが可能な時のみ、指示対象を有する。これが、すなわち転位語なのである。

## 2.4. 発話行為と発話による標定

　時間と場所のあらゆる指標が、転位語である訳ではない。次の文では、「前日 (la veille)」は転位語ではない。

ポールは5月15日に到着した。**前日**、彼はマラソンを走ったのであった。

　事実、これはいわゆる**テクストの一要素であり、発話行為の瞬間ではない**「5月15日（le 15 mai）」を指標点としている。同様に、代名詞「彼は（il）」は転位語ではない。なぜなら、その指示対象は、先行詞「ポール（Paul）」、つまり、文脈のおかげで見つかるからである。

　二つの補足的手法で、共・発話者は発話単位の指示対象を発見する。すなわち、共・発話者は、発話行為状況（転位語）、もしくは、発話の他の諸要素（コテクスト）に依拠し得る。このように、二分類の諸単位に分類でき、それは、かなり規則的に、前提とされる標定の種類に従って対応する。時間の転位語は、例えば以下の通りである[4]。

| 指標が発話行為である（転位語） | 指標が発話である |
|---|---|
| 今（maintenant） | その時に（à ce moment-là） |
| 今日（aujourd'hui） | その日に（ce jour-là） |
| 昨日（hier） | 前日（la veille） |
| 明日（demain） | 翌日（le lendemain） |
| 二日前（il y a deux jours） | 二日後に（deux jours après） |
| （今から）3か月後に（dans trois mois）等 | （それから）3か月後に（trois mois plus tard） |

　空間の指呼詞についても同様であるが、その体系はかなり貧弱なものである。例えば、共発話者達がいる場所を指示する転位語「ここ（ici）」は、「そこ（là）」に入れ替わっており、その指標は、以下のようにコテクスト内で見つけられる。例えば、以下の例が挙げられる。

　　ポールは既にここにいる。（指標＝発話行為状況）
　　ジュール宅に着いた。ポールは既にそこにいた。（指標＝「ジュール宅（chez Jules）」）

## 3.　三種類の標定

### 3.1.　文脈外の標定

　話し手は実は三種類の標定を操作し得る。**発話行為**に基づく標定、**コテク**

ストに基づく標定、そして**文脈外**の標定、すなわち、発話行為にもコテクストにも依拠しない標定である。

　新聞ではこの三種類の標定が絶えず混合している。新聞の同じページに掲載された以下の二つのテクストを例に取ろう（強調は筆者による）。

(1) **昨春**、その特許権は、専門家たちを困らせ、多くのメディアを魅了し、国際投資家を熱狂させていた。「Conserver XII」を用いたデモンストレーションは、生鮮食品のためのほぼ不朽の名声をもっぱら約束していた。［中略］裕福で、若く、魅力的な、この取引の推進者、ドゥニ・アレ、33歳は、すぐに才能ある**ゴールデンボーイ**という評判を得ていた。**金曜の夜以来**、「優れた野菜生産者」は、フルリー・メロギスの拘置所に投獄された。

(2) **エヴィタの平和なき墓**
彼女が **1952 年 7 月 26 日**にこの世を去った時、ペロン将軍はその亡骸を防腐保存させた。**3 年後に**、軍人たちは軍事クーデターに成功し、ペロン派の熱烈な崇拝からその身体を「窃取した」。

（『ル・フィガロ』[5]、1997 年 4 月 2 日）

　(1) は、時間の標定が転位語（「昨春 (au printemps dernier)」「金曜日以来 (depuis vendredi)」）を用いて操作されている。それらは、日刊紙の発刊日を基準とするものである。(2) で、ジャーナリストは文脈外の標定（「1952 年 7 月 26 日 (le 26 juillet 1952)」）、あるいは、コテクストによる標定（「3 年後に (trois ans plus tard)」）に依拠するのである。

## 3.2.　事物と人の指示

　コテクストや発話行為状況による、文脈外の標定の間のこの三分割が、同様に有効なのは、以下のような**空間**における位置づけ、**事物や人の指示**に対してである。

- 発話行為状況による標定：ここ (*ici*)、〜の前に (*devant*)、あそこ (*là-bas*) 等／私は (*je*)、君は (*tu*)、このテーブル (*cette table*) 等
- コテクストの標定：そこ (*là*)、その場所で (*à cet endroit-là*) 等／彼は (*il*)、

後者は(*ce dernier*)、彼(女)のもの(*le sien*)等

- 文脈外の標定：ナントで(*à Nantes*)、フランスで(*en France*)等／ピエール(*Pierre*)、太陽(*le soleil*)等

　ある程度の言語単位が使用され得るのは、発話の標定と同様、コテクストの標定のためである。それゆえ、どのような方法でどの種の標定であるかを知るために、言語単位がどのように使用されているかを学ぶ必要がある。例えば、以下のようなものがある。

　　ピエールは成功した。この少年は私を驚かせた。(指標＝コテクスト)
　　この少年に会った？(指標＝発話行為状況)

## 注

1　［訳注］*Télé Star*。1976 年に創刊されたフランスのテレビガイドの全国週刊誌。
2　［訳注］Émile Benveniste (1902-1976)。フランスの言語学者。インド＝ヨーロッパ語族を中心とした比較言語学研究や、言語理論研究を行った。『一般言語学の諸問題』が有名。
3　［訳注］*Le Nouvel Observateur*。現在の名前は *L'Obs*(『ロブス』)。フランスの左派のニュース週刊誌。1964 年創刊。
4　［訳注］図表は原書第三版による。
5　［訳注］フランスの代表的な保守派の日刊紙。1826 年創刊。

# 第11章
# 転位図式と非転位図式

　前章では、あらゆる発話は、例え動詞に結びつけられた時間のマーカーによってでさえもその発話行為状況に関係づけられていると認められるように思われた。実際には、発話と発話行為状況との間に生じる関係に従い、二通りの発話方法、**転位**と**非転位**の二つの**発話行為図式**という基本的な区別を設けなければならない。


## 1.　二種類の発話行為

### 1.2.　転位発話

　大多数の発話は転位語を伴う。それゆえ、発話はその発話行為状況と関係づけられ、**転位発話**と言われる。最も多くの場合、この種の発話は、転位語の他に、発話者存在の他の痕跡、つまり、共・発話者の評価、間投詞、感嘆、命令、呼びかけ等を含む。

　以下のインタビューからの抜粋は転位発話の典型的な例である。

　　　セバスチャンには前途が**ある**。彼は既に**昨年**、シエラ・ネバダで6位となった際に、失意と共に**学んだ**。彼は**今日**の教訓を**忘れないだろう**。次に[あなたは]**見ていてご覧なさい**。彼はワールドカップの二つの最終スラロームの一つで**勝つだろう**。　　（『レキップ』、1997年1月17日、13頁）

　実際、転位マーカーを持つ要素をイタリック体［行書体太字］にしたこのテクストは、発話行為状況を中心にして編成されている。つまり、言外の「私は(je)」は、様々な時間の指呼詞(動詞の時間マーカー「昨年(l'an passé)」「今日(aujourd'hui)」)を結集し、証人とする「あなたは(vous)」に発話行為状況を向ける(「見ていてご覧なさい(vous allez voir)」)。

転位発話は莫大な数の生成された発話であると分かる。というのも、発話行為状況への参照や共・発話者の呼びかけがないようなものを会話であるとは考えにくいからだ。

## 1.3. 非転位発話

転位語がなく、**発話行為状況から切り離された**ものとして生じる発話を生成することもできる。それを**非転位発話**と言う。

**非転位**発話は、発話行為状況によって位置づけられず、自立的な世界を構築しようと努める。もちろん、それらは発話者と共・発話者を持ち、特定の時と場において生成されるが、その発話行為状況から切り離されたもの、関係ないものとして**現れる**。

> 古代エジプトの貧者は砂の中に掘った簡素な溝へと帰したのに対し、ファラオの近親者たちは、神格化された亡き王の側、遺体を損傷から守ることができる石や石レンガの墓の中に、埋葬される特権を持っていた。これらのマスタバ（台形の外部の形は、現代アラビア語で**マスタバ**というベンチの形を思わせる）、英雄たちが若さを保つ永遠の住まいは、世紀を経て徐々に巨大な規模をなした。質素な祭具で飾られていた当初は、家族はお供え物を捧げ、地下墓所は次第に本当の葬儀場に囲まれ、贅沢に飾られた壁を持つ複数の部屋から構成されるようになった。
>
> （『ル・モンド』、1997 年 1 月 29 日、18 頁）

ここには転位語は見られず、**私 - 君**（*je-tu*）のペアは消去され、言及される出来事が発話行為の時に行われていることを示すだろう指呼的な現在形の動詞は存在しない。反対に、以下のように、発話行為の時に関連づけない出来事を提起する単純過去形の動詞が見られる。

転位語は物語体の文学テクスト、科学的なテクスト、辞書の項目等の中でよく見られる。より少ないが、一般化もまた、発話行為状況から切り離された発話の良い例だ。例えば、諺（「二兎追うものは、一兎をも得ず（Qui trop embrasse mal étreint）」）や常套句（「フランス人は個人主義だ（les Français sont individualistes）」）による一般化がある。ここでは発話行為状況への投錨はない。つまり、現在形は、話し手が文章を言う時に発話が真実であるとは示さ

ず、過去形や未来形に対立しない。反対に、発話は発話行為のあらゆる状況で、どの発話者にとっても**常に真実**であると見なされる。


## 2. 単純過去形、複合過去形、半過去形

### 2.1. 二つの発話行為図式の引き出し[1]

　学校の文法では「時」を時制（現在形、過去形、未来形）や活用変化（単純過去形、半過去形等）と呼ぶ。そこに混乱の原因がある。なぜなら、同じ時制で複数の活用変化に合致し得るものがあるのだ。例えば、未来は単純未来形（「ポールは眠る (Paul dormira)」）と近接未来形（「ポールは眠るところだ (Paul va dormir)」）によって印づけられる。物事をはっきりさせるためには、**時制**（現在形、過去形、未来形）と［言語的］**引き出し**、すなわち、動詞の活用変化を区別することが可能だ。それゆえ、フランス語の未来**時制**は二つの［言語的］**引き出し**、単純未来形と近接未来形に結びつけられると言える。

　**転位**図式のベースとなる引き出しは、必然的に指呼的な**現在形**であり、（現在より前の）過去形と（現在より後の）未来形に区分し得る。さらに、転位図式は二つの引き出し、過去に対しては**複合過去形**と**半過去形**の力を借りる。未来に対しても、**単純未来形**と**近接未来形**という二つの引き出しがある。非転位図式の表現力は、引き出しについてもっと限られている。非転位図式は特に**現在形**を用いるが、（例えば、諺や定義等）**非指呼的**な意味と共に用いられる。物語体のテクストでは**単純過去形**は半過去形と結びつけられている。これら非転位の語りでは、本当の未来はあり得ない。なぜなら、未来は不確実性を前提とし、現在から投影されるものだからだ。また、語り手が、ある出来事を他の出来事より後であると表さなければならない時、疑似未来に頼る。それによって、既に知っている必然的なつながり（「ポールはもっと後に成功する**に違いない／だろう** (Paul *devait / allait* réussir beaucoup plus tard)」）、つまり、バンヴェニストが**未来予測**と呼ぶように提唱した疑似未来を予測する。

　半過去形（と大過去形）は**転位図式と非転位図式で共通**していることが分かる。実際、この引き出しは複合過去形と単純過去形を同様に補う。これはその行動（詳細、描写、コメント等）を進めるのには寄与しない出来事、広義にはその一部に言及できる。それゆえ、半過去形の文章は切り離しては用いら

れない。それは、複合過去形、単純過去形、さらに指呼的である時には現在形の発話を拠り所とする（下記参照）。

## 2.2. 二つの物語体のテクスト

このテクストでは、語りは複合過去形でなされ、ゆえに、**転位**テクストであり、発話行為状況との断絶を導かない。これは、出来事を読者の時事に組み込むことを目指す地方紙の三面記事で標準的である。

**クレッセでの正面衝突で二名の負傷者**
**クレッセ**——火曜日の朝、7時30分頃、二台の軽自動車の事故が、通称、クレッセ村の「レ・フレオ」と呼ばれる場所で**起こった**。

ラ・シャペル＝サン＝ロランのロージュ通り在住のジャン＝ジャック・ボダン、25歳は、パルトゥネ行きの県道19号線をシトロエンAXで**走行し**、アメルーの方向に県道46号線に乗るために19号線を**離れようとしていた**。おそらく朝日がまぶしかったのか、パルトゥネのメンデス＝フランス通り在住、ジャン＝パスカル・ビション、28歳が反対からクレッセ方向へ**走って来ている**のを**見なかった**。衝撃は大変激しかったため、二人の運転手は**負傷した**。ボダン氏は顔にかなりの**重傷を受けた**。ビション氏については鎖骨を負傷し、車から救出され**なければならなかった**。

（『ル・クーリエ・ドゥ・ルエスト』、1997年6月18日、3頁）

このテクストでは、二つのレベルがはっきりと区別できる。
- 厳密な意味での行為、それらの動詞は複合過去形で**前景**に置かれている。
- その行為を進行させない諸状況は半過去形で、**後景**になっている。これらは複合過去形の行為に拠っている。

前景の形式が単純過去形の時、非転位の物語体のテクストでは引き出し間でこの補完性が見られる。

第二セットでドイツ人は打ち合いのイニシアチブをとり、相手よりもより早く、力強いプレーをしていたヒンギスをためらわせ**始めた**。スイス

人は普段の粘りをもはや**持っておらず**、彼女の大きな素質はゲームを変化させられると示すことであるが、別の戦術を取ろうともせず、バックコートでの打ち合いを**受け入れた**。フーバーは第一セットをもう少し長い時間（42分）で**負けてしまっていた**ものの、第二セットを35分で**勝ち取った**。

三セット目は、あらゆるボールを粘り取り、マルティナ・ヒンギスがワン・オール、15–40でブレークのボールを何度か危うく救い出し、バランスを取り戻すのに**成功した**。彼女は賞賛に**値していた**。というのも、彼女のファースト・サーブは決まらず、フーバーがその代わりに第二セットで彼女を**打ちのめしていた**からだ。

（『レキップ』、1997年2月17日、6頁）

　このテニスの試合の語りでは、単純過去形の前景の行為（「始めた（commença）」「受け入れた（accepta）」「勝ち取った（remporta）」「成功した（parvint）」）と、物語を進行させないものとされている半過去形の節（「持って（avait）」「していた（avait）」「打ちのめしていた（massacrait）」）や大過去形（「負けてしまっていた（avait perdu）」）とが区別される。

## 2.3. 単純過去形

　フランス語の際立った特徴は、非転位テクストへの特別な動詞時制、単純過去形を持っていることだ。現代フランス語では、例えば、「昨日、君はニオール行きの電車に乗った（Hier tu pris le train de Niort）」と言うのは不可能だ。というのも、単純過去形が、発話行為状況と関連して割り出される転位語「君（tu）」「昨日（hier）」に結びつけられているからだ[2]。単純過去形は物語体のテクスト専用である。原則として、単純過去形の動詞は孤立して用いられない。単純過去形に置かれた出来事は動詞連鎖を形成し、それによってテクストは発話行為状況とのあらゆる結びを消し去りながら、終わりへと進んでいく。ゆえに、単純過去形は「私は（je）」と「君は（tu）」の間にやり取りがあり、その発話行為に対してその発話を位置づける相互作用には用いられない。

　伝統的な物語体の文学は単純過去形の使用を重視する。コミュニケーションテクストではその使用は非常にまちまちで、特に、スポーツのルポルター

ジュで見られる。発話行為の時と発話の時制によって示される時の間には、次の三つの可能な関係を区別できる。

- 現在形によって示される**一致**
- 過去形か未来形で示される時制の**違い**
- その発話者が発話行為状況とつながりを持たないことを示す、ある時間に言及し得る**断絶**

　正確には、単純過去形を用い、発話者はこの過去形と発話行為の現在との間の**断絶**を強調しながら、過去として表す出来事を報告する。

　単純過去形に結びつけられた断絶の意味は、次の広告ではっきりと分かる。

<br>

神々の調和

オランピア[3]の神々は彼らの作品が永遠に名を残すよう設計者たちに調和の秘密を啓示した。黄金比のように完全無欠で、空と風のように美しく、純粋な、調和を持つ女性の手首の恋人、コラントは完璧な時を刻みます。

ミッシェル・エルブラン

パリ

<br>

　この二つの文からなるテクストには転位語がない。一つ目の文は単純過去形［啓示した(révélèrent)］で、二つ目の文は指呼的でない現在形［刻みます(marque)］である。ここで、単純過去形は神話的で、今日的な現在から切り離された時代という過去を示しているという訳ではない。この広告全体を支配する戦略に合った選択なのだ。つまり、ミッシェル・エルブランの時計を手に入れることは、日常世界から切り離された世界、ギリシャの神々の世界、「永遠(l'éternité)」で「完璧(la perfection)」な世界に属すことなのである。この意味効果は、「啓示された(ont révélé)」と［複合過去形で］書かれていたならば非常に弱まったであろう。実際、複合過去形は本来、現在形との活き活きとしたつながりを保つ。ここで単純過去形は例外的に切り離されて用いられている。

## 3. 二つの発話行為体系

### 3.1. 構成要素についての体系の重視

　ある発話が転位図式に属するか否かを決めるためには、「私は (je)」「3 日前 (il y a trois jours)」「ここ (ici)」等の転位語を含むか否かを見るだけでは十分ではない。重要なのは、発話がそこで展開する**発話体系**であって、これこれの構成要素の存在ではない。例えば、*私は (je)* **+ 単純過去形**の動詞を見つけるのを妨げるものは何もないが、この場合には、「私は」は実際に「君は (tu)」に対立する転位語として機能するのではない。つまり、「私は」があるのは、その話の登場人物が発話者－語り手と一致していると見なされるからであり、この「私は」は非人称によって難なく置き換えられ得るからかもしれない。

　同様に、非転位発話は現在形の動詞で構成されることもよくある。これは一般化や科学的なテクストだけに関する訳ではない。これは、例えば、次の映画の紹介記事の場合である。

> **ディノクロコ**[4]、**湖の生物**。巨大な化石のクロコダイルの発見後、ジェリコ社の科学者グループが実験に着手する。その結果は満足以上のものである。しかし、そこで、突然変異の生物が、死と恐怖をばらまきながら逃走する。
>
> 　　　　　（『ル・クーリエ・ドゥ・ルエスト』、2006 年 9 月 19 日、28 頁）

　この短いテクストでは、動詞は直説法現在形［着手する (entreprend)、結果～である (s'avèrent)、逃走する (s'échappe)］である。しかし、**指呼的な現在形**、つまり、発話時を示すだろう転位語**はない**。つまり、「最近 (en ce moment)」と加えることはできないだろう。これは時間を逃れた現在形であり、過去／現在／未来という対立の中に定めることなしに出来事を取り上げる。さらに、このテクストは転位語を含まない。つまり、「私は」も「君は」も時間や場所の指呼詞もないのだ。

　この非指呼的な現在形は写真のキャプションや記事のタイトルによく用いられる。

## 3.2. テクストの凡庸化

　非転位な語りのベースの引き出しとしての非指呼的な現在形の使用は、難点がない訳ではない。これは一種のテクストの凡庸化を引き起こす。なぜなら、**あらゆる**様相を現在形に置き、半過去形と単純過去形の場合のように、前景や後景の様相に分散させないからである。

### ウェアの快挙

　AC ミラン対ブルゴーニュの試合の 82 分を**プレーしており**、イタリアのチャンピオン達は 1–0 で**リードしている**。ジョージ・ウェアが左コーナー、ゴール後ろのゴールポストからボールを**受け取る**。リベリア人は背後に二人の敵が**おり**、タッチラインは彼の前。大したことはない。ウェアは一つ目の**フェイントをし**、二つ目にも**成功し**、**ターンし**、二人のディフェンスの間を**抜ける**。出たところで、彼は三人目のディフェンスで新たにドリブルに**成功し**、右足外側からブロンクビストに完璧に**アシストする**。スウェーデン人は左足でゴールを**決め**、ミランは 2–0 で**勝つ**。　　　　　　　　　　　　　（『レキップ』、1997 年 2 月 17 日、9 頁）

　もしこのテクストがベースの引き出しとして単純過去形を用いていたら、動詞「プレーしており (joue)」「リードしている (mènent)」「(二人の敵) がおり (a (deux adversaires))」は半過去形［「…していた」］だったかもしれない。というのも、これは行為を進めさせない出来事だからである。

## 3.3. 物語体の半過去形

　半過去形で非転位の物語体のテクストも考察されるが、それは以下のように、特にスポーツに割かれた記事においてである。

　非常に高く**プレーしており**、最大限にお気に入りの攻撃手段、オフサイドを用いていたマドリッドのディフェンスに直面し、アヤックス［アムステルダムのサッカークラブ］の旧アタッカー、フィニディは 7 分で隙を**見つけ**、レアルの選手たちの背後に良いボールをスペインのナショナルチーム選手のトップ、アルフォンソに**送る**。彼がイルクナーの判断を**誤らせていた**。そして、0–1 に。

第 11 章 転位図式と非転位図式 145

それゆえ、レアルは敵にできる限り猛攻を加えながら、試合のリズム
はさらにピッチを**上げていた**。イルクナーのゴールポストへのジャルニ
のフリーキックの後、カペッロのチームは 18 分にミヤトヴィッチの取
り返しで同点に**持ち込んでいた**。素晴らしい動きで、レアルの選手の大
勢がボールに触っていて、アマヴィスカがユーゴスラビア人［ミヤト
ヴィッチのこと］に完璧なセンターキックを送るのを**可能にしていた**
［後略］。　　　　　　　　　　（『レキップ』、1997 年 2 月 17 日、9 頁）

　ここでは、先ほどのテクストと同様、前景と後景との区別を「凡庸化す
る」非転位のテクストである。実際、全ての半過去形が単純過去形に移し替
えられる訳ではない。例えば、「非常に高くプレーしており、最大限にお気
に入りの攻撃手段、オフサイドを用いていた (qui jouait très haut et utilisait au
maximum son arme préférée)」の関係節も、半過去形／単純過去形のペアを
用いるテクスト内ということでの半過去形であろうと思われる。この物語体
の半過去形は「サスペンス」効果を作り出したい時に有用で、なぜなら、ア
スペクトの観点からは、半過去形は展開中であると理解されるプロセスを指
示するからである。

## 3.4. 転位図式の混交
　一つのテクストがただ一つの転位図式で発展するのはまれである。**大半の
場合、同じテクスト内で、転位図式と非転位図式が混ざっているのが考察さ
れる**。例えば、次の記事の中である。

　ストップされたサントロ
　マルセイユ──ファブリス・サントロはマルセイユでむしろ幸先の良い
　一週間を過ごした。ドレートルと組み、彼はダブルスの決勝戦をエンク
　ヴィスト－ラーソンのスウェーデン・ペアと戦った。土曜日の準決勝戦
　でストップしたシングルスでの対戦もまた、対トーマス・エンクヴィス
　トであった。世界ランキング 10 位のスウェーデン人は、彼より 100 順
　位後に格づけされているフランス人［サントロのこと］を 1 時間 27 分、
　6–4、6–3 各セットのブレークで当然の勝利を打ち立てるのに十分であ
　る。サントロは必ずしも上のクラスの試合に出たのではないが、先のツ

アーでは、グロジャン、コルダとロセを打ち負かせることを可能にした
効果的な攻撃プレーは、これほどのライバルに対してはちょうど過ぎる
ことを証明した…

サントロはそれでもスウェーデン人をはらはらさせるチャンスを得た。
第一セットで彼は別の二ゲームで三つのブレークをした。三回にわたっ
て、エンクヴィストは制御できない第一球を放った。第二セットで、さ
らに二つのブレークをし、そこでもまた、スウェーデン人は彼には強す
ぎた。**「今週のことから私が記憶に留めるのは、私は二人の素晴らしい
選手を打ち負かし、彼の最高の実力に対してエンクヴィストのレベルの
近くにいたということです。これが私にこれからの数週間、頑張るエネ
ルギーを与えるでしょう。」**とポジティブなサントロは締めくくる。今
週からストラスブールのチャンピオンへの挑戦、次は再び、コペンハー
ゲンとサントロペテルスブルクでの大きなツアー［が控えている］。

（『レキップ』、1997 年 2 月 17 日、6 頁）

　このテクストは転位節と非転位節を混ぜ合わせている。

- 最初から「…1 時間 27 分（… 1 h 27 min）」は複合過去形の**転位節**の一つ
  である。これは、記者のコメントであり、ある評価に関してであり、プ
  レーヤーの経歴全体を要約している。

- 「各セットのブレーク…（Un break dans chaque set...）」から「…彼には強
  すぎ（... trop fort pour lui）」までは、単純過去形で**非転位節**である。こ
  の発話図式の変化は、記事の最初すぐに知らされた結果に至り得る、一
  連の行為を語ることを可能にする。

- この非転位の一節は、これ自体、**転位図式**に属し、サントロのものと
  される直接話法の一節を含む。ここには、特に、時の転位に関わる二
  つの時の状況補語、「今週（cette semaine）」「これからの数週間（dans les
  semaines qui viennent）」が見つけられる。

- 動詞を持たないテクストの最後の文は時の指呼詞（「今週（cette
  semaine）」）を含む。これにより記者が**転位図式**に戻るのを可能にする。

　一つの図式からもう一つの図式への移行はもちろん任意ではない。このテ
クストでは、一つの図式からもう一つの図式への変化は**テクスト組織内での
区別**に結びついている。記者は最初と最後に個人的なコメントをし、次に試

合を語る際は姿を消している。


## 4. 転位とモダリティ

　転位発話は、それが空間的、時間的指呼詞への目印となる限りにおいて、「指呼的中心」の役割を果たし、「私（je）」で示される話し手をめぐって形作られる。しかし、ここでは、時制と人称の用法だけを考え、これらを簡略化した。言語における「主観性」の表れは、指呼詞だけに関する訳ではない。このテクストはあちらのテクストより「主観的」だと感じ、行政規則は友達への葉書きより「客観的」だと感じる。実際、**モダリティ付与**、つまり、話し手が、自らが言うことと保つ関係を考慮しなければならない。特に、話し手は価値判断をもたらし、自らの言葉に同意するかしないかを示し得る。

　しばしば、転位発話はまた、話し手がモダリティ図式において自らの存在を示している発話である。例えば、もし誰かが「明日あなたにお会いできたら嬉しいです（Je serai ravi de vous voir demain）」と言ったならば、その話し手は、「あなたに（vous）」と「明日（demain）」が指標とする関係に対する指呼的中心の役割と「嬉しい（ravi）」という価値判断の責任者の役割を同時に果たす。しかし、非転位発話もまたモダリティ付与のマーカーを含み得るし、転位テクストもモダリティ付与のマーカーを消し得る。それゆえ、次の四つの可能性が挙ってくる。


- モダリティ付与された転位テクスト（＝主観的）
- モダリティ付与されていない転位テクスト（＝客観的）
- モダリティ付与された非転位テクスト（＝主観的）
- モダリティ付与されていない非転位テクスト（＝客観的）

　これら様々な典型例が以下の通りである。


　（1）不幸にも、今日我々は、イラクにおける大量破壊兵器をめぐる悲喜こもごもの状況と共に頂点に達した、過去10年の米国と英国政府の嘘と操作全体に対して代償を支払っている。ロンドンとアメリカ合衆国を結ぶ10機ほどの飛行機を飛行中に爆破させるべく陰謀されたテロ行為に関する8月の危機感を思い出そう。

（『ル・モンド』、2006 年 9 月 13 日、23 頁）

ここでは、転位発話行為は評価（「不幸にも (malheureusement)」「操作 (manipulations)」等）、読者への呼びかけ（「思い出そう (rappelons-nous)」）といったモダリティマーカーを含んでいる。転位発話行為はこのようなマーカーの不在にも適応できる。例えば、保険に関する盗難被害届では以下の通りだ。

(2) 私は昨日、20 時に帰宅しました。ドアが開いていました。私の部屋では引き出しの中身が床に散らばっていました。私はすぐにコンピュータとビデオカメラが盗まれたことに気がつきました［後略］。

反対に、次のテクストでは、指呼詞の不在とモダリティの主体のマーカーの存在という組み合わせがある。

(3) それはしっかりした声で澄んだ目をした、か細い、小柄な男性だ。1973 年の間ずっと、灰色の作業服を着た、この同じシルエットがしばしば社会時事ニュースの一面となった。時計工場、リップのフランス民主主義労働同盟代表、シャルル・ピアジェは労働者階級のもう一つの顔を象徴していた。この時代の左翼急進主義者にとって、占拠、直接民主制という、五月革命世代の行為を受け継いでいた。他の人々にとっては、彼は、民主的であると同時に、急進的、開放的で、対立するだけでなく、「別のやり方で生活し、生産し」ようとする労働組合運動の再生を率いていた。左翼急進主義者と左翼キリスト主義者が、ピアジェが大統領選挙の一時的な候補者にさえもなった社会党でしばしば共存していた。新しい時代は望まれたものではなかった。1973 年は「栄光の 30 年」の終わり、完全雇用との別れを示す。リップの閉鎖に反対するストライキとその最終的失敗が、失業の超大波の始まりと一致した。

（『リベラシオン』、2000 年 4 月 29 日、56 頁）

このテクストは［フランス語原文では］非人称で単純過去形［なった (fit/ fut)、なかった (ne furent pas)、一致した (coïncidèrent)］であるが、常に自身が言うことに関与する話し手の存在が、特に、主観的な単語（「か細い

(frêle)」「左翼急進主義者(gauchos)」「カトリック主義者(cathos)」「五月革命世代(soixante-huitards)」)によって感じられる。

 (4) 18世紀以来、剥製術は生きている姿で動物たちを不滅にすることにある。剥製術師は動物の皮を保存し、処理となめしをした後、それを発泡プラスチックかポリウレタンの模型に再び貼り直す。そして、クリスタルの目、色の手直し等、ディテールを調整する。
         (『テレ・スター』[5]、2003年4月7日、85頁)

 ここでは、現在形は指呼的現在ではない。解説を目的としているこの非転位のテクストは、指呼的あるいはモダリティといった、あらゆる主観性の存在を消すことを目指している。
 A. ラバテル[6]の用語を借りれば、「主観的転位発話行為」(例1)、「客観的転位発話行為」(例2)、「主観的非転位発話行為」(例3)、「客観的非転位発話行為」(例4)と言えるかもしれない。

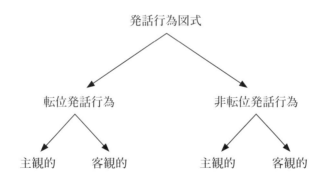

 このように、転位発話でも非転位発話に対してでも、話し手は自らの言葉に主観的な様相を与えることを選択できる。これは特に言説ジャンルに依存している。盗難被害届では、話し手は超然としたエートスを取ることで、自らの言葉を最大限に正当化しようとしていることが分かる。しかし、イデオロギー的な位置づけも一つの役割を担っている。『リベラシオン』からの抜粋である例(3)では、主観的発話行為は、この新聞のエートスを保護しようという配慮と、描写された人がこの新聞の政治的な位置づけに近いことを同

時に説明しているのだ。


**注**

1 ［訳注］「言語的引き出し tiroir verbal」という表現は Damerette et Pichon (1911–1940) によって提唱された。

2 ［訳注］日本語訳は不自然ではないが、フランス語では単純過去形 pris と昨日 (hier) を同時に用いるのは不可能とされる。

3 ［訳注］オリンポス山のこと。ギリシャ神話で神々が住むとされた。

4 ［訳注］日本では劇場未公開。アメリカのホラー映画。

5 ［訳注］*Télé Star*。テレビ番組、芸能情報についての週刊誌。

6 « La part de l'énonciateur dans la construction interactionnelle des points de vue », *Marges linguistiques*, n° 9 (http://www.marges-linguistiques.com). (「視点の相互作用体系における発話者の寄与」『マルジュ・ランギュイスティック』)

# 第12章
## 人称の用法

　動詞の時制マーカーの意味は、ここまで見てきたようにその用法に依拠する。同様に、一人称、二人称の転位語を解釈し得るのは、それらが現れるテクストの発話展開を考慮する時のみである。


## 1. 「私達は(nous)」と「あなた(達)は(vous)」「私は(je)」

　人称の転位語の解釈は、各テクストが前提とする発話場面と分離不可能である。

### 1.1. 集合の「私達は(nous)」と「あなた(達)は(vous)」

　ここに短く非常に制限されたジャンルに属する一つのテクスト、すなわち求人広告がある。これは、発話者として自認する企業と、求職者の位置を付与される二人称で呼びかけられる読者とを関係づける。より正確には、そのテクストは**指示対象を発展させる**「私達は」と「あなた(達)は」を関係づける。

一緒に

考えよう

未来の

シート

110億フランの売り上げ、35か所に配置された約12000の協力者［を有する当社］、**ベルトラン・フォール**は、自動車のシート製造の世界的リーダーの一人として認められていると確信しています。最新技術を駆使しながら、絶えず新製品を着想、開発することで、ベルトラン・フォールは快適と安全のエキスパートとして知られています。本日、私達は、営

業部のための人材募集を行います。

## 輸出営業技師
## ドイツ語バイリンガル

貴方は、輸出の責任者に所属し、北欧、東欧に位置する既存の、そして／あるいは潜在的顧客に対して、フランスで生産された部品のために、グループの営業戦略を実行します。

貴方は、市場の発展の機会を特定し、その発展を確実なものにします。

貴方は、市場や顧客に耳を傾け、グループの商品や能力を発展させます。

貴方は市場や顧客の間のインターフェイス（ニーズの考慮、顧客への回答の作成、交渉）を確かなものにします。

貴方は、プロジェクトの収益性を調整し、予算準備に参加します。この役職のために、私達は、調査・研究会社での数年の経験、あるいはその資格を持った技術者・機械技師を探しています。ドイツ語が堪能であることが必須、英語も望まれます。IC/SB の紹介番号を明記し、貴方がたの応募（履歴書と手書きの手紙）を私達にご送付願います［後略］。

### ベルトラン・フォール

（『ル・モンド』、1996 年 6 月 11 日）


テクストは印刷の体裁上、以下のように異なる機能の五つの部分に分けられる。

(1)細い大文字によるキャッチフレーズ
(2)仕事を提供する会社の太字による紹介
(3)太字で大文字による仕事のカテゴリー
(4)職種プロフィールの描写
(5)応募行為をするための指示


(2)の部分は、「私達は」という転位語（「本日、私達は営業部のための人材募集を行います（aujourd'hui nous recrutons pour notre Direction Commerciale）」）を、コンパクトな集団の一主体、テクストの最後に署名する発話者、すなわちベルトラン・フォールとして解釈することを可能にする。個人の総体ではなく、集団の一主体を指示するこの「私達は」の使用に驚くべきものは何もない。エミール・バンヴェニストが説明するように、「一般的に、人称の

複数形は増大され、広がる一個人を説明する」[1]。事実、「私達は」というのは「私は」の集合体ではない。「厳密な人称を超えて膨張し、増大すると同時に、曖昧な輪郭を持つ私である」。「私達は」の中で、「私は」の優位は非常に高く、ある特定の条件においてこの複数形が単数形の代わりになり得るほどである。(例えば、[フランス語には] 威厳を表す「私達は」、あるいは本の著者を指す「私達は」がある)。集団と同時に一個人(「丁寧」と言われる「あなたは」)を指示し得る「あなた(達)は(vous)」に関しても似通った考察をし得る。

　この求人企業の「私達」は、発話行為状況(過去形／指呼的現在形、「今日」)から転位され、編成された一節に関連づけられる。反対に(4)では「あなた(達)は」の出現が見られる(貴方は…します)が、これは、「ベルトラン・フォール(Bertrand Faure)」のような個人ではなく、それを個別化する限定詞のない職業カテゴリー、すなわち「輸出営業技師、ドイツ語バイリンガル(ingénieur commercial export bilingue allemand)」を定義する。この「あなた(達)は」は、転位されていない一節の中で、指呼的現在に結びつき、虚構の世界で行動を遂行する理想の技師が描かれている。使用説明書(あなたは F というボタンを押します、あなたは自分の方へ G のレバーを引きます(vous appuyez sur le bouton F ; vous tirez vers vous la manette G...))、あるいは、いずれの発話もそこでは読者がヒーローと見なされる物語(「あなたは剣を引き抜き、あなたの魔法の粉で巨人に立ち向かいます。あなたは金庫に近づきます [後略](vous tirez votre épée et vous défiez le géant avec votre poudre magique ; vous vous avancez près du coffre...)」)と同じ秩序の発話体系が見られる。いずれも非転位の発話において、動詞の現在形が、命令、遂行義務を実は隠蔽しているのである。

　(4)の最後では、「私達は」が再度出現するが、「この役職のために…技術者・機械技師を探しています(pour ce poste nous recherchons un ingénieur mécanicien...)」というように、指呼的現在に関連づけられている。(5)への移行部分は、(4)のそれとは全く異なる二人称が出現する(「貴方がたの応募(vos candidatures)」の「貴方がたの(vos)」の形式で)。すなわち、これが参照するのは、実際の読者の複数性への指示である。指示対象が全く異なるこの「貴方がた」という人称のずれにより、読者をより容易にポストに必要な人物像に組み入れることができる。(4)における非人称の使用は(もし、「貴

方は」の代わりに、例えば、「この技術者…(cet ingénieur...)」があったなら）明らかに読者と、求人されている技術者の描写とを分離していただろう。

　ここで（1）「**一緒に考えよう未来のシート（ENSEMBLE CONCEVONS LES SIEGES DE L'AVENIR）**」に話を戻すことができよう。このキャッチコピーは、言わばテクスト内で実践されたプロセスを要約し、非転位の様態で想像上のモデル社員を指示する「貴方は（vous）」に対立するために、転位された様態で雇用者の「私達は（nous）」から始まる。この二軸　「私達は」／「貴方は」は、**一緒に考えよう（ENSEMBLE CONCEVONS）**によって結びつけられる。ここで、一人称複数は、（2）と同じ指示対象を有しない。それは（2）の「私達は」、つまり、ベルナール・フォール社と、（4）の「貴方は」、「一緒に（ENSEMBLE）」で強調するような虚構の社員を結びつける。求人職のプロセス自体を模倣するプロセスは、そこで、当然のこととして、外因を会社の「私達は」に統合させる。同様に、（2）の現実世界の指呼的現在形と、（4）の虚構の転位されていない指呼的現在形の間の対立は、プログラムを実現するよう告知する命令形（「**考えよう（CONCEVONS）**」）の援用により解決される。

## 1.2.　同一化の「私は（je）」

　ここでダイエット商品ウィークエンドの広告を再び取り上げよう。

> **それぞれの女性は違うから、<u>ウィークエンド</u>は1日、3日、5日間のオーダーメイドの<u>スリム療法</u>を開発しました。**

> 何という会議なの！このビジネスブレックファースト、このクロワッサン、プチパン全てが、あまりに美味しそうで、誘惑に勝てなかった…。だけど、また始めるわ。

　テクストは、**読者**を演出している**発話する女性へと同一化**するよう喚起することを目指す。太字のキャッチコピーは言わば、「**それぞれの女性は違うから**…（parce que *chaque femme* est différente...）」という宣伝文句を示す。実際、名詞群「それぞれの女性（chaque femme）」は、条件ごとに考慮しながら女性全体を把握することを可能にし、「私は（je）」によってこのテクスト

を引き受けさせる利点が見られるからである。それは、すなわち、個人であると同時に、会社で働く女性全体を指示し得るのである。単数形の「私は」は、いかなる女性読者にも、記されている場を利用するよう定め、こうして、彼女自身が発話を引き受けるよう招待されるのである。指呼詞「この」によって限定された名詞群(「このビジネスブレックファースト(ces petits-déjeuners d'affaire)」「このクロワッサン(ces croissants)」「このプチパン(ces petits pains)」)と比較し得るプロセスが見出される。これらは、テクストの女性の発話者が考えている特別な対象を指示しているようだが、実は、それらはステレオタイプ的な対象を参照しているのである。すなわち、典型的な「ビジネスブレックファースト(petit-déjeuner d'affaires)」の内容であって、個別の朝食ではないのである。

　この例では、女性読者が物語の登場人物に同一化するよう要請される。女性読者が自分は別人だと想像しなければならないため、この同一化は間接的である。しかし、同一化は直接的にもなり得る。例えば、「幸せのためのとっておきアイデア30(30 idées spécial bonheur)」の特集記事においては、「私は」で始まる30の短いテクストが以下のように見つけられる。

　　私は遠方への逃避を自分にプレゼントする。旅の幸せは待ち時間にもある。それを考えることが[旅の]時間より前に夢を見させる。夢の行き先は価格が下がった。私たちが印刷している現時点で、例えば、メキシコ1週間やエジプトでのクルージングはラストミニッツ[2]で369ユーロ以下、アイスランド4日間をexpedia.frで404ユーロから見つけられる。
　　　　　　　　　　　　　　　　　(『ファム・アクチュエル』[3]1111号、2006年、39頁)

　この「私は」は誰によっても引き受けられる空席である。これは女性読者に、すぐに文の主体の位置を占めさせる。それはまた、現在形の動詞によって表現された行為の主体でもある。このような「私は」の啓蒙的機能は明白なのである。

## 2. 人称の消去

### 2.1. 二重の消去

　ここまで人称の転位語の指示に関する働きの例を考察した。そしてまた、人称の転位語の**消去**を利用するテクストも存在する。広告の言説に関しては、この典型的な例が一層関心を引き、自然に共・発話者をしっかりと関わらせようとするのだ。この観点から広告「神々の調和」を取り挙げていこう。

神々の調和

　オランピアの神々は設計者達の作品が永遠の名を遺すように彼らに調和の秘密を啓示した。黄金比のように完全無欠で、空や風のように美しく、純粋な、調和を持つ女性の手首の恋人、コラントはその完全な時を刻みます。

　このテクストにおいて、発話者や共・発話者や、その他の転位語の痕跡はない。発話行為状況との断絶を確立しながら、発話行為は、完全無欠の中に、M. エルブランというブランドの時計をあらゆる広告関係から独立して存在するかのように据え置く。テクストは間接的にしか、非人称の形式で、読者・消費者に位置を与えない。「**調和を持つ女性**の手首の恋人 (objet d'amour au poignet de celle qui la détient)」のように。このように、この女性読者は、発話行為プロセスから独立し、このうえない永遠が存在するような場を占めるよう呼びかけられる。この広告が構築しようとする空間自体から参加する共発話者達を消去する発話行為舞台なのである。

### 2.2. 妥協

　ここで、全く異なる方法で共発話者の消去を利用するこの別の広告を考察しよう。

　　**問題ありません。**
　　乾燥肌、オイリー肌共にあらゆる肌は水分補給が必要です。
　　しかし、人によっては、通常の水分補給が問題を起こすこともあり得ます。
　　例えば、オイリー肌は水分補給が必要ですが、油分はそれを酸欠状態に

し、バランスを乱します。それゆえ、皮膚科医の要望により、クリニークはオイルフリー・モイスチャー・フォーミュラ、ノン・グラ・フリュイド・イドラタン[4]を開発しました。

オイルフリーで超軽量なこの液体は、時折あきらめなければならなかったあらゆる肌の水分補給を可能にします。オイルフリー・モイスチャー・フォーミュラは肌のきめを細やかにし、小さな欠点をぼやかし、毛穴をふさぐことなく水分不足のしわを目立たなくします。肌は澄み、みずみずしく、メークにも万全です。

あなたのニーズを明らかにするために、クリニーク・カウンセリング・センターのビューティー・コンピュータにご相談ください。

オイルフリー・モイスチャー・フォーミュラは肌に十分な水分補給と肌が必要な快適さをもたらします。問題ありません。


このテクストは、本質的に転位されていない図式に属する。もし第6段落（「あなたのニーズを明らかにするために…ご相談ください（pour préciser vos beoins, consultez...）」）を別にすると、共・発話者の痕跡の不在が確認される。この非転位は、**科学的言説の特徴への寄生状態**に結びつく。実際、この種の言説は、一般に、共発話者の消去に関係づけられる。科学的真実は、個々の「私は（je）」「君は（tu）」に関係づけられず、あらゆる状況下で真と見なされる。

このような科学的な舞台背景は、医療知識の真面目さを含意する「クリニーク［クリニック］（Clinique）」というブランドの名前の方針にある。この固有名詞は、最初の二段落で科学的問題を表す匿名で見えない発話者によって、非人称のようにテクストに記され、技術的解決をもたらすのである。「それゆえ、皮膚科医の要望により、クリニークは…（Voilà pourquoi, à la demande des Dermatologues, Clinique...）」。クリニークは科学、つまりこの場合は、皮膚科に役立つのである。

第6段落まで、読者の位置は、その身体の一部（「肌（les peaux）」）によって非常に間接的にしか与えられていなかった。肌を有するあらゆる人は、避けることがなく組み込まれる。テクストは事実や自然の法則を消費者に強く訴えることなく話される。この発話行為関係の消去は、しかしながら第6段落を構成する転位された節において中断される。つまり、テクストから完全に締め出さないように、読者に命令形で差し向ける（あなたのニーズを明確に

するために…にご相談ください)。しかし、命令形は「クリニーク・カウン
セリング・センターのビューティー・コンピュータ (l'Ordinateur de Beauté
dans les Centres-Conseils Clinique)」の相談にかかるのであって、製品の消
費に関してではない。かなりの大部分は「科学的」特徴を保存することを可
能にする置き換えなのである。

　この広告における転位された一節の存在はエルブランのテクストにおける
転位の絶対的不在と対照的である。推測できるのは、高級時計は発話行為状
況との完全な断絶により適しているということだ。時計は芸術品のように自
立するが、美容クリームは本質的に、消費者との密接な関係を維持するので
ある。


## 3. エートスと人称

　上記で分析した例は、人称、発話行為舞台、エートス間の密接な関係を強
調する。実際、発話行為は読者と共に、**テクストによって言及された世界
から生じるとされるコミュニケーションの方法**を設定する。ベルナール・
フォールの求人における、非常に組み立てられた切り分け、さらに、テクス
トに最小限の切り分けは、機械技師を探す企業経営者が、それにより与えた
い効率性のイメージに合っている。集合的な個人、ベルナール・フォールは
自らのアイデンティティを、仕事の提案の仕方を通して示す。彼は責任感の
ある言説を率直に提示する。直接「あなた(達)は」に向けられる「私達は」
の求人は、競争力の強い企業、グループワークの世界を前提としている。

　「神々の調和」と名づけられた広告の方は、自給可能なものとして現れる
製品の非人称を中心とし、無感動で、完全なエートスを芸術のための芸術と
いう高踏派詩人の美を表明する詩のように表す。この場合、発話は自らの発
話行為状況を否定し、人を必要としないことを表そうとする。


　　　　全ては過ぎ去る。——確固たる芸術
　　　　　　　のみが永遠を有する。
　　　　　　　半身像は
　　　　　　　都市で存続する。

　　　　　　　　　　　　　　　　　　(T. ゴーチエ、「芸術」、1857 年)

この詩において、発話行為は、発話行為状況で現れる「私は(je)」と「君は(tu)」との間の伝達プロセスを廃止するふりをする。

同じように、ジャック・ダニエルウイスキーの広告において（第2章参照）、その共・発話者を無視するふりをする発話行為者の「私達は(nous)」は、ノウハウの長い歴史の継承者で、その品質に自信を持った職人が自らの仕事をし、他者を気にかけず、樽をころがす、職人的製法の生産演出を相伴うのである。

## 4. 「人々／私達は(on)」と「彼らは(ils)」

### 4.1. 発話行為関係外の主体性

非人称に対立する発話者と共・発話者といういわゆる人称と並んで、フランス語は、「人々／私達は(on)」という要素も持っており、ある一定の特徴を表す。

- 常に人間を指示する（彼は(*il*)のような真の代名詞とは異なる）。
- 常に主語機能を担う。
- 性数ともに変化せず、形態論的には三人称を形成する。

それは非常に多義的である。その指示対象は、特定の発話プロセス内で結集される方法に従って変化する。文脈に従って発話者、共・発話者、発話者と共・発話者、個人、集団あるいは流動的な総体（＝「人々」）といった非人称を指示対象として解釈し得るのだ。実際、これは、一主体（人間、意識）を指示する特徴を表すが、発話者、共・発話者、非人称[5] の違いを考慮には入れない。言い換えれば、「on」によって指示されるものは主観性として理解されるが、一人称、二人称、三人称の位置の間で一種の境界消去を伴う。従って、「on」の最も慣例的な用法は限定されない人としての用法、あるいは優しさのこもった調子で赤ん坊や身近な動物に向けられるために使われるものとして理解される。

何てかわいいんでしょう。大好きなのは、おかあさんよね…
(Comme on est mignon ! On l'aime, sa maman...)

発話者は話すことができないが主観的事実として扱われる存在に話しか

け、真の共・発話者、言語交換の相手とするだろう二人称の援用を避けている。

　「on」を用いることで発話者は動物あるいは赤ん坊から分離する境界を消し、それらを結合していることを強調するのである。

## 4.2.　二つの例

　この「on」の多義性は、最も多様な発話行為戦略のために役立ち得る。若者に関するアンケートの結果をまとめた記事の次の一節を考察しよう。

> 若者は化粧品の最大の消費者である。男子がこの分野で女子をうらやむことは、もうほぼ何もない。「**消費はアイデンティティの類義語だ。我々は[On]、親の職業や学業によって定義されるのではもはやなく、見た目、持ち物、旅行の計画によってなのである。**」とジョエル＝イヴ・ル・ビゴーは指摘する。　　　　　　（『ル・モンド』、1987年1月30日、14頁）

　調査にコメントしている社会学者のル・ビゴーは、発話者と観察対象である若者の非人称との間の境界を消し得る「on」で指示する。分析者はこのように観察者の位置を手放さずにいながらも、自らの位置を占有し、外側の視点と若者の視点の間の境界上に位置する。

　ここに、女性に固定貸付を持つよう説得しようとする広告がある。ここには「on」の二度の出現が見られるが、一つはテクストの最初でもう一つは終わりでである。

> いくら**私達が**[On]家計に注意しても…、「やりくり」が難しい月もあります！［中略］マリアンヌは電話しました。二日後、3000フランの小切手を受け取りました。このお金の用途について、**私共は**[On]彼女に質問しませんでした。　　　　　　　　　（COVEFI銀行の広告）

　この二つの「on」は同じ個人を指示していない。最初のものは一般化として表れ、それは、読者を、発話者を除外しない集合体に統合することを可能にする。すなわち、金銭問題を有する人の総体である。このことは、読者のフェイスを守り得るが、中傷はしない。なぜなら、皆お金の問題があるか

らだ。二つ目の「on」は少なくとも現実の世界においては、COVEFI銀行を指示する。というのも、テクスト中では、広告発話に含まれることなくお金を与える匿名の主体だけだからである。発話者はこのように、貸付の操作の外側のように表される。さらに、このテクストにおいて「私達は（nous）」の完全なる除去がある。おそらく、それは金銭取引が多くのタブーに従うゾーンを構成するからである。

## 4.3. 集合の「彼らは（ils）」

不特定の主体を指示するために、話し手は、また**集合**と言われるグループを指す「**彼らは（ils）**」を使用する可能性も有する。「天気予報で［**彼らは**］雨と発表した（À la météo *ils* ont annoncé de la pluie）[6]」あるいは「［**彼らは**］税金を増やすだろう（*Ils* vont augmenter les impôts）」等は、先行詞を指示する通常の代名詞「彼らは」とは異なり、この集合の「彼らは」は先行詞を有しない。この二つの「彼らは」の間の対比は以下に見られる。

> 42歳と40歳のコレットとジョエル・ピラールは、マメール[7]のムリネックス社の40代夫婦の一組だ！同じ工場で互いに26年と27年間にわたって過ごし、**彼らは**一緒に同じ道を通勤した。ジョエルは仕事に決して不服は言わなかったが、この間の9月だけは違った。「**彼らは**、我々の工場のコンベヤーを設置させるために私をアイルランドに派遣したがった。」と彼は言う。「それはあまりに辛すぎた。だから、ノーと私は言った。」
>
> （『パリジャン』[8]、1997年2月21日、6頁）

最初の「彼らは」は、先行詞「コレットとジョエル・ピラール」を代用する代名詞である。二つ目は集合の「彼らは」で、ムリネックス社を指す。

この集合の「彼らは」は男性複数でしか使われず、集団、つまり、全体的に捉えられ、不特定の個人からなる複数性なのである。このように、「彼らは」によって指し示される集団性は、常に特定されるグループ（ここではムリネックス社の幹部）で、決して「20歳の時には、我々は無分別だ（On est insouciant quand on a vingt ans）」のような人間というジャンルの総体ではない。共・発話者において、文脈に依拠しながらその指示対象は特定されるのだ。いずれにしても、これは人しか指示し得ないが、いかなる場合も共発話

者達を指示し得ない。以上の抜粋において、「彼らは」は調査している記者も労働者をも指示しない。労働者は、おそらくムリネックスの特定の幹部の素性を知らないが、「彼らは」と言うことで、考慮に入れていない。彼は企業の決定を、匿名の権力から発せられるものとして、彼の世界に無関係なものとして表すのだ。

## 注

1　『一般言語学の諸問題』、ガリマール、1966 年、234–235 頁。

2　［訳注］インターネット販売による格安の旅行会社。Lastminute.com。

3　［訳注］*Femme actuelle*（『現代女性』）。1984 年創刊のフランスの女性週刊誌。女性誌の中で高い発行部数を誇る。

4　［訳注］英語、フランス語が併記されている。「ノン・グラ・フリュイド・イドラタン」は「オイルフリー・モイスチャー・フォーミュラ」と同じ意味。

5　パリ第10大学言語学博士論文 *Identité lexicale et régulation de la variété sémantique*（『語彙のアイデンティティと意味の多様性の規則』）1996 年の第 7 章において、E. ソニエによって提案された分析にここでは従う。

6　［訳注］日本語ではこの場合主語は明示されないため、括弧に入れている。

7　［訳注］Mamers。ペイ・ド・ラ・ロワール地域圏サルト県にあるコミューン。

8　［訳注］*Le Parisien*。フランスの日刊紙。中道派とされる。

# 第13章
# ポリフォニーと発話責任

## 1. ポリフォニー

### 1.1. ポリフォニー概念

　話し手が語る時には、独自の考えを表明することに留まらず、話し手の位置づけに対し、多かれ少なかれはっきりと特定できる多様な別の声を常に聞かせる。ドイツの原子力発電所に関する議論に割かれた次の抜粋を考察しよう。

　　　しかし、右派は、2009年の国会議員選挙で勝利した場合、それ［原子力］に戻ることを期待している。右派によると、再生可能エネルギーの認可が遅れているため、国はまもなく原子力なしで済ますことはできなくなるだろうとする。　　　　　（『ル・モンド』、2006年8月8日、6頁）

　二行目の文章はジャーナリストによって言われているが、例えば、「右派によると (selon la droite)」が示すように、その内容の**責任**が 別の審級に付与されているのは明らかだ。これは、それが対象とする一節は「によると」が続く審級、ここではドイツ右派によって有効とされるということを示す機能がある。もし、もう少し分析を進めるなら、話し手がずいぶんと控えめであるが、別の声を聴かせていることに気づかされる。すなわち、「国はまもなく原子力なしで済ますことはできなくなるだろう (le pays ne pourra pas se passer du nucléaire avant longtemps)」という文章は、反対の意見、「国は、原子力なしで済ますことができる (le pays peut se passer du nucléaire)」というドイツ左派の考えに反論するものである。それゆえ、この否定文において、読者は二つの対立する「声」を聴く。そして、右派の声と左派の声という、これら二つの「声」はそれ自体、三番目の人の話、新聞記者の話の中で演出

されているのである。注目されるのは、この三つ目の話は中立であり、この表明された二つの見解に対して、賛成、不賛成を示していないということである。

　ここからは、新聞のコラムの第一段落を考察しよう。分析の便宜上、これを括弧つきの数字で番号を振った7つのシークエンスに分けた。


### とてもシニア

(1)年寄りとは誰か、何歳から年寄りと見なされるのか。(2)このチャーミングな、19才にしかならない若い女性の話を聞いてみよう。彼女は、つい先日整形をして、年月による容色の衰えの耐え難い印である醜いしわを取ったばかりである。(3)**「私にとって、年寄りとは、30歳、35歳の人のことだわ」**と熟考の後、彼女が言う。(4)微かな騒めきが、ミシェル・フィールドの新番組『議論を引き起こすもの』の観客席を駆け巡った。もし、彼女がここで、実際に、ステージ上にいて、ルポルタージュにおいてインタビューされたのでなければ、そのチャーミングで若い女性に、何が問題で美容整形をしたのか、往復ビンタをくらわせてやりたかったとあなた方に言いたい程である。(5)30歳で年寄り！(6)ミシェル・フィールドの周りにいた観客は、同じ繰り言を口ずさんでいた。(7)人生は50歳で始まる(60歳、70歳と観客によって異なる)。

（アラン・レモン、『テレラマ』[1]、2651号、2000年11月1日）


　言われたことについて責任を取るべき「声」の複数性は、ここでははっきりと認識可能である。

- 文(1)　二つの疑問文は匿名の声に付与され、そこで「議論を引き起こす(fait débat)」質問を提示している。すなわち、それが番組のテーマなのである。話し手はこの場合、ジャーナリストであり、読者は先験的にこの声の中に含まれている。つまりそれは、皆が今日問いかけられると見なされる質問なのである。

- 文(2)　ここで責任は全面的にジャーナリストに付与される。しかしながら、他の声の跡痕も現れる。同格(「年月による容色の衰えの耐え難い印(insupportable marque des outrages du temps)」)は、話し手によって担われているのではなく、若い少女の視点を表明していると考えられて

いる。話し手が遠回しに表しているのは、皮肉的にこの視点から距離を取っているということである。

- 文（3）　このシークエンス全体の責任はその若い少女に付与されている。すなわち、直接話法であり、発言を引用する発話者の発話行為と、引用された発話者の発話行為との間に明瞭な境界を据える方法である。
- 文（4）　発話者としてのジャーナリストは、このシークエンスの最初の文の責任を負う。反対に、二番目の文はさらに問題を提示する。確かに、この「私は（je）」はジャーナリストを指すようであるが、それは、番組のステージ上にいるシニア全員の視点を取り入れるふりをする。物事はより複雑でさえある。なぜなら、「チャーミングで若い女性（la charmante jeune fille）」の指示は、三番目の声に付与され得るもので、話し手が皮肉的に距離を置こうとしている誰かの声、若い少女を好意的と見なしているだろう人なのである。
- 文（5）　表明された発話ではなく、シニアグループのいかなるメンバーにも割り当てられる考えである。
- 文（6）　ジャーナリストに付与されたシークエンス。
- 文（7）　このシークエンスの括弧以外の最初の部分は、（5）と同様の責任を有するが、コテクストに従えば、むしろそれは直接話法の伝えられた言葉である。しかしながら、それは、実際に述べられた言葉ではなく、いかなるシニアでも言い得るであろうことの一種の要約なのである。反対に「…異なる（variante...）」という語はジャーナリストの責任によるものである。

　もっとも、このような抜粋は、何ら特別なものではないが、話や表明された思考の責任は、一人の話し手、ジャーナリストに付与すべきではないことが分かる。つまり、テクストは常に発話行為の計画を変更する。この不安定さは、著者が議論に参加する社説や時評欄のような新聞ジャンルの特徴である。しかしながら、直接一つのポジションを引き受けるというよりも、著者は声の集合を演出することを好み、その声から、著者は距離を置くか、もしくは、多かれ少なかれ控えめにその声に連帯するのである。

　この種の現象こそが、言語的**ポリフォニー**［**多声性**］と言われる理論によって研究される。最初、このポリフォニーの諸問題は、ミハエル・バフチンによって文学理論として発展された。バフチンは、「多声的」というのは、語

166

り手の声が登場人物の声を支配しない小説としていた。

　この諸問題は次に、特に 1980 年代、O. デュクロ[2] によって言語研究に広げられた。しかし、ポリフォニーの様々な理論が存在し、次のような問いに答えることが任務とされる。発話において、いかにこの複数の声が出現しているのか。それらは、いかなる関係を維持しているのか。それらは、言葉を発する話し手といかなる関係を維持しているのか。

　この本の範疇では、とりわけ技術的なこれらのモデル構築の詳細に入ることは不可能である。さらに、用語は、その分野においては、不安定で複雑である。それゆえ、この種の現象を理解するために必要ないくつかの基本的用語のみをこれから紹介していこう。

## 1.2.　いくつかの最小限の差異

　**話し手**と発話の**生成者**を混同してはならない。生成者は、物理的に発話を生成する人であるのに対し、話し手は発話行為を遂行し、「私は (je)」「私の (mon)」等が指示し、おそらく「ここで (ici)」のように指示され得る場所にいる人である。大臣の共同執筆者の一人が大臣のために演説を書く時、彼は、この演説の経験的な生成者であるが、発話者ではない。つまり、「私は皆さんとご一緒できて嬉しいです (Je suis heureux d'être parmi vous)」というテクスト内では、「私は」が指示しているのは大臣である発話者であり、その共同執筆者ではないのである。

　話し手はゆえに複数の役割を併せ持つ。発話行為を構築する人であり、転位語の指標点に使われ、自らの観点の責任者でもある人なのだ。さらには、見てきたように、話し手は他の声の話においても自分の時と同じように演出し得る。つまり、話し手が（「君 (tu)」と指示され）語り掛ける人の声であり、三人称のいかなる個人、個人グループ、または、集団の声（「人々／私達が知っているように (on sait que...)」「人々／私達が言うように (comme on dit) 等」）である。実際、この「人々／私達が (on)」は、文脈によって多様に変化する現実を指しており、また、とりわけ、この「人々／私達が」が話し手と／あるいは共話者を同化し得るか否かなのである。

　いま分析してきた二つの例が示したのは、その責任が複数の声に付与された内容は、必ずしも実際に言われた話ではなく、しばしば考えに対応しているということである。例えば、先に言及した否定の例において、「原子力な

しで済ます」は、ドイツ左派に付与された視点であり、実証された文章、引用ではない。この**視点**という概念が示すのは、「発信源」によって真実として提示され、担われた内容を指示し得る利点であるが、その「発信源」は、生身の個人である必要はない。

　話し手が発話行為において一つの視点に言及する際には、それに賛同する義務はない。例えば、以下の「ジャーナリスト的」と言われる有名な条件法においてである[3]。


　　大統領は議会を解散する模様。


　話し手は、この視点には無責任な態度を取り、言われたことの信ぴょう性に関して**中立**でいる。

　しかしまた、話し手は、その視点への**同意**を示しつつ、一つの視点の情報源でないようにも振る舞い得る。そして、結局は、上記に見たように、否定に関しては、この視点に**反論し得るのである**。


## 1.3.　ポリフォニーから生じるいくつかの現象

　しかしながら、あらゆる**否定**が、ポリフォニー的である訳ではない。最も頻繁なポリフォニー的否定は、**論争的**と言われる否定である。反対に、**描写的**と言われる否定形はポリフォニーではない。それは、事物の状態を描写するだけで、他の視点に対立することはない。例として、とても良い天気であると言うためだけに「そよ風もない (il n'y a pas un souffle de vent)」と言われる場合である。しかし、他の文脈では、この否定の発話が、論争的価値を持ち得るであろう。例えば、「船長は判断を誤った。そよ風もない (Le capitaine s'est trompé : il n'y a pas un souffle de vent)」というのは、話し手が船長の視点に対立し、反論しているものである。

　**直接話法の形をとる報告話法**が明らかにポリフォニーに属するのは非常にありきたりの現象である。なぜなら、当然、引用している言説の話し手は他の話し手に話を与えるからである。以下のように、話し手はこれらの話題の責任者としても、指呼的要素の標識としてさえも自任しないのである。


　　何日か前、午後の終わりに、ボーヴェにある農協に電話があった。電話

の最後に、動転しているような幼い子供の声。嗚咽の中で、子供は状況の重大さを自身の言葉で表現した。「ママおしごと、ママ上で寝てる…」18時半だった［後略］。

（『ル・クーリエ・ピカール』、1993年12月7日）

　話し手はジャーナリストで、三面記事のおきまりで「私は (je)」という代名詞は現れていない。受け手は、『クーリエ・ピカール』の読者である。発話行為時は、新聞の日付によって決められる。この発話行為状況 (1) 内では、直接話法の発話「ママおしごと、ママ上で寝てる (Maman bobo, maman dort en haut)」が、独立している以下のような発話行為状況 (2) を定義する。
- 　話し手は「動転しているような幼い子供」として現れる。
- 　受け手は「ボーヴェの農協組合」である。
- 　「何日か前」という時は発話行為 (1) に関連して決められる。
- 　発話者 (2) の子供がいる場所は、「上で」という空間の指呼詞が目印としての役目を果たす。

　ジャーナリストは、「ママおしごと、ママ上で寝てる」［という発話］の責任を自任しないが、発話行為 (1) 全体の責任者であり、とりわけ、発話行為 (2) があったことによる表明責任を取っている。明らかに、直接話法は、ポリフォニー現象である。しかし、独特の地位を有する。なぜなら、引用している話し手は、引用した話に言及するだけに留まらず、多かれ少なかれ忠実に、引用した話し手を**模倣**し、話を演出する。

　**譲歩**において、直接話法で起こることとの相違点は、他の視点が話し手の話に統合され、自立したものとして現れないことである。そのコテクストを広げつつ、最初の例を再度取り挙げてみよう。

　アンゲラ・メルケルを事務局長とするキリスト教民主同盟（CDU）は、（原子力発電所における事故について）性急な結論を引き出さないことを望んでいた。それもそのはず、この党は、国の電気の30パーセントを供給する原子力プログラム推進を強く奨励しているのである。
**確かに**、2005年9月の国民議会選挙の後、ドイツ社会民主党と締結された連立の公約は、前政権のドイツ社会民主党と緑の党によって決められた2020年の脱原子力の問題を再検討していない。**しかし**、右派は大

いに望んでいるのだ[4]［後略］

　「確かに…しかし（certes..., mais）」の対は、譲歩の動きを記す。「確かに」
が続く発話が示すのは、話し手が他の視点に同意しているものとして現れ、
そして次に、話し手は、「しかし」の後で責任を引き受ける視点を表す。こ
こで話し手によって譲歩された視点は、暗示的に集団の声に付与されてい
るということに注目したい。ジャーナリストは従って、「人々（on）」がし
得る反論に次のように答えている。「あなたはキリスト教民主同盟は原子力
プログラムを推進したいと言う。ドイツ社会民主党との政権公約は脱原子
力を再検討していないのであるが。（Vous dites que la CDU veut relancer le
programme nucléaire, alors même que son contrat de gouvernement avec le SPD
ne remet pas en cause la sortie du nucléaire）」と話し手が他の視点との同意を
示すこの種の譲歩のポリフォニーは、例えば、「であるので（puisque）」や「で
はあるが（bien que）」のような結合子と共に示される。
　他者の視点を統合する譲歩に頼ることは、この話し手のイメージに影響す
る。すなわち、話し手は、対立する議論を考慮できる、熟考する人というエー
トスを自らに与えるのである。
　何人かの言語学者がポリフォニーという用語で取り扱う別の現象は**前提**で
ある。あらゆる可能な議論から免れようとする発話によって伝えられる暗示
的内容のために、**前提**が話題となる。文が、疑問形あるいは否定形を取ると
しても、変化がないという事実のもとに前提は特定される。例として、以下
を挙げよう。

　　ひと月前に、ティエリー・アルディッソンは、『フォーブル・サントノ
　　レ93』［という番組］のために、［フランスのテレビ局］パリ・プルミエー
　　ルと新しい契約に署名した。選択を迫られた黒装束に身を包んだ男は、
　　「［国営テレビである］フランス2から解雇された時に、私を迎えた唯一
　　のテレビ局」のため、『皆がそれを話してる』［という番組］や公営事業
　　［国営放送］を見捨てる準備があると言われている。
　　（『テレ・ドゥー・スメーヌ』[5]、2006年5月27日–2006年6月19日、7頁）

　もし、最初の文を（「ティエリー・アルディッソンはパリ・プルミエール

と新しい契約に署名しなかった (Thierry Ardisson n'avait pas signé un nouveau contrat avec Paris Première)」) と否定形にするなら、彼が新しい契約に署名したことが否定され、反対に、形容詞「新しい」が示すように、パリ・プルミエールと既に契約があったという事実を問題にしていない。疑問形も同様である。「ティエリー・アルディッソンはパリ・プルミエールとの新しい契約に署名したのか (Thierry Ardisson avait-il signé un nouveau contrat avec Paris Première ?)」は、署名があったかどうかを知る疑問を未解決のままにしているが、暗示的に彼が以前に契約したことを報じている。この情報(「ティエリー・アルディッソンは、以前パリ・プルミエールとの契約に署名した (Thierry Ardisson avait auparavant un contrat avec Paris Première)」) は**前提**である。反対に、「ティエリー・アルディッソンはパリ・プルミエールとの新しい契約に署名した (Thierry Ardisson avait signé un nouveau contrat avec Paris Première)」は**設定**である。それは、明示的に話し手が断定するものであり、その対話者が疑い得るものである。これはこの抜粋から抜き出し得る唯一の前提ではない。例えば、同時に二番目の文章にある前提は、「アルディッソンは現在公益事業 [国営放送] で働いている (Ardisson travaille en ce moment pour le service public)」ということ (見捨てる (abandonner) によって記される前提)、もしくは彼がテレビ局フランス2を解雇された時、一つのテレビ局だけが彼を迎え入れたという事実である。

　ポリフォニーという観点から前提を分析するには、前提とされる内容は匿名かつ集団の代名詞「人々／私達は (on)」によって引き受けられ、それにより話し手は、自分が賛成していることを示すと考えられる。ある前提は常に対話者によって反論可能であるが、この場合、やり取りは、よりずいぶん攻撃的な表現を取ると指摘しよう。

　前提の際立った効果は、それが発話の意味において、前提が以下の二つのレベルを作り出すということから来ている。

- **設定**のレベルでは、明示的で、場合によっては起こり得る対話者の反論を受けた内容である。
- **前提**のレベルでは、その内容は、言うまでもないように既に確定され、あらゆる異議から免れるものとして表れる。

　これらの条件において、話し手は言わば、通常の序列を入れ替え、常に、前提の形式で問題となるもの、対話者が異議を唱え得るものを通そうとす

る。これは、取り調べで警察官が時々行うことである。例えば、「何時に外出したのか（À quelle heure avez-vous quitté votre domicile ?）」と家を出たことを否定する容疑者に尋ねる。容疑者が外出した情報は、ここで前提として示されている。

このような操作までいかずとも、前提は、論証を機能させるための通常の一要素である。ある危機管理の専門家によって引き受けられている次の発話を見てみよう。

相互連結、速度、ドミノ効果によって特徴づけられる世界で、我々を最も困難な状況に置くものは、新しいもの、未知の危険だ。

（『ル・モンド』、2006 年 8 月 9 日、2 頁）

「相互連結、速度、ドミノ効果によって特徴づけられる世界（le monde est marqué par l'interconnexion, la vitesse, les effets dominos）」という前提は、匿名の声に付与され、それに、話し手や読者は同意していると見なされる。この前提は設定（「我々を最も困難な状況に置くのは、新しいもの、未知の危険だ（ce qui peut nous mettre le plus en difficulté relève du nouveau, du risque inconnu）」）を有効にさせる。そして、それは、話し手の責任による。

次節以降では、広義の報告話法の諸問題である様々なポリフォニー現象をより詳細に検討していこう。

## 2.　テクストの責任者

### 2.1.　いくつかの差

厳密な言語学的側面以上に、文ではなくテクストの総体を考える時、**テクストの責任者である審級**を定義する問題は、大変な困難を引き起こす。現実の秩序を変える、つまり、ある文の中で、もはや、様々な視点の位置を定めたり、それらにその責任者である原因を付与するのでもない。テクストによって、言語領域は超越され、テクストが流布している文化がテクストに与える立場を考慮しなければならない。この作者という問題、「**著者性**」は、文学研究者だけのものでは全くなく、あらゆる言説ジャンルに関係している。

さらに、とりわけメディア領域の言語の生産に関しては、テクストを生成し、その唯一の責任者であろうと十分に特定されている一個人として、著者に対して一般的に作られるイメージを裏づけることからは程遠い。

この点に関して、すでにその比重を、テクストの**生成者**、すなわち、テクストを生成する個人と、**著者**、すなわち、その責任者として表される審級との間でなされた区別に付与しなければならない。しかし、この区別は実に様々な人物の事例を包括する。このようにして、広告の制作は、代理店のために働く、目立たずにいる介入者の総体を結集する。その特徴こそが、公衆に対して広告の責任者として自任するものである。反対に、例えば、活動家団体によって、執筆され、署名されたちらしであれば、一般的に制作者と活動家との間に断絶はない。テクストがある限定されたグループによって制作されるとしても、全員同じ信条を分かち合う。ここで、制作者の複数性が言わば署名する団体を代表する単位によって取り消されるが、その団体は、テクストの分割不可能な責任者なのである。

また、あるテクストに**複数の著者**が存在し、共同で署名するということが有り得る。この場合、一グループではなく、複数の個人の集合なのである。『ル・ヌーヴェル・オプセルヴァトゥール』（2003 年 10 月 23 日 –29 日、27 頁）に掲載された「ラマダン氏は私達のものではありえない（Monsieur Ramadan ne peut pas être des nôtres ）」という題目の宣言文[6]は、「ジャン＝リュック・メランション、ヴァンサン・ペイヨン、マニュエル・ヴァルス」といった三人の社会党の責任者によって署名されている。著者の複数性があるが、三人全員は、一つの同じ信条、一つの同じ精神によって結束された審級として現れる。同時に、著者の複数性は架空の名前、筆名で隠ぺいされていることも有り得る。フランスでは、「現代数学」と呼ばれるものが、実は数学者のグループを含む虚構の作者である「ブルバキ（Bourbaki）」という人の出版に基づいていた。出版物において、高官のグループが筆名を選び、匿名で自らの考えを表現することは珍しいことではない。

有益な差異は**階層化された**著者の審級と、そうではない審級との間でもまた確立されなければならない。新聞内の記事は、一人の著者によく割り当てられているが、同時にそれはさらに上位の、新聞、「編集部」という著者の審級によって支配されている。同じ記事に関して、採用される視点に従って某記者であると同時に、某新聞であるとも言われ得るのである。しかし、階

層化の別の現象も存在する。例えば、様々な著者が選んだテクストもしくは断片の文集においては、二つのレベルを引き出せる。一つは、テクストを集め紹介する作家のレベル、もう一つは異なる作家のレベルである。この階層化は**著者性の度合い**を可能にする。新聞においては、あるテクストは署名されていないし、また他のものは、イニシャルで頭文字が署名されたり、完全な名前で証明されたりしている。このような段階はどちらにしても、テクストはより上位の著者の審級、つまり、新聞の一部をなしているという事実に立脚しているのである。

　著者としては、**均質な**テクストと**異質な**テクストを対比させ得る。たばこのパッケージを構成するテクスト（あるいは、むしろイコノテクスト[7]）を考察しよう。そこに容易に特定されるのは、全く異なる二人の著者である。パッケージの上に記載されている表示の責任者であるたばこのブランドと、白い背景上に黒で書かれた規則に関する注意書きでパッケージの表の面に記載されているもの（「喫煙は命を奪う（Fumer tue）」あるいは「喫煙はあなたや周りの人に深刻な健康被害をもたらします（Fumer nuit gravement à votre santé et à celle de votre entourage）」）、また裏面に記載されているもの（「喫煙は死に至る肺がんを引き起こします（Fumer provoque le cancer mortel du poumon）」「喫煙者は早死にします（Les fumeurs meurent prématurément）」）の責任者としての国である。ここでは二人の作者間での衝突も存在する。なぜなら、メーカーは国によってうまく切り抜けられる発話が課されるからだ。この異種混合性の現象は奇異でも何でもない。出版物内の広告の立場を考えれば十分である。出版物に、そこに含まれる広告内容の責任は付与されないのだ。

　**元来**の著者性は**派生された**著者性とは区別できる。実際、著者性というのは、テクストに決定的なやり方では結びつかず、それは広く、テクストが循環し、再利用されるやり方に依拠するのである。例えば、もし、ジャーナリストが自ら署名した本において、日刊紙で発表した一連のコラムを取り集めるなら、各コラムが構成するテクストの著者性は、もはや同じではない。

- 最初に、「元来」の著者性の段階においては、コラムは二つのレベルの著者性を仮定していた。すなわち、コラム作家の著者性と、それが掲載されている定期刊行物の著者性である。
- 二番目に「派生した」著者性の段階では、コラムは、もはや一人の著者

のものとされる本の断片にすぎない。

この派生した著者性は複雑になり得る。なぜなら、もし、一世紀後に、ある歴史家が前書きと注、場合によっては、順番やテクストの数を修正してこの本を再出版したら、ヒエラルキーが、三つのレベルの著者性の間で設定されるが、そのうち、二つは派生したものである。すなわち、歴史家の著者性、ジャーナリストの本の著者性、定期刊行物の記事の著者性であり、それらは、異なる大衆に対応するのである。

## 2.2. メタ・発話者、間発話者、原・発話者

本書の範囲内では、著者性に関して遭遇し得る多数ある形態の事例を数え上げるのは不可能である。よって有用であり得るいくつかの用語を紹介するだけに留めよう。

出版物の記事の作者と、上位レベルの審級としてのその定期刊行物との間に確立される関係の型として、定期刊行物は、それら全体を形成するために補完的である記事全体の**メタ・発話者**(méta-énonciateur)と言おう。この上位発話者にこそ、固有のエートスを付与し得る。しかしながら、このエートスは、定期刊行物を構成する異なるいくつかの記事の間で、均等には配分されない。例えば、クロスワードや天気予報は、社説に比べるとずっと控えめに示される。さらに、エートスは、例えば、政治的選択のように、言葉の問題だけではないことはないがしろにできない。すなわち、それはレイアウト、写真、色の選択等においても表されるのである。

**間発話者**(interénonciateur)と言うのは、唯一の審級(委員会、党、組合、議会等といったグループ名)に割り当てられ、様々な立場での交渉結果であるテクストのためである。この場合、作者は不分割の集団実体であり、多様性の印を消そうとするテクストを表すものである。この「間発話者」は、編集者集団のいかなるメンバーの意見とも一致していない。多かれ少なかれ対立する立場の協力から生じているのだ。

時折、制度的発話者に付与されたテクストはその編集者の名前を掲載する。例えば、国連から出版された『人間開発報告書 2000 年』は「報告書作成を担当したチームメンバー(Membres de l'équipe chargée de l'élaboration du rapport)」のリストを囲みとして記している。このリストは、役割の中でもとりわけ、国際共同体がそこで、あらゆる多様性として示されることを苗字

の民族的多様性によって表そうとしている。「フィリップ・アルストン、スディール・アナン、アブドゥラーイ A. アンナイム、ラディカ・コマラスワミー、メグナド・デサイ［後略］（Philip Alston, Sudhir Anand, Abdullahi A. An Na'im, Radhika Coomaraswamy, Meghnad Desai...）」。より正確には、この報告書は著者性の異なる二面を提示する。a) 国際連合事務総長、この場合、マルク・マロッシュ＝ブラウンによって署名された「前書き」、b) 分割不可能な集団として見なされた国連に付与されるため、その編集者リストを提示するための、いわゆる定義上匿名の報告書である。この二面間の対比は、言語学的に事務総長「私は (je)」で発話されたテクストから、「私－君 (je-tu)」という一対が、方法論的に存在しない専門家のテクストへの移行によって特徴づけられたものである。

　**原・発話者**（archi-énonciateur）という概念は、演劇の発話行為研究に由来する。これは、劇作家、すなわち、演劇の作者（原・発話者）とその登場人物である異なる話し手達との間の関係を特徴づけるのに使われる。劇作家は、劇中で語らないが、それでもやはり、ある意味では、その多様な登場人物達の相互行為を通して語っているのは劇作家なのである。新聞・雑誌においては、芝居の劇作家との類似を示す装置が見られる。例として、テレビ番組の雑誌『テレ・ドゥー・スメーヌ』（2006 年 8 月 5–18 日、4 頁）の読者の手紙を見てみよう。並列されたいくつかの手紙の断片が見つけられ、それに雑誌はタイトルをつけ加えている。

### トゥールは誰に？
ローラン・フィニョンのトゥール・ド・フランスに関するコメントで感じた暴力性は、テレビ視聴者に何ももたらさず、もう少しの客観性が歓迎されるところだろう。次のように自転車走者の手ぶりを解釈してアンリ・サニエの愚行に軽く触れるコメントを言い足しておこう。「観衆にいないいないばあをしてます！」お涙頂戴だ。要するに、私が SOS を発するのは、2007 年のトゥール・ド・フランスのために客観的、能力があり、そしてプロの解説者を得るためなのだ。

エルヴェ (85)

### 真の仮装行列

[フランスのテレビ局] TF1 で 7 月 26 日に放映された『仮装行列』において、番組の勝者、すなわち、卓球選手への賞金に憤慨した。というのも、多くのネットユーザーは、番組の若いフランス人たちによって出された芝居のまさにコピーである日本のビデオを知っている。何故に、完全に繰り返され、剽窃され、模倣された内容に対して彼らに 15000 ユーロをやるというのか。おそらく新しい未公開の出し物を提案する他の候補者たちの方が値しただろうに。

マチュー、メールによる。


ここでは、これら二人の発話者は、文字を選び、断片に切り、場合によっては、訂正し、ページ上にテクストを配置し、タイトルを入れる目に見えないジャーナリスティックな原・発話者によって支配されている。

同様に、以下のタイトルがついた、ゴシップ誌『ピュブリック[8]』のこの欄に言及し得るだろう。


### 大衆の話題
### スターが発言する時


このタイトルは以下のような一連の引用と並列される。「暴力、貧乏、人種差別が私に関係する (La violence, la pauvreté et le racisme me touchent)」（シメーヌ・バリ）「私は既婚者とは寝ないわ。必要ないの。こんな愛人は十分いるわ。(Je ne coucherai pas avec un homme marié, je n'en ai pas besoin, j'ai assez d'amants comme ça)」（アンジェリーナ・ジョリー）等。この欄で、原発話者は多様な発話行為者の話を選択し、配置するだけに留まらず、それにコメントする。例えば、アンジェリーナ・ジョリーの文の下に、以下のようなものが見つけられる。「私達に一人か二人貸してくれる？ (Tu nous en prêtes un ou deux ?)」

この「原・発話行為」現象は、現代の新聞・雑誌全体の発展によって助長されるが、これについて以下のように G. ルグランがまとめている。


レイアウト、あるいは画像処理[9]のレベルであろうと、記事をより短い

第 13 章　ポリフォニーと発話責任　177

　構成要素に分割するのは、選択をより容易にし、定期刊行物の散発的読み（「ザッピング」）やビジュアルの展開を推進するためである。

　このことは「ハイパー構造」（すなわち、「グラフィック的に、再グループ化した補完的な記事とイメージの総体で、裏表の頁で可視的、可読的文字の領域の物理的制限に限定されたものである[10]」）と「マルチテクスト」の増加を説明するが、その増加は異なるジャンルの補完的記事をグループ化するのである。全ての事例において、イメージを伴う、一人のあるいは複数のジャーナリストのものとされる小さなテクストを集めながら、結局、定期刊行物と記事の間の中間的レベルを発展させることになるのだ。


注
1　［訳注］*Télérama*。1947 年創刊。テレビ、ラジオ番組や映画、芸術に関する文化雑誌。週刊。
2　［訳注］Oswald Ducrot。フランスの言語学者。
3　［訳注］フランス語では動詞の時制により表現されるが、日本語では、しばしば、例文のような「模様」あるいは「と思われます」といった責任を逃れる表現が用いられる。
4　強調は筆者による。
5　［訳注］*Télé 2 semaines*。テレビ番組情報の週刊誌。
6　［訳注］イスラム研究者、タリク・ラマダンによるユダヤ系知識人批判に際し、彼のヨーロッパ社会フォーラムへの参加に異議を唱えた宣言文。
7　「イコノテクスト」とは画像と言語が分割できないテクストのことである。広告のポスターはイコノテクストの良い例である。
8　［訳注］*Public*。芸能界のゴシップ情報、モード等についての週刊誌。
9　« Le mélange des genres dans l'hyperstructure », *SEMEN*, n° 13, 2000, p. 66. （「ハイパー構造におけるジャンルの混合」『*SEMEN*』）
10　同引用論文、p. 69.

# 第 14 章
# 直接話法

あらゆる形の報告話法 (discours rapporté) は、**他の発話行為についての発話行為**を構成する。そして、二つの発話行為的な出来事、つまり、**引用する**発話行為と**引用された**発話行為が関係づけられる。

## 1. 副次的言説のモダリティ付与

話し手にとって、発話の責任者でないことを示すとりわけ簡単な方法は、特別なマーカーを用いて、自らのものとは他の観点を表すことを指摘しながら、何かを明確にすることだ。そこで、**副次的言説のモダリティ付与**[1] について言及したい。

> **X によると**、フランスは反撃を準備している。
> 確かな情報源によると、フランスは反撃を準備している。
> フランスは反撃を準備しているらしい。
> フランスは反撃を準備している模様だ。
> 等々。

以下の三つの抜粋は、これらモダリティ要素の様々な用法を示す。

(1) **クロード・ルクレールにとって**、年金型貯蓄プランの創設は、2005 年から 2007 年に始まる人口危機を解決するのにタイミングが良い。

(『ル・モンド』、1997 年 3 月 4 日、II 頁)

(2) 会計検査院は鉱山局の理事会についての調査を完了したばかりだが、それはどちらかというと危機的である**ということのようだ**。

（『リベラシオン』、1997 年 1 月 20 日、22 頁）

（3）**ジャック・シラクにとしては**、政府は、雇用、安全、成長、改革の
四つの任務について「約束を果たした」。今や優先課題は、「失った時間
は取り戻せない。ゆえに、フランス人に、行動は続く（続けなければな
らない）と言うこと」である。

（『メトロ』[2]、2006 年 6 月 27 日、2 頁、強調は筆者による。）

（1）では、話し手は、文の始めに置いた「X にとって (pour X)」というた
だ一つのマーカーを用いて、引用した話し手の視点を再現している。(2) で
は、話し手は、同時に二つのマーカー（「ということだ (dit-on)」と［推測を
示す］条件法）を用いているが、これはおそらく自分の考えでこの断定をし
ているのではないことをはっきり示すためだ。(3) はより複雑なケースであ
る。何故なら、まず始めに、モダリティ要素（「ジャック・シラクとしては
(pour Jacques Chirac)」）は、一文より長い一節に関わる。次に、話し手は、
引用された話し手によって使われた表現をかぎ括弧に入れて引用している。
それゆえ、これは観点だけではなく、単語もまた引用されているのであり、
言わば、報告された言説が本物であることを証明するためである。

## 1.1. モダリティ要素

イタリック体にした［本書では行書体太字で示した］要素は、**モダリティ
要素**のより大きなカテゴリーに入る。それによって、発話者は自分の話の筋
道において、**自分自身の言葉にコメントをする**ことができる。モダリティ
要素は、言説を他の言説に関係づける以外の役割を持つ。それゆえ、**たぶ
ん** (*peut-être*) ／**明らかに** (*manifestement*) ／**おそらく** (*probablement*) ／**幸いに**
(*heureusement*) ／**らしい** (*semble-t-il*) ／**言わば** (*en quelque sorte*) 等もまた、モダ
リティ要素である。例えば、以下の記事において、ラペ通りの宝石店は、非
常に安い価格で有名なタチ宝石店の客を次のように考える。

我々は、新しいスタイルの顧客が誕生するのを見ました。さらに**言って
みれば…あんた私を見たかい**というスタイルの顧客です。

（『ル・フィガロ』、1997 年 4 月 2 日、24 頁）

「言ってみれば(disons)」は、発話者の自分自身の話についてのコメントを形成し、これは、少々不適切な「あんた私を見たかい(m'as-tu vu)」という表現を提示する。しかし、このインタビューは新聞記事として現れるので、結局のところ、このモダリティ要素を保つことを選んだのは記者である。

## 2. 直接話法

### 2.1. 二つの発話行為状況

副次的言説のモダリティ付与とは異なり、直接話法は、発話者に責任を免れさせるだけに留まらず、**引用した言葉を再現**しようとする。直接話法は、引用する言説と引用された言説の、二つの発話行為状況をはっきりと切り離すことで特徴づけられる。前章で言及した例、「ママおしごと、ママ上で寝てる(Maman bobo, maman dort en haut)」では、現在形「寝ている(dort)」は、この三面記事を読んでいる時ではなく、この子供が電話している時を指している。実際、転位語として、引用された子供の言葉と、引用した記者の言葉という、二つの異なる指標体系がある。

転位語の指示対象は、自らの発話行為の物理的状況によって特定され、状況が変わるや否や、直接話法において伝えられた言葉の転位語は、引用する言説の助けなしには解釈不能となる。引用する言説においては、その言説は、それが引用する言葉の転位語の指示対象を明示し直す。この説明は、引用する言説に任されているため、その詳細は、テクストによって大きく異なり得る。例えば、「ママおしごと、ママ上で寝てる」の発話者は、「取り乱しているらしい幼い子供(un jeune enfant paraissant affolé)」によって明示されており、発話行為の日時は、「数日前(il y a quelques jours)」と「18時30分(18h30)」によって明確にされている。

### 2.2. 直接話法の誠実性

時に直接話法での引用は、引用された発話者の正確な言葉の再現として紹介される。実のところ、直接話法は、**実際に言われた言葉を伝えるように義務づけられてさえ**いない。また、それは、理想、未来、あるいは規定等の発話行為であり得るのだ。

ポールは「…」と言いたかっただろう。

君は「…」と言える人を知っているかい。

君が彼に会ったら、彼に「…」と言ってね。

このような例において、原文への誠実性という問題は、意味がない。

直接話法が言われたとされる言葉を伝えるにせよ、それは、本物であることを証明しようとする**演出**、一種の模倣でしかあり得ない。いずれにせよ、実際の発言という出来事（口語では、イントネーション、身ぶり、反応する聴衆を伴う）と、全く他の文脈に置かれた引用符の中の引用された発話とは比べものにならない。引用された発話行為の状況は報告者によって再構築されるため、この必然的に主観的な描写が、引用された言説の解釈の枠組みを与えるのだ。それゆえ、直接話法は客観的にはなり得ない。つまり、その誠実性がどうであれ、直接話法は、引用する言説の発話者によって支配されたテクストの一節に過ぎず、この発話者は、引用する言説に個人的観点を与えるための様々な方法を自由に扱う。

このように、上記で言及した三面記事では、直接話法の引用は、同様に、タイトルにも現れることが分かる。

サン＝トーバン＝アン＝ブレイ[3]──「ママ、おしごと」電話口でシルヴァンが泣く。

しかしながら、ここでは、引用は一部削除されている。もはや前半部（「ママ、おしごと（Maman bobo）」）しかないうえ、さらに、複雑な導入文（「嗚咽の合間、彼は自分の言葉で状況の重大さを伝える（entre des sanglots, il exprime avec ses mots la gravité de la situation）」）の代わりに、挿入された動詞（「泣く（pleure）」）しかない。タイトルでのこの引用が他のものより誠実でないということだけではない。これらは、異なる必要性に応える、同じ素材からの**二つの異なる演出**である。タイトルでは、悲愴感で読者の注意を引かなければならない。一方、本来の意味でのナレーションは、電話の受け手の視点を用いて高まる緊張感を構築しようとしている。電話の受け手は、「取り乱しているらしい幼い子供の声（la voix d'un jeune enfant paraissant affolé）」に直面しているが、あらゆる情報を持っている記者の視点を通して書かれた

タイトルは、この誰か分からない子供に対して「シルヴァン (Sylvain)」と名前を挙げている。

## 2.3. なぜ直接話法なのか

　報告話法の様式として直接話法を選択することは、関係のある言説ジャンルや、それぞれのテクストの戦略にしばしば関連している。特に、引用する話し手は、次のことを追求し得る。

- 同じ言葉を伝えていると示すことで、本当らしく見せる。
- 距離を置く。つまり、引用した言葉に賛同せず、自身が責任を負う言葉と混同したくないのであれ、距離を置くことで、丁重な賛同、つまり、威信があり、触れられない言葉と自身の言葉との差を示すのであれ（権威の引用）。
- 客観性、誠実性を示す。

　しかし、実際には、諸発話の文脈を検討することで、直接話法を用いるように仕向けたものを分析することが可能になる。

　死亡保険のための以下の広告を見てみよう。そのキャッチコピーは、かぎ括弧入りの引用、直接話法であり、喜びにあふれた顔の二人の年金生活者の写真の横に置かれ、子供の手による「ぼくのおじいちゃんとおばあちゃん (mon papi et ma mamie)」という手書きの説明文が伴っている。

　　「私達はというと、私達は、
　　お葬式の準備は全て整ったわ！…ところで、あなたは？」
　　彼らの生きる喜びの秘密は、彼らの将来に対する備えです…例えば、彼らが亡くなった時に、なぜ近親者の悲しみにお金の心配を加えるのでしょうか。
　　お葬式の費用を知って、彼らはノーウィッチ・ユニオンのお葬式契約に入ることを決めました［後略］。
　　　　　　　　　　（『テレ・セット・ジュール』[4]、1997 年 2 月 15–21 日号）

　ここでは、広告業者によって作られた話ではないと見なすものではあるが、「直接話法による引用」について言及しよう。ここでもまた、直接話法は、他の発話行為源に帰するある言葉の特定の演出ではない、つまり、「実

際の」言葉の複製ではないと考察できる。ここで直接話法を用いることは、重要な役割を果たしている。自らの死に関することなので、当事者による広告的論証を引き受けさせることがより巧妙になされている。テクストは、その提案が直接話法で、年配の人の本物の言葉から来ているように思われる形式で考えられている。この信ぴょう性への配慮は、引用符なしではあるが、直接話法の論理も加えた「ぼくのおじいちゃんとおばあちゃん」という説明文で強められている。

## 3. 直接話法の導入

　引用する言説は、文語であれ、口語であれ、その読者に対して二つの要求を満足させなければならない。

- 　発言行為が存在したことを示す
- 　引用された言説との境界を示す

　書き言葉では、二つ目の要求は様々な方法、特に、コロン、ハイフン、かぎ括弧、イタリック体等の印刷上の方法で満たされ、引用した言葉の範囲を定める。一つ目の要求は最も頻繁に、次のことによって満たされる。

### 3.1. 記号内容（シニフィエ）が発話行為の存在を示す動詞

　以下のように、動詞は直接話法の**前**［日本語訳では後ろ］に置かれる。

　　組合代表は、「…」と**表明する**。
　　　　　　　　　　　　　　　（『リベラシオン』、1997 年 1 月 20 日、20 頁。）

［動詞は］引用された言説**内**に、**挿入節**として置かれる。

　　よく眠れなくて、くたくたに疲れていると四度目の世界チャンピオンは**打ち明けていた**。金曜日までにあったこととこの記者会見は初めの段階に過ぎない。　　　　　　　（『レキップ』、1997 年 2 月 17 日、20 頁）

あるいは、次のように、［動詞は文の］終わりに置かれる。

「私の妻はヨルダン川西岸地区で生まれた」と、50歳代の経済学者、アデル・サマラは語る。　　　　（『ル・モンド』、2006年9月13日、4頁）

　これら導入動詞の特異性の一つは、これらの多くが実際に言語行為を指す訳ではないということである。これらは他動詞である必要もない。このように、「非難する (accuser)」「わめき散らす (tempêter)」「強く非難する (condamner)」「驚く (s'étonner)」「憤慨する (s'indigner)」「冷静さを失う (perdre son sang-froid)」「錯乱する (s'égarer)」「激怒する (être furieux)」等の動詞や動詞句が直接話法の導入役をなす。例えば、以下である。

　　エリック・ド・モンゴルフィエ[5]は、**巧みに、半ば非難的で半ば嘲笑的に、わずかに難色を示す**。「しかしながら、あなたの嘘の証言が、もしかしたらベルナール・タピ[6]に、彼に対してなされた起訴から逃れさせるのを可能にしたと分かっていますか。」

　　　　　　　　　　　　（『ル・パリジャン』、1997年2月21日、10頁）

　　少女メリッサの父、ジーノ・ルッソは、「…」と**再び攻撃する**。

　　　　　　　　　　　　（『リベラシオン』、1997年1月20日、10頁）

　しかしながら、「わずかに難色を示す (esquisser une moue)」も「再び攻撃する (revenir à la charge)」も発言を示す動詞ではない。直接話法が続くことが、これらの動詞を、報告された言説の導入役へとさかのぼって変換する。

## 3.2.　前置詞群

　副次的言説におけるモダリティ付与同様、前置詞群は視点の変化を示す（「**X の言うことを信じるならば** (*à en croire X*)」「**X によれば** (*selon X*)」「**X にとって** (*pour X*)」「**X によると** (*d'après X*)」等）。

　しばしば直接話法の導入句は中立ではなく、主観的視点をもたらす。実際、導入の動詞は、引用した言説の解釈に枠組みを提供する。もし、「言う (dire)」のような動詞や「によれば (selon)」のような前置詞が中立と思われ得るならば、例えば、報告された言葉が間違いであることを前提とする「告白する (avouer)」の場合にはそうではない。次の二つの抜粋を見てみよう。

- 「とはいえ、デジタル革命の中で、顧客にテレビ放送と通信を提供したいのです」と彼は昨日、戦略を示しながら言明した。
- 「我々の経営負担は売上高よりも増加が鈍い」と専務取締役のジェローム・カゼスは強調する。

(『ラ・トリビューン』[7]、2006 年 9 月 22 日、19 頁、23 頁)

挿入節の動詞、「言明する (proclamer)」「強調する (insister)」は、二つの引用を、その話し手によってはっきりと言い切り、際立たされたものとして表す。しかし、それらを引用していることを正当化するために、このように重きを置いているのは記者でないかどうかを知ることは不可能である。

しかしまた、直接話法の動詞や導入語群がないこともあり得る。例えば、優良企業の数名の社長の人物像を描くこれらの記事内では、唯一の直接話法のマーカーは印刷上の印(コロン[8]、引用符)である。

アリエージュ県[9]を選択したことは偶然ではない。つまり、「もし私達がパリに留まっていたなら、家賃や給料は明らかにもっと上がっただろう。だが、ここ、ヴァリエス[10]では、我々は無名の企業ではない。県知事にももっと容易に出迎えてもらえるしね!」

(『ラントルプリーズ』[11]、133 号、1996 年 11 月、16 頁)

この唐突の引用は、とても短い記事の中に置かれている。短く作成し、[話し手や動詞を示さず] 直接話法を導入しないという選択は、描写される人の闘争心旺盛で、敏腕なエートスと調和しているように思われる。それは、『ラントルプリーズ』誌が共有するエートスであり、核心に迫ること、同様に急いでいると推測する読者の貴重な時間を有効に使うことへの配慮を誇示している。

導入句を省略する他の理由もあり得る。例えば、この 1997 年ヴァンデ・グローブ大西洋ヨット横断レース[12]の覇者、クリストフ・オーガンを扱ったルポルタージュ(タイトルは、「プルーディアン[13]、帰宅」)がある。

今や、クリストフとヴェロニックがこのブルターニュの片隅に移住してから 5 年目になる。「パリにはうんざりだった!海からすぐ近くの、し

かし同時に首都からも遠すぎない田舎が欲しかったんだ。」

（『レキップ』、1997 年 2 月 17 日、19 頁）

　ここでは、印刷上の印以外の直接話法の導入句の不在が、記事全体がヴェロニックの視点から彼女の生活を描くことに結びついているように思われる。全く自然に、引用符に入った一節一節が彼女によるものとされ、報告された言葉の出所が誰なのかを毎回はっきりさせる必要はないのだ。


## 4.　引用符の不在から自由直接話法へ

### 4.1.　引用符のない直接話法

　インドでの児童搾取についての次のルポルタージュでは、問題となる直接話法の一形式を見つけることができる。

　スワミ・アグニヴェッシュが異議を唱えるのは、彼によると反・生産的な、「**チルドレン　メイド**」商品のボイコット政策自体である。圧力をかけるべきなのは、絨毯や衣料販売業者よりむしろ政府であろう。いいえとカイラッシュは言い返す。なぜなら、インドでは誰も制度が変わることには関心がない。子供達は成人の給料の 5 分の 1 の支払いだから、児童労働者は誰よりも安い。それに、このことは成人失業者数と労働児童数との相関関係を説明する。「**1947 年には、1000 万人の労働児童と 1000 万人の成人失業者がいた。今日、5500 万人の労働児童と 6000 万人の失業者がいる。**」［後略］

（『ル・ヌーヴェル・オブセルヴァトゥール』、

1997 年 11 月 21–27 日、22 頁）


　「圧力をかけるべきなのは…むしろ政府であろう（c'est sur le gouvernement... ou de vêtements）」の一節は、自然に直接話法として解釈されるが、引用符も導入の動詞もなく、伝統的な直接話法とは異なる。スワミ・アグニヴェッシュの言葉そのものではなく、むしろ大体の意味を保った一つの言い換えと考え得る。それゆえ、引用符が不在であると言えよう。これは、次に続く節（「いいえと…言い返す（Non, rétorque...）」）も同様であり、これはカイラッ

シュの言葉の内容を再現しており、文字通りではないと推測できる。このように、テクストは、引用した言葉の要点となる印刷上の印がない直接話法のこの非常に特別な形と、言葉そのものを再現しようとする、テクストの最後にイタリック体［行書体太字］や引用符に入った「本物の」直接話法との間にはっきりとした区別を築くのである。

### 4.2. 総称的発話者

ここでは、引用符の不在が、引用した言葉に忠実でないという特徴にも結びつくように思われる、社説の抜粋を考察しよう。

> あらゆるヘッドハンターが、次のように言う。同じ能力と学歴で、性別の違う二名の候補者を管理職に紹介する時には、顧客は常に男性の志願者を選択する。（『ラントルプリーズ』、133 号、1996 年 11 月、11 頁）

引用された言葉の出所は、先の例のように一個人ではなく、話し手の一つの種類（「あらゆるヘッドハンター（tous les chasseurs de tête）」）である。ここでは、この発話者を指すのに、**総称的発話者**と言うことができるだろう。これは、ある全体の代表者である。個別に誰のものともできない発話に信ぴょう性を与えることはおそらく困難であると思われる。

伝統的な直接話法が再び現れるためには、引用する言説がある個人のものとされることが必要である。まさにそのことから、同じ社説内でもう少し読み進めると、引用符を伴う引用が見つかる。

> 決して歯に衣を着せることを知らなかった有名な女性闘争家が言うように、「成功するには、女性は、少女を真似し、貴婦人のように行動し、男性のように考え、馬のようにがむしゃらに働かなければならない。」
> （『ラントルプリーズ』、133 号、1996 年 11 月、11 頁）

引用符を用いることは、その人が匿名であれ、ある特定の女性発話者の**言葉そのもの**であることを明らかにしようとする意向に結びついている。

## 4.3. 自由直接話法

　一つの階級の代表、一種の**総称的発話者**のものとされる、このような報告話法は、若者達の心配事に関するある記事の次の節に、次のような別の形で見られる。

　　私の大学に手を出すな、私のラジオに手を出すな、私の友達に手を出すな…。「*私…そして他者*」と子ども研究所所長で、15–25 歳の**指標**を毎年作成する、ジョエル＝イヴ・ル・ビゴー氏は強調します。

　　　　　　　　　　　　　　　　（『ル・モンド』、1987 年 9 月 30 日、14 頁）


　直接話法のあらゆるマーカー(イタリック体［日本語版では行書体太字］、引用符、導入の動詞)を持つ二つ目の文とは異なり、一つ目の文は報告話法として示されておらず、発言の動詞も、引用符もイタリック体もない。この文を、発話者が責任を負う文章と区別するものは何もない。しかしながら、この同時代のフランス社会に詳しい読者は、それを報告話法として受け取るだろう。これは、**自由直接話法**、言い換えれば、直接話法の言語学的特徴を持つが、**いかなる標識も持たない**報告話法である。ここでは、「自分の友達には手を出すな (Touche pas à mon pote)」[14] という決まり文句の文章の非常に口語的な言い回し[15]、前提とされた知識が引用の手がかりとなる。しかしながら、この記事では、次の一つの疑問が生じる。誰が自由直接話法の発話の責任を引き受けるのか。その責任は、若者の典型であろう発話者、つまり調査が把握しようと努める発話者に付与することができる。ここでもまた総称的発話者が存在するのだ。


## 注

1　J. Authier-Revuz, *L'information grammaticale*, n. 55, octobre 1992, p. 39.(『文法情報』)から借用した用語。

2　［訳注］*Métro*。スウェーデンの Metro International 社によって無料日刊紙がパリで発行されていたが、2015 年に廃刊。

3　［訳注］Saint-Aubin-en-Bray。北フランスのコミューンの名。

4　［訳注］*Télé 7 jours*。『テレビ 7 日間』というテレビ番組紹介雑誌。

5 ［訳注］Éric de Montgolfier。ニースの検察官。

6 ［訳注］Bernard Tapie。フランスの実業家、政治家、俳優。自身が会長であったフランスサッカー1部リーグ、オリンピック・マルセイユの試合で八百長事件が発覚し、懲役2年の判決を受けた。また、1990年にはスポーツブランド、アディダス社の株式の過半数を所有、経営権を獲得。その後、その株式をクレディ・リヨネ銀行に売却する際に融資返済を迫られ、係争事件に発展した。

7 ［訳注］*La Tribune*。フランスの日刊経済紙。1985年創刊。

8 ［訳者］フランス語では引用符の前にコロンが置かれる（:«...» のように）。

9 ［訳注］ピレネー山脈中部、スペイン国境沿いの県（『ロベール仏和大辞典』）。

10 ［訳注］アリエージュ県の町の一つ。

11 ［訳注］*L'Entreprise*。『企業』という経済月刊誌。1985年創刊、2013年廃刊。

12 ［訳注］Vendée-Globe。4年に一度開催される、単独無寄港で世界一周を目指すヨットレース。

13 ［訳注］ブルターニュ地方北部、コート＝ダルモール県の都市。

14 ［訳注］1984年にフランスに作られた反人種差別団体、SOS ラシズムのスローガン。1985年に作られた。

15 ［訳注］口語によくあるように、否定の ne...pas の ne が省かれていると共に、pote という俗語（「友達、仲間」の意味）が用いられている。

# 第 15 章

## 間接話法、混合形式

## 1. 間接話法

### 1.1. 直接話法の独立した一形式

我々［フランス人］には、学校教育の練習問題によって、直接話法から間接話法に機械的に変換し得るという強い先入観がある。

> ポールは「雨が降っている」と言った。(直接話法) ＞ ポールは雨が降っていると言った。(間接話法)

様々な理由からここでは発展させることはできないが、この考えは間違いである。直接話法と間接話法は、お互いに独立している二つの引用様式であり、別々の発話規則に従って機能するものである。

間接話法に関しては、引用する発話者にとって、引用された話題を翻訳する無数のやり方が存在する。なぜなら、それは、報告された言葉そのものではなく、**思考内容**だからである。

> イギリスの映画配給者、レイ・サンティリが、エルヴィス・プレスリーの知られざる映像を探し、クリーヴランド (オハイオ) に滞在していた時、ジャック・バーネットという人と知り合ったことが我々に語られる。　　　(『テレ・セット・ジュール』、1997 年 1 月 11–17 日、10 頁)

間接話法の報告された話題は語りの動詞によって導かれた直接目的補語を従属節とした形式の下に表れる (「…が我々に語られる (On nous raconte que...)」)。直接話法で起こることとは異なり、「語る (raconte)」という導入動詞の意味が、ここに単純な目的補語の従属節ではなく、報告話法が存在す

ることを示す。実際、統語論的視点からは「ポールは雨が降っていると言っている (Paul dit qu'il pleut)」(報告話法)と「ポールは雨が降ることを知っている (Paul sait qu'il pleut)」(報告話法ではない)とを区別するものは何もない。

　直接話法と同様に、導入動詞の選択は、しばしば重大な意味をはらんでいる。なぜなら、それが引用された言説にある特定の地位を与え、解釈を左右するからである。それは、「認める (reconnaître)」という動詞によって導入された間接話法の以下の発話での事例であり、引用された言説の発話者側の間違いを前提とする。

　　さらに、製造業者は［エアバス］A320 上の VOR（超短波全方向式無線標識）の機器が国際規格ではなかったことを**認めた**。

　　　　　　　　　　　　　　（『リベラシオン』、1997 年 1 月 20 日、15 頁）

　概して、［フランスでは］現代の新聞・雑誌は、システマティックに間接話法に比べ直接話法を優先している。このことは、メディアの場で当事者の体験に極限的に近づくことと同時に、できるだけ客観的に見せることへの配慮として説明し得る。事実、直接話法は、メディアの主要な関心事の二つを満たすことを可能にする。すなわち、感動させることと情報を伝えることである。しかし、それは一つの技巧にすぎない。なぜなら直接話法は間接話法ほど「客観的」ではないのである。

## 1.2.　唯一の発話行為状況

　間接話法には、**唯一の発話行為状況**しかもはや存在しない。実際、人称と、引用された言説の時空間の標識は、**引用する**言説の発話行為状況に関連して標定される。例えば、次の文で、

　　三日前にポールは君が明日来るだろうと言った。

　「君」は引用する言説の共・発話者であり、「明日」は引用する発話行為より後の日を指している（ポールは「明日」と言えなかった (Paul n'a pas pu dire « demain »)）。「来るかもしれない (viendrais)」という条件法現在形の動詞に関しては、それは、直説話法の「来るだろう (viendra)」という直説法［単

純未来形の動詞］に対応する。これは、伝統的に間接話法では、［直説法単純未来形を条件法に変える］時制の一致と呼ばれるものの表れであり、これにより間接話法の引用は発話の自立性を失い、導入動詞に依存的になる。

　転位語の他に、指示と評価が引用する言説のものとなる。「ポールはあのジュールのばか野郎が到着したと私に言った（Paul m'a dit que cet imbécile de Jules était arrivé）」のような文では、基本的に「あのばか野郎（cet imbécile）」という評価の責任は、ポールにではなく、報告者に付与されるが、ポールはこの評価を強く共有し得るのだ。


## 2.　混合形式

### 2.1.　孤立したテクスト群

　次の文を見てみよう。

　　　フランス大統領は、これはフランス人兵士の「**生命に関わる結果**」を有し得るだろうと明言した。　　（『ル・モンド』、2006 年 9 月 13 日、5 頁）


　この間接話法では、引用する発話者はイタリック体［本書では行書体太字］と引用符を用いて、使用すると同時に言及する、つまり、用いると同時に引用する一節を孤立させた。それゆえ、少々**混合**形式なのである。全体的に間接話法ではあるが、この一節は引用された発話者に付与されるいくつかの語を含有している。このように引用された言説の発話者に付与された一節は、通常、**孤立したテクスト群**と名づけられる。

　ここで孤立したテクスト群は、引用符やイタリック体によって示される。これは、新聞・雑誌において最もよくある手法である。しかしまた、時々イタリック体だけあるいは引用符だけが見られることがある。この種の報告話法において、孤立したテクスト群は完全に統語に組み込まれる。それゆえ、［イタリック体、引用符といった］**印刷の体裁だけ**が、報告者がその孤立したテクスト群［の部分］の責任を引き受けていないことを理解することを可能にするのである。

## 2.2. 「〜ということ(que)」を伴う直接話法

これは規範に全く合わないが、［フランス語では］間接話法の導入（動詞＋「〜ということ(que)」）の後、直接話法が見られる。直接話法であるということが分かるのは、直接話法の規則であるように、転位語が引用された言説に対して定められているからである。

中世によく用いられていたこの現象は今日の新聞・出版において普及している[1]。

> 再び蘇るあふれんばかりの記憶にとらわれ、後者がその瞬間「耐えるにはあまりにつらかった。私はもう反応しなかった。観客になってしまっていた。」ということを語る。
>
> （『フランス・ソワール』[2]、1997年3月19日、5頁）

この例において、直接話法の特徴を表す引用符の中の一節は「〜ということ(que)」に続いている。報告者は引用された一節を前に、それを修正することなく「〜ということを語る(raconte que)」と置くだけに留める。

この種の報告話法の展開は、メディアの進化を示すものである。おそらくテレビの影響下（例えば、「生放送」や「街頭インタビュー」に与えられた特権）で、ジャーナリストは二股をかける。すなわち、ジャーナリストは語られる個人と距離を置くことを余儀なくされるが、それは、その個人の言葉や視点に「密着」しようとしながらである。ジャーナリストは、出来事にコメントしたり、外部の現実を描写するだけには留まらず、行為者の視点や言葉を復元することを望む。

## 3. 自由間接話法

この二つの要求を同時に満たす意向は、**自由間接話法**において見られるが、その使用は小説と比べると、新聞・雑誌においては非常にまれである。自由間接話法は、文法家によって長い間列挙されている最も伝統な混成型なのである。それは、直接話法と間接話法に固有の方法を結びつけると考えられる。孤立したテクスト群あるいは、「〜ということ(que)」を伴う直接話法との違いは、**固有のマーカーが存在せず**、文脈外では、それはそのようなも

のとして特定できないのである。自由間接話法のポリフォニーは明確に区別できる二声のポリフォニーではなく（直接話法の場合）、別の声の中に一つの声が吸収されるのでもない（間接話法の場合）が、二つの声の緊密な**混合**であり、音楽という意味でのポリフォニー（多声）なのである。自由間接話法の一節においてどの言葉が引用した発話者に属するもので、どの言葉が引用する発話者に属するか正確には言うことができない。

ムリネックスの家電製品の工場に解雇された労働者カップルの問題に関する以下のルポルタージュを考察しよう。

> ノルベール・モーリはマメールの工場によってアランソンの工場に「貸し出」されている。「うちには、もう仕事がないんだ、と彼は言う、だから、失業するよりましです。」「あそこに私は残りたい、と彼は告白する、なぜなら、私は少なくとも私の勤続年数と給料は確保できるだろうから。」ナディーヌ、彼女は、実現しそうもない計画を立てる前に、マメールで彼女への提案がどうなるかを待っている。**アランソンをね、彼女はすでに知っているんだよ。そこで、31 年前に彼女は、始めたんだからね**…テーブルを囲んで、20 歳と 11 歳の二人の娘がムリネックスの悲しい話を聞きながら、授業の復習をしている。
>
> （『ル・パリジャン』、1997 年 2 月 21 日、6 頁）

こちらでイタリック体にした［行書体太字の］一節は、自由間接話法の一節として解釈することが**できるかもしれない**。引用符がなく、三人称（「彼女は (elle)」）がある以上、それは直接話法ではない。補足節に続く動詞が不在で、間接話法でもない。実際、直接そのようなものとして自由間接話法とは判別されない。単に、ジャーナリストの語り口と、読者が労働者階級の女性に付与する傾向がある表現、つまり、くだけた口語的表現（「アレンソンをね、彼女はすでに知っているんだよ。(Alençon, elle connaît déjà...)」）との間の**不調和**が感じ取られる、この不調和こそが自由間接話法の手掛かりをつけるものである。しかし、同時に自由間接話法はここには存在せず、単に言及している社会階層の言説によるジャーナリスト言説への**混交**であるとも考えられ得るかもしれない。この事例において、ジャーナリストは労働者を描写する際に、彼らの話し方に典型的だと思われる言い回しを使うのである。

極端な例を選択したが、この文脈からは、自由間接話法であると確信をもって断言することはできない。例えば、すでに引用した以下のテクストの中のように、より明白な事例もある(第8章第3節参照)。

> 今夜は、火曜日。明日は学校がないので、子供達は、夜遅くのテレビをお願いする。**その後は、彼らはベッドに入るとお約束。**そこで、迫りくる［何を見るかの］つらい判定［後略］。
>
> (『リベラシオン』、1994年10月25日)

動詞(「お願いする(réclament)」)は話があることを示し、イタリック体にした［行書体太字の］一節を知らせる。この一節は発話者には付与されない。なぜなら、これは明らかに子供達の話だからである。また、それが直接話法としても考えられないのは、三人称［原文では ils(彼らは)が用いられている］だからである(子供達なら「私／僕は(je)」あるいは「私達は(nous)」と言うだろう)。この自由間接話法の使用は『リベラシオン』に特徴的で、言葉に関する多くの他者性(子供、ちんぴら、ロックンローラー、知識人等)をテクストの中で好んで使う。

自由間接話法は文より上位の単位を対象にし得るという利点を示す。しかし、新聞・雑誌においてはあまり使われておらず、使われるのは、孤立したテクスト群、「〜ということ(que)」を伴った直接話法や報告話法の形式、「引用を伴う要約」(次節参照)で、より少ないコストで同じ役割を果たす。


## 4. 引用を伴う要約

確かに、新聞・雑誌は、報告話法の一形態、**引用を伴う要約**をふんだんに使用するが、それは、テクストの総体に関するものである。次のテクストがその一例である。

> ［イスラエルで発行されるタブライド版ヘブライ語］大衆日刊紙、マアリヴにとって、「ヤーセル・アラファトは『ビビ』［の愛称で知られるベンヤミン・］ネタニヤフに、なぜヘブロン合意は街でユダヤ人の安全のみを気にかけるのか問う権利がある」。ノーム・フリードマンはバルー

シュ・ゴールドスタインのように「犠牲者に冷静に発砲する狂信的信者である」。彼は殺害に成功しなかったが、その行為は、ある視点からいうと、「より深刻」である。フリードマンは軍服を着て、その任務を遂行し、出口からイスラエル国防軍であるツァハルに「消去不可能な卑劣の刻印」を与えたのであると論説記者は解説する。

（『ル・モンド』、1997 年 1 月 3 日、2 頁）

　この種の報告話法は一般の規則ではイタリック体［行書体太字］や引用符の重なりによって知らされる。元の文は**言説の繋がりの中で断片として**現れるテクストの要約が問題となるのだ。引用符がなければ、オリジナルのテクストとジャーナリストの言葉を区別するものは何もない。というのも、引用された一節は、統語的に引用する言説に同化されているからである。最初（「大衆日刊紙『マアリヴ』にとって（Pour le quotidien populaire *Maariv*）」）と、場合によっては、最後（「論説記者は解説する（commente l'éditorialiste）」）で与えられた視点が、引用する言説ではなく、引用された言説の発話者の視点であることを指摘することに留められている。

　この引用を伴う要約が間接話法の利点を併せ持つと見なされるのは、報告された話題の意味を凝縮させているからであり、また、直接話法の利点を併せ持つと見なされるのは、引用された発話者によって使われる言葉を再構成するからである。ここで、「自己指示的モダリティ付与」の例がある（第 16 章第 1 節参照）。上記で言及した間接話法における孤立したテクスト群を比較し、以下のように分析できる。

　コール首相は、彼に「彼が NATO の集中化統合軍事機構へのフランスの復帰に有益で創造的な解決策」を探したことを説明した。

（『ル・モンド』、1997 年 3 月 7 日、3 頁）

　しかし、これらのテクスト群が局在化した断片であるのに対し、引用を伴う要約は**話者の介入の総体**を再構成するのである。

　ある側面では、この種の報告話法は自由間接話法に似ている。というのも、**二つの発話行為の審級**と意味されるものを通して、発話の統語的均質化があるからである。しかし、二つの手順の差異は明らかである。活版印刷に

より引用を伴う要約は明確に引用された言葉を区別するのに対し、自由間接話法においては、何もはっきり分けられない。発話行為の不一致こそが二つの声を聞かせるのである。この不一致は場合によっては二声間の緊張（アイロニー、嘲笑、侮蔑等）を引き起こし得るのに対し、引用を伴う要約は、引用された話の視点の後ろで消し去られることを望む。

　［フランス語において］引用を伴う要約は、ほとんど新聞の書き言葉に特有なものであるが、そこでは反対に自由間接話法は滅多にない。事実、引用を伴う要約は、**参考資料的**な意図を有するが、それは正確な話、つまり、客観性の倫理に立脚し、できるだけ慎ましやかにするよう引用する言説の声を導くのである。それは、語り手の視点とその登場人物の視点との間の境界で作用する限りにおいて、自由間接話法を重視する文学的語りの事例ではない。


## 5.　行為者の視点を再構成する

　既に強調したのは（第13章第1節参照）、話者、すなわち、登場人物の視点で、人称及び時空間の指呼詞の視点は、文において、表明される知覚や思考、話の源として表せる審級では必ずしもないということである。このことは話し手にある考え、もしくはある知覚を三人称で言及した登場人物に付与し得るが、いわゆる報告話法には関わることはない。

　例として、水脈探査人に関するルポルタージュの冒頭を考察しよう。


　　水はここにある。確かな動作で、水脈探査人は、蛍光塗料のスプレーで床に十字を描く。野菜栽培業者は不満を示す。**二つの納屋の間に挟まれた農園の角は一杯で、畑からは程遠い。**土地の真ん中で試みたらどうかと、彼は、遠慮がちに提案する。［後略］

　　　　　　　　（ベロニック・モウルス、「水脈探査人の春」『ル・モンド』、
　　　　　　　　　　　　　　　　　　　　　2006年5月2日、16頁）


　「二つの納屋の間に挟まれた農園の角は一杯で、畑からは程遠い（À l'angle de l'exploitation, coincé entre deux hangars, l'endroit est encombré, loin des cultures）」という文を［強調のため］イタリック体［行書体太字］にした。

これは、話に関してではなく、ある事物の状態の知覚に関する思考である。読者はこの描写がジャーナリストの視点からではなく、野菜栽培者の目を通したものであることに気づく。すなわち、彼の期待が裏切られたことを見ることである。

　ここで登場人物の視点は、彼の視点であることをはっきりと示すマーカーなしに表される。より明確にそれを示すことは可能であるが、それは、登場人物の話し方とジャーナリストの話し方との間の差を強調しながら、あるいは、引用符をつけながら行われる。このことは、例えば「狩猟、釣り、自然、そして伝統」という［フランスの］政治組織の党員の人物像を描く以下の記事においてなされている。

　　　現在、アンドレ・ノワイエは 68 歳である。彼は一年契約で、自宅から 50 キロの所にある 340 ヘクタールの私有林の狩猟権利を借り、ボランティアで 26 人の狩猟家を束ねるアソシエーションを運営している。シーズンの間、彼らのために毎週狩猟パーティーを行う。**「しかし、それ以上はないよ、狩猟の獲物を採り尽くさないためにね」**。
　　　狩猟していない時も、アンドレは多くの時間を森の中で過ごす。「いつもすることがある。鳥のために穀粒をやったり、獲物を解放したり、彼らの移動を見守ったり、それ、道の泥の中にあるのは、ノロ［小鹿のこと］の跡、雌だね。重いと思う。子供を産む準備をしてるんだ。そっとしておいてやらなくてはならない。野獣の中で生活するのが好きなんだ。狩猟に専心すること、それは自然保護の真の仕事だ。」
　　　何もすることがない時でさえ、「見回りに」来て、彼が直した狩猟小屋の前に座ることを好む。「私は世界中のどこにも自分が同じように気分良く感じられるだろう場所がないことを分かっている。」
　　　　　　　　　（イヴ・エチュード、『ル・モンド』、2002 年 4 月 17 日）

　第一段落の最後の行（「シーズンの間…ためにね（Pendant la saison...*le gibier*）」）まで、読者が印象を持ち得るのは、テクストが、外部からアンドレを描写するジャーナリストによって引き受けられていることである。しかし、「しかしそれ以上はないよ」を結びつけている事実は、実はこれが言及されたアンドレの視点であることを考えさせておく。一種の混信が生じる。読者は、

確かにジャーナリストによって引き受けられた発話を読んでいる印象を持つが、それは、登場人物の視点を採用しているのである。第三段落で、「見回りに」という表現の使用は、自発的にアンドレに付与されたものであるが、読者に文全体が同様にアンドレの視点の表現であることを考えるよう促す。

　第二段落も同様である。非人称の描写の要素はアンドレの視点を表現する（「狩猟していない時も…(Le reste de l'année...)」「何もすることがない時でさえ…(Même quand il n'y a rien à faire...)」）は、登場人物が「私は (je)」を用いる直接話法を伴い変化する。彼の思考と話の表現の補完的な二つの戦略である。一方は間接的で、他方は直接的である。より一般的には、このやり方によって、知覚、思考、話を区別することが非常に困難になる。

　一視点の表現、もしくは、自由間接話法の中に身を置いているかもはやはっきり分からない故に、わずかなことで十分なのである。例えば、上で引用した水脈探査人に関するこのもう一つの抜粋にそれが見受けられる。

　　野菜の栽培業者は、息をひそめた。ブルゾンとゴムブーツに身を包み、彼は教師の前の児童のようであった。彼自身「少し水脈探査人」であると告白し、不器用に切られたヘーゼルナッツの杖を示した。しかし、彼は数筋の水しか見つけない。彼の三つの井戸は、数立方メートルしか［水を］産出せず、土地が乾いているとき、夏はさらに少ない。トゥール[3]郊外の河川の二支流の間にある6ヘクタールに水を撒くのに全く十分ではない。昨年、彼は3000立方メートル［の水を］水会社から購入しなければならなかった。ひと財産だ。それゆえ、技術者を来させたのだ。彼は信頼する。10人の従業員のヴァン・アンゲン・フォラージュ社は結果を保証する。もし、予測された深さと供給量で水が見つからなければ、客は何も払わない。他社と同様にここでは、ひとかどの水脈探査人全てにとってこれが規則なのである。

　この抜粋で、「しかし、彼は…見つけない (Mais il ne trouve...)」から最後までの一節は、単なる野菜栽培業者の視点の再構成と自由間接話法との境界上にあるのだ。これら二つの手法の間、つまり、そこに連続性があるものの間では切り離すことは不可能なのである。

　この種の発話行為は演出された個人の視点を再構成しようとするもので、

新聞・雑誌ではとても頻繁になった。それは、テレビの進化と並行して、ジャーナリスティックなルポルタージュの発展を示唆する物であり、コメントと引き換えに、個人の証言を繰り返す。今日のジャーナリストは外側の世界を絶対の権限を持って記述する誰かであることはまれで、それよりも、その外側の世界は、共感を重要視し、ジャーナリストが言及する登場人物の目を通して、読者に知覚させようとする誰かなのである。

**注**

1　この種の報告話法については、マニュエル・ブルナ・ケヴァス(Manuel Bruna Cuevas)の論文、「que に導入される直接話法(Le discours direct introduit par que)」(*Le Français moderne*(『現代フランス語』), 1996, 1, p. 8-50)参照。

2　[訳注] *France-Soir*。1944 年にパリで創刊した保守系の夕刊全国紙。経営難のため 2011 年で紙面発行を取り止め、ネットでのニュース配信となった。

3　[訳注] Tours。フランスの中部の都市で、アンドル＝エ＝ロワール県県庁所在地。

# 第 16 章 自己指示的モダリティ付与、引用符、イタリック体

## 1. 自己指示と自己指示的モダリティ付与

### 1.1. 自己指示

直接話法では、既に引用符を扱った。自らが引用する発話の両端に引用符を置くことで、発話者は、この発話に**言及**していることを示す。すなわち、発話者は話し手が最も頻繁にそのようにするのと同様に、**語を示し**、語を通した現実を示すのではない。この引用符の役割は、一つの発話ではなく、切り離された語に言及する時に見られる。例えば、もしある文法家が次のように言うとする。

「猫」は男性形です[1]。

ここでは、この「猫（chat）」という語は引用符に入れられているが、それは、これがその記号表現と記号内容を伴う**言語学的記号を示している**からであり、動物ではないからである。

発話者が諸記号自体を指示するこの種の用法は**自己指示的**と言われる。これは、語が言語の外の現実を指示する**標準**と言われる慣用に反する（例えば、「その猫は黒い（Le chat est noir）」の「猫」）。自立的用法においては、引用符の中にあるまとまりは、類義語のまとまりで置き換えられない。例えば、以下の発話を見よう。

「chien（犬）」は 5 文字である。
「カルフールと一緒、私、ポジティブ」はスローガンである。

「犬（chien）」を「人の親友（le meilleur ami de l'homme）」で、「カルフール
と一緒、私、ポジティブ（Avec Carrefour je positive）」は「カルフールのスー
パーのおかげで、私は人生を良い方向から見つめる（Grâce aux hypermarchés
de la marque Carrefour je vois la vie du bon côté）」では置き換えられない。こ
れに対して、以下の置き換えは、標準的な用法では可能である。

　　犬／人の親友はフランスで大切にされている。
　　私は、カルフールと一緒だとポジティブだ／私は、カルフールのおかげ
　　で、人生を良い方向から見つめる。

## 1.2.　自己指示的モダリティ付与

　引用符の自己指示的用法とは別に、非常に頻繁に見られるもう一つの用法
がある。

　　モスクワ［ここではロシア政府のこと］は、1990年代に大手外資系企
　　業に払い下げた炭化水素の鉱脈を「再び手中に収めること」を追求して
　　いる。　　　　　　　　　　　　　（『ラ・トリビューン』、2006年9月22日、8頁）

　この種の用法は**自己指示的モダリティ付与**である。これは、語を引用符に
閉じ込めず、それにより、発話者が自らの言説をある意味では二分するよ
うな技法全体を含む。発話者は、自らの言葉を発すると同時にコメントして
いるのだ。このように、自身の言葉について話すことで、発話者は、自らの
発話行為における一種のループを作り出している[2]。これは、次の「うーん
（hum）」のケースであり、発話者が、「実に綺麗（très jolie）」という自らの用
法にコメントすることを可能にする。

　　その横で、監督で俳優のゲーリー・シニーズは、ジョージ役を完璧に演
　　じている。とにかく、いつも少し邪悪なシェリリン・フェンは、うーん、
　　実に綺麗だ。　　　　　　　　　　　　（『リベラシオン』、1994年10月25日）

　上記の「発話者が自らの言説を**ある意味では**二分する（l'énonciateur
dédouble *en quelque sorte* son discours）」もまた、自己指示的モダリティ付与が

なされている。「ある意味では (en quelque sorte)」という定型表現は、「二分する (dédouble)」という動詞が部分的に不適切であることを示すが、だからといって文を中断させることはない。

自己指示的モダリティ付与は、「ある意味では (en quelque sorte)」「私に言わせてください (passe-moi l'expression)」「言うなれば (si je peux dire)」「あるいはむしろ (ou plutôt)」「すなわち (c'est-à-dire)」「X として言えば (pour parler comme X)」「あえて言えば (je devrais dire)」「つまりは (enfin)」「あらゆる意味で (à tous les sens du mot)」等、非常に多岐に富んだカテゴリーと構文に関わる。そしてまた、イタリック体、引用符［フランス語では « »］、中断符［...］、丸括弧［( )］、ダッシュ記号［--］といった印刷字体にも関わる。本章では、引用符と、イタリック体を若干考察する。

## 1.3. 自己指示的モダリティ付与の種類

J. オティエ゠ルヴューズは、自らの発話行為に関する発話者のこれらのコメントを、「発言の不一致」と呼び、多様なカテゴリーに分類する。

- **対話における不一致**。これは、自己指示的モダリティ付与が共話者間での隔たりを示す時である。「私に言わせてください (passe-moi l'expression)」「言うなれば (si l'on peut dire)」「もしよろしければ (si vous voulez)」「お分かりのように (vous voyez ce que je veux dire)」「あなたがおっしゃる通り (comme vous le dites si bien)」といった定型表現を通して表される。

- **言説自体の不一致**。発話者は、自らの言説内で他の言説を表現する。そこには、参照から、他の発話の出所まで、複数の引用のマーカーが見られる。「X が言うように (comme dit X)」「X の言葉を借りれば (pour reprendre les mots de X)」「スノッブに言えば (pour parler comme les snobs)」「… と言われている (le soi-disant...)」「いわゆる (ce qu'on appelle)」等。

- **語と物との間の不一致**。これは、使われた語が、指示しようとされる現実に正確に一致していない時である。「X というべきもの (Ce qu'il faut appeler X)」「言えるかもしれない (on pourrait dire)」「何と言えばいいか (comment dire ?)」「X と言えるかもしれない (j'allais dire X)」「X あるいはむしろ Y (X ou plutôt Y)」「もし名前をつけるならば (s'il faut donner un nom)」等。

- **語自体の不一致**。そこでは、発話者は、語意が曖昧であることに直面する。「その語のあらゆる意味において（à tous les sens du mot）」「本来の意味では（au sens premier）」「それを言うのに良い機会だ（c'est le cas de le dire）」等。


## 2. 引用符に入れること

### 2.1. 解釈のための符号

　書き言葉では、引用符による自己指示的モダリティ付与が最も目立たず、最も頻繁である。ほとんどのモダリティ表現（「うーん（hum）」「ある意味では（en quelque sorte）」「私に話させてください（passez-moi l'expression）」等）は、文の他の所とは別の発話次元に位置づけられており、どの要素に掛かるのか明確に示していないのに対して、引用符は、統語的繋がりを乱すことなしに、関係する要素を印刷上で際立たせる。次の二つの例を比べることでそのことが分かる。

　(1) そして、それゆえ段階的に家族手当を支給することになったが、その額はもはや実際の子供の経費とは一切関係がない。例えば、子供2名に671フラン。貧窮者にはきっと不十分であるし、金持ちにはきっと取るに足りない。8歳の子供でもたやすく何かうまくいっていないと分かることだろう。——［原書では引用を示す：］これが少なくとも言えることだ。

　(2) 結局、家族手当の普遍性はタブーである。なぜなら、普遍性は、多かれ少なかれ、心の中でシステム構想に結びついており、それは、明確に、暗黙に、あるいは無意識に家庭環境が常に関係している。つまりそれは、あらゆる階層における、子供のいない世帯と子供のいる世帯との間での所得の「横の」再分配を保証する。

（ジャン＝ジャック・デュペイル、『ル・モンド』、

1997年10月18日、18頁）

第 16 章　自己指示的モダリティ付与、引用符、イタリック体　207

　発話者は自らの語が現実にうまく合っていないことを示すために、(1)の
「これが少なくとも言えることだ(c'est le moins que l'on puisse dire)」や(2)に
おける引用符(「横での(horizontale)」)といったモダリティ要素をもまた頻繁
に用いる。最初の方は、比較的はっきりとした意味を有している。統語論的
観点では、これは文に組み込まれず、挿入節のコメントの形で加えられてい
る。さらに読者は、このモダリティ要素が何にかかっているか特定する必要
がある。反対に、引用符を伴うと、自己指示的モダリティ付与がどこに掛
かっているか正確に分かる。すなわち、形容詞「横の」はそれが現れる文の
統語法に完全に組み込まれている。
　しかし、読者にとっては、「横の」を際立たせるこれら引用符がいかなる
意味を持ち得るのか理解する必要がある。実際、引用符を語の両端に置くこ
とで、発話者は共・発話者にこの語に注意を払わせるだけだが、なぜこのよ
うに発話者が自らの注意を引こうとするのか、なぜこのように自らの発話に
切れ目を作るのかを理解する役目は共・発話者に任される。引用符が示すも
のは、「解釈上の一種の**欠落**であり、補完すべき空洞である。」[3]それゆえ、
文脈によって、引用符は非常に様々な意味を持ち、上記で言及した四種類の
自己指示的モダリティ付与に属する。
　次の二つの例を考察しよう。

### (1)マリ共和国トゥアレグ族の襲撃で、13 名が死亡

マリ共和国の行政省によると、この最近の「反逆者」襲撃は 13 名の死
者と 17 名の怪我人を出した模様［後略］。

（『ル・モンド』、1994 年 10 月 25 日）

### (2)売春斡旋業者が家出の若者を勧誘

［前略］当初、男が自分たちを待っていることに常に気づいてはいない
これら若者達は、男が「品」定めをする 10 区のホテル＝ブラッセリー
まで躊躇なくついていく［後略］。

（『ル・クーリエ・ピカール』、1994 年 2 月 28 日）

　(1)の例では、知識豊富な読者は「反逆者(rebelle)」を引用符に入れてい
るのは、これがマリ政府のプロパガンダの語であること、記者がそれに自

らが責任を負うのを拒否していることを推測し得る。(2)の例では、おそらく、発話者が「商品（marchandise）」を引用符に入れるのは、この語が人間に用いるには不適切であることや、売春斡旋業者の視点を表わしているからではなかろうか。また、この二つの解釈は完全に両立し得る。

　しばしば、引用符にある［言語］単位を入れることは、それはすなわち、その責任を他者に差し向けることである。ここでは、発話者が自らと区別しようとする他者とは、マリ政府や売春斡旋業者である。他の場合には、この他者とは、次のようなものである。

- 　ある特定の社会集団に使用される要素（若者、ブルジョワ等）
-　ある政党、宗派、学術分野等に使用される要素
-　常套句、ステレオタイプ等

　これら引用符は、時にモダリティ要素を伴うが、それは、その使用の原因となることを明示する。例えば、次の文では、引用符は「自称（prétendue）」というモダリティ要素と、この言説が距離を置く「他者」（ここでは「北京［中国］政府（le gouvernement de Pékin）」）を特定する丸括弧内のコメントに結びつけられる。

　　　この自称「**帰属**」（これは北京［中国］政府が使用する用語である…）は、最近の歴史的フィクションでしかない。

　　　　　　　　　　　　（『ル・ヌーヴェル・オプセルヴァトゥール』、1672 号、
　　　　　　　　　　　　　　　　　　　　　1996 年 11 月 21-27 日、68 頁）

## 2.2.　引用符の解釈

　自己指示的用法とは異なり、これら自己指示的モダリティ付与の引用符は**義務ではない**。発話者は読者に、自らの言説が自分自身のものと一致しないことを示すが、一般的にその理由を示すことはない。その理由を見つけ、引用符を解釈するためには、読者はその文脈と、特に言説ジャンルを考慮しなければならない。

　地方紙では、引用符は政党紙より極めて少なく、読者側に解釈への多大な努力を要求しない。広告もまた、引用符に頼ることは少ないが、それは、その目的が大衆間での対立、限定された集団内での暗黙の了解を引き起こすことではなく、合意により結集することであるからだ。

上記の(1)の例では、『ル・モンド』の記者は、自らの読者がこの「反逆者(rebelle)」という語がゲリラであることを知覚するために、国際事情に十分に通じていると推測する。しかしまた、記者が引用符をつけたのは、そのモデル読者は『ル・モンド』にある表象(真面目、客観的等の表象)を抱いており、それに合わせなければならないために引用符をつけるとも言えよう。つまり、そこには読者の期待に合わせた巧妙な策略があるのだ。

反対に、(2)の例は、地方紙であり、モデル読者はより未分化とされる(第3章第4節参照)。「商品(marchandise)」が引用符に入れられているのは、人間は一つの商品に還元されるべきではないという広く受け入れられている考えをなすからだ。これは、月並みな考えである。この語を用いることで、記者は売春斡旋業者が憎むべき人間であることを示す。そして、引用符に入れることで、この語は、新聞の編集局と読者が共有するのとは別の価値世界に属していることを示すのだ。

引用符が適切な解読の対象と成り得るためには、発話者と読者の間の最小限の**暗黙の了解**がそれゆえ必要なのである。そして、読者によって成し遂げられるあらゆる解読は、この暗黙の了解という感情を強めるのだ。引用符を用いる発話者は、意識的であれ、無意識的であれ、読者の解読能力を予想するために、自らの読者像を構築しなければならない。記者は期待されていると推測されるところに(あるいはもし驚かせたいのであれば、期待していないところに)引用符を置くことになる。逆に、読者もまた、解読を成し遂げるために発話者の理想世界像を構築しなければならない。

このことは、次の『リベラシオン』から抜粋した映画コメントを通してみるとよく分かる。ここでは、大多数の新聞であれば、引用符に入れるであろうかなりの数の用語が引用符に入れられていない。

### 私生活のない女

この1984年に公開された映画で、何かにつけてヌードになる(いまだに『サロメの季節[4]』から抜け切れていない)ヴァレリー・カプリスキーの野生的なダンス、ドストエフスキーの『悪霊』を編集する赤毛の映画監督フランシス・ユステールというありそうもない複雑な役や、写真家を下手に真似た若手のランベール・ウィルソンのそこまでは奇妙でない役が記憶に残る。

（「テレビ」欄、『リベラシオン』、1997 年 2 月 20 日、43 頁）

「ヌードになる (dépoilé)」「赤毛の (rouquemoute)」「奇妙でない (zabri)[5]」を引用符に入れないことで、発話者はこれらの日常使わないような語が当然新聞読者の言語世界に属することを示す。実際の読者がこれらを知っているかどうかは重要ではなく、発話者は、これらを身近に感じるモデル読者の存在を前提としている。そうすることで、発話者は、『リベラシオン』の位置づけを斜に構えつつ定義する。そこでは、記者たちは言語使用域を混ぜながらあらゆる閉じられた言語領域、あらゆる偏見から解放された個人のエートスを示す。実際、これが完全に識別し得る、新しい世界を定義する。つまり、「『リベ』スタイル」があるのだ。

　反対に、マルクス主義哲学者の作品冒頭から抜粋した次の数行では、**読者との暗黙の了解が [言語] 単位を引用符に入れることにより確立されるが、それは他の文脈ではおそらくそうはならないであろう。**

　　この形式で提示されたマルクス・レーニン主義国家の「理論」は本質に
　　触れており、ほんの一瞬たりとも重要な点はそこにあると意識せずにい
　　ることは問題外であった。国家装置は国家を、プロレタリアートに対す
　　るブルジョワ階級とその支持者によってなされる階級対立における実行
　　力、抑圧的介入力、「支配階級に仕えるもの」として定義するが、それ
　　はまさしく国家であり、まさしくその根本的「役割」を定義するのであ
　　る。
　　　　（ルイ・アルチュセール、『国家のイデオロギー諸装置』[1970 年]、
　　　　　　『ポジション』、ソシアル出版、1976 年、77 頁再録）

「支配階級に仕えるもの (au service des classes dominantes)」の語群に置かれた引用符の解釈は、当時、マルクス主義的慣用表現を知る機会があった1970 年の読者にはそれほど難しいものではない。マルクス主義的語彙がずいぶん流布されなくなっている今日では、これはそう簡単ではない。そして、「理論 (théorie)」と「役割 (fonction)」の引用符はアルチュセールの思想をよく知らない人には解釈がかなり難しい。この種の言説において思想を述べることは、読者がこれらの思想を表現するテクストの引用符を解読できる

ようにすることである。「理論」と「役割」を引用符に入れることが当然で
あると思われる読者は、定義上、著者のモデル読者、つまり想像上の分身で
ある。理想としては、その本の用語に手が届き、よく理解できた読者のみが
作者の意図に従って引用符の解読をすることができる。実際には、常に解釈
するのに過度の引用符がある。すなわち、テクストは、その作者が引用符を
付ける時に予測し得ないような解釈可能性を明るみに出すのだ。

## 2.3. コテクストの役割

　引用符を解釈する際には、直接的コテクストもまた重要な役割を果たす。
例えば、既に言及した「15–25歳（15–25 ans）」に関する調査を要約した
記事の以下の抜粋で、記者はある時は若者達の言説を支配するような言説
をし（「若者は化粧品の最も重要な消費者である（Les jeunes sont les plus gros
consommateurs de produits de beauté）」参照）、またある時は自らを若者達か
ら分け隔てる距離を縮めようと努める。

> これらの若いフランス人達は、彼ら自身の特徴、あるいは、自ら自身の
> 野望の一つを具現化するモデルを探し求める。［中略］テレビによって
> 作られ、確かさよりも感情に基づいた一連の人物描写。今日、我々は「感
> じる」ことを好む。我々は感動させるものに賛同するのだ。
>
> 　　　　　　　　　　　　　（『ル・モンド』、1987年9月30日、14頁）

「感じる（sent）」を囲む引用符は「我々（on）」と「今日（aujourd'hui）」とい
う転位語に結びついている。実際、「今日」は読者と若者達を近づける（これ
は彼らに同じ発話行為状況を共有させる）のに対し、「我々」は発話者、共・
発話者と非・人称（第12章第4節参照）との間の境界をぼかす効果を生む。
ここで、引用符の使用は、接近と距離を取ることとの間で妥協点を探す発話
行為の特徴である。もしジャーナリストが引用符を用いなかったならば、若
者達の言説を採用していただろう。もし若者達の言葉使いの特徴と見なされ
る「感じる」という動詞を用いなかったならば、ジャーナリストは反対に、
これら若者達とは異なる世界に位置づけられていただろう。

## 3. イタリック体

### 3.1. 引用符とイタリック体

引用符と同様に、**イタリック体**も自己指示に用いられる。

　　**猫**は男性名詞である[6]。

そして自己指示的モダリティ付与であれば、

　　ポールはとても**今風**だ。

しかし、これら二つの印刷上の記号には違いがある。

- 引用符は発話に**付け加えられる**が、イタリック体は発話内に**入れられる**。これは単に字体の変化である。それゆえ、何も引用符とイタリック体を併せ持つことを妨げない。新聞・雑誌はそれを遠慮なく行う。
- 自己指示的モダリティ付与では、イタリック体は**外国語の単語**や、特定の［言語］単位を**強調する**ために好んで使用される。ちょうど**外国語の単語**と**強調すること**を際立たせるためにイタリック体［行書体太字］にした。これに対し、それにより自らの言葉が偶然の一致でないことを示す発話者側の**留保**である時には引用符がよりふさわしい。

しかし、これは一傾向でしかない。多くの場合、引用符とイタリック体は無差別に用いられる。現代社会におけるコミュニケーションについての以下の本では、引用符とイタリック体の割り振りは、主要な使用法に従う。

　　「演繹的厳格さ」「理論の確かさ」「道徳的連帯」「論理的一貫性」といった**ホモ・タイポグラフィクス**［活版印刷人］なこれら古風な表現方法は、契約、組織、党、綱領、公教要理、教科書の時代を特徴づける。これらの中に**また**、エレクトロニクス以前のいまだに硬直な限られた資産や相続的支えの使用と効率を最大限に利用することを目指す**経済措置、慎重行動あるいは節約行動**を見出すことは、これらの価値を落とすものではない。印刷、断片とメモ、ビデオクリップや「意味ありげな言葉」、ラジオ放送のインタビューの編集係に有用な一面の「衝撃的なタイト

ル」や「速報」の時代は、メディオロジー的には、昔の冗長さや慎重さの中に、趣味の悪さよりも社会不適応者の遅れを見出すのに十分な根拠がある。　　　　　　　　　　（レジス・ドブレ、『一般メディオロジー講義』、

パリ、ガリマール、1991年、198頁）

　著者は強調する（「**また**（*aussi*）」「**経済措置**（*mesures d'économie*）」「**慎重行動あるいは節約行動**（*conduites de prudence ou d'épargne*）」参照）と同時に、外国語の一節（ラテン語「**ホモ・タイポグラフィクス**［活版印刷人］（*homo typographicus*）」）を切り離すためにイタリック体［行書体太字］を用いている。引用符については、作者は、「他者」の声とされる表現から距離を取るために使用する。つまり、時代遅れの人々の世界観の特徴とされる用語（始めに置かれた名詞群）や現代ジャーナリストの用語（「ちょっとした一言（petites phrases）」「衝撃的なタイトル（titre choc）」「速報（la minute）」）である。

## 3.2.　様々な用法

　複数の形式（引用符、イタリック体、引用符とイタリック体の兼用）が競合する際に起こるように、特異な一作家、一分野、一ジャンル、一言説タイプに固有の用法が据えつけられる。このように、読者はこれらの変化に適応せざるを得ない。今日、新聞・雑誌は、直接話法における引用でイタリック体と引用符を併用する傾向があるが、これは単純な引用符に頼る大衆的な新聞・雑誌以上に、『ル・モンド』や『ル・フィガロ』のような新聞ではより顕著である。

　新聞はまた、これら二つの印刷上のマーカー、引用符とイタリック体を、技術的問題を解決するために使うことができる。例えば、直接話法が間接話法内にはめ込まれた時、挿入された引用はイタリック体に、挿入する引用は引用符に置かれ得る。

　　被告人は語る。「1993年6月19日、ヴェルサイユでの会議の時に、私はタピと廊下ですれ違い、彼は私に言う。*私の協力者が私のスケジュールを確かめた。6月17日、君は私の家にいた。私は答えた。そうできるかもしれないね、それが君に都合がいいなら、分かったよ。*」同じ日の夜、メリックはサン・ペール通りでの夕食に招待される。

（『ル・パリジャン』、1997 年 2 月 21 日、11 頁）

　報告話法でないが自己指示的モダリティ付与である時、イタリック体と引用符の割り振り方は、新聞か、さらには記事か、記者か他のものかによって異なる。

　　ビートン[7]の非常に「**ハイ・ボヘミア**」な世界では、ファッション写真
　　に捧げられた仕事が確実に集大成を構成する。［中略］彼の素晴らしい
　　写真は、非常に「制御された」何かを表出させながら、しばしば憂慮す
　　べき興奮に打ちひしがれている。

（『リベラシオン』、1997 年 2 月 20 日、34 頁）

　引用符に入れられ、発話者側の留保を示す「制御された（commandé）」とは異なり、「**ハイ・ボヘミア**（*high bohemia*）」という用語はイタリック体［行書体太字］と引用符により際立たされているのは、これがおそらく英語起源の語であるからだろう。これに反して、単純なイタリック体は、一般に、筆者が外国語の語や表現、あるいはタイトルを自己指示的モダリティ付与なしに引用する時に用いられる。

- ヨハネ＝パウロ 2 世は**セディア・ゲスタトリア**、つまり、教皇御輿［担ぎ椅子］をすぐさま廃止した。
- 反響を呼ぶちょっとした一言についてのテレビ・ショーで、ニコラ・サルコジは**ハベムス・パパム**［教皇が決まったという意味］な雰囲気で、彼自身、自らをはやし立てることを引き受けている。

（『ル・ポワン』[8]、1699 号、2005 年、27、103 頁）

## 注

1 ［訳注］フランス語の名詞は男性形、女性形があるが、猫(chat)は男性形である。

2 この種の現象に対して「ループ」と述べているのはJ. オティエ゠ルヴューズ(J. Authier-Revuz)である。彼女がこの問題に捧げた次の著書を参照のこと。*Ces mots qui ne vont pas de soi. Boucles réflexives et non-coïncidences du dire*, Paris, Larousse, 1995.（『自身のものではないこれらの言葉──発言の反射ループと不一致』）

3 J. Authier-Revuz, *op. cit.*, t. I, p. 136.（前掲書、第 1 巻、136 頁。）

4 ［訳注］「オスカー・ワイルドの『サロメ』に基づいて、南仏コート・ダジュールを舞台に、男を翻弄する 18 歳の乙女のひと夏を描いた官能映画。」(Stingray Co., Ltd. のサイト、*allcinema ONLINE* 解説)

5 ［訳注］「奇妙な(bizarre)」の逆さ言葉。

6 ［訳注］既に示した通り、日本語版の本書ではイタリック体の代わりに行書体太字を使用する。

7 ［訳注］Cecil Walter Hardy Beaton。1904–1980 年。イギリスの写真家、舞台芸術家。ファッション写真やポートレートで活躍。

8 ［訳注］*Le Point*。1972 年創刊。左派系の週刊ニュース雑誌。

# 第17章

# 諺、スローガン、アイロニー

　これまで考察したポリフォニーの事例は、特に、直接話法、間接話法、自由間接話法、そしてそれらの混合形式という報告話法に属する。自己指示的なモダリティ付与と共に、どのように発話行為が発話責任を調整することで発話行為自体の内側にずれを作りだすのかを考察した。ここでは、より目に見えにくいポリフォニーの事例、すなわち、**諺、スローガン**の事例を検討し、発話者が他者の話に基づいて、自らの話を強調し得る**傍受**や**転覆**の過程を考察したい。

## 1.　諺の発話行為とポリフォニー

### 1.1.　諺

　諺的な発話行為は根本的にポリフォニーである。発話者は自身の発話行為を、先になされた無数の発話行為の反復、すなわち既にこの諺を発したあらゆる話し手の発話行為として表す。しかし、これは用語の通常の意味での引用ではない。諺（「二兎追うものは、一兎をも得ず（Qui trop embrasse mal étreint)」「この父にして、この子あり（Tel père, tel fils)」等）を言うことは、実は自らの声を通して、他者の声、「民衆の知恵」を聞かせることであり、それらに発話の責任を割り当てることなのである。発話者は、この発話の源を明示しない。共・発話者こそが、以下に依拠しながら、諺を諺として特定する。

- その**記憶**に基づくもの。諺は、ある言語の使用者全体によって、そのようなものとして知られている沢山の発話に属するからである。さらに、諺は、辞書に掲載されている。
- **言語**特性に基づくもの。諺は、それを定着させ、その記憶化を容易にする、特定の制約に従う。それは、一般的に、二項対立的に短く構造化さ

れている（「けちんぼおやじに（À père avare）／放蕩息子（fils prodigue）」
［意味：短所はまた別の短所を生む］、「こんにちは、眼鏡さん（Bonjour
lunettes）／さらばだ、お嬢さん方（adieu fillettes）」［老眼は色恋沙汰の
納め時］等）。それは、しばしば韻に頼る（例えば、上記の諺における
-ette）か、同じまたは近い数の音節の品詞を関係づける。つまり、互い
の品詞の統語的、あるいは意味論的調和を確立する。例えば、「**難なき**
**成功、栄誉なき成功**（À vaincre *sans péril* / on triomphe *sans gloire*）」のよ
うに。それは、大抵の場合、古風な構成や言葉に依拠する。さらに、必
ず非転位である。つまり、特別の発話行為状況に投錨されない一般化で
ある。それゆえ、諺は、個人、あるいは唯一の出来事を参照できない。
むしろ、特別なエートス、通常の口語のやり取りの流れとは対照的な
「格言調の」調子を用いて発話される。このエートスは、発話者と断定
の責任者、「民衆の知恵」の「人々／私達は（on）」との間のずれを示す
ことに寄与する。

　ある意味では、諺の発話者はこの「人々／私達は」の部分をなす。つまり
実際、「民衆の知恵」がある言語の話し手達の共同体自体である限り、それ
ぞれの話し手は、非間接的にこの審級のメンバーの一人である。しかし、こ
の所属は間接的でしかありえない。なぜなら、「民衆の知恵」は現在の話し
手を超越し、太古、遠い昔の経験から伝わる。すなわち、そのような諺を誰
が、いかなる状況で作り上げることができたか問うことに意味はないのであ
る。それゆえ、時に諺を古風な表現で表す性質は、まさに、その起源が辿れ
ないほど古くからの特徴を示すのである。


## 2.　スローガン

### 2.1.　諺と広告のスローガン

　広告の**スローガン**は諺と類似している。無数の話し手によって繰り返され
ることを目的としたこれらの短い表現は、また、それ自体、韻、音節的、
統語的あるいは語彙的規則性を巧みに操る。諺と同様に、それは、一種
の引用である。例えば、「コネクションなしで未来はない（Pas d'avenir sans
connexions）」（「コネクション」ブランドのスローガン）あるいは、「そうさ、
コカ・コーラ（Coca-cola, c'est ça）」という人は、これらの発話の責任者を自

任しておらず、その出典を明示せず、共・発話者が知っていると考える引用として表す。

しかしながら、諺とスローガンの間には、重要な違いが存在する。スローガンは一般的に範囲が限定された社会歴史的文脈から分離不可能であるが、それは、それらが大抵の場合、販促するブランドの固有名詞を含むからではないだろうか。「カルフールがあれば私ポジティブ（Avec Carrfour je positive）」「SFP、信用の第一要因（SFP, le premier facteur de confiance）」等の発話において、カルフールやSFPという固有名詞が理解され得るのは、ある一定の時期と場所に生活している人達によってのみである。

さらに、スローガンの語用論的価値は諺の語用論的価値とは大きく異なる。諺は、世界のあり方に関する断定であり、それは、真実を言い張る。その発話者は、既に設定された一般的な枠組に特別の状況を関係づけるために諺に依拠し、共・発話者に二つの間の関係を決定する役目を任せる。例えば、「二度あることは三度ある（Jamais deux sans trois）」は、慣習的に一つの出来事が繰り返される状況に結びつけられている。それとは逆に、スローガンは、より暗示に関するものである。それは、何よりもまず、潜在的消費者の記憶にブランドと購入論理の組み合わせを固定することを目的とする。

## 2.2. スローガンの発展

時代を通して安定している諺と異なり、スローガンはメディアの発達に敏感である。かつての「特売」の時代、スローガンはとりわけラジオによって伝えられていた。それは、広告メッセージの本質を凝縮しなければならなかったため、韻、言葉遊びのかなり厳格な構造があった。「デュボ、デュボン、デュボネ（Dubo, Dubon, Dubonnet）」（アペリティフ）、「イア・ボン・バナニア（Y'a bon Banania）［うまいバナニア[1]がある］」「プルコワ・ピコン？パスク・セ・ボン（Pourquoi Picon ? Parce que c'est bon）［どうしてピコン[2]？だってセ・ボン（美味しい）］」等。今日では、スローガンはよく雑誌で読まれたり、テレビで聞かれたりする。それは、イメージやストーリーと分離不可能で、沢山の他の記号において捉えられ、記憶されるよう仕向けられた厳格な構造から解放される。例えば、「オーダーメイドのスリム療法（La cure minceur sur mesure）」（ウィークエンド）、あるいは「卓越した技（L'art d'être unique）」（カルティエ）は、厳格な構造を有していない。重要なことに、ラジ

オが支配的メディアだった時は、ブランド名は、スローガンの中に組み入れられていた（デュボネやピコンは発話の中に現れる）。それに対し、現代の広告スローガンは実に頻繁にブランド名から分離されている（「ベターな状態での到着。キャセイパシフィック航空（Arrive in better shape. CATHAY PACIFIC）」「モンディアル・アシスタンス保険――あなたを助けるために出来る限りのこと（MONDIAL ASSISTANCE : L'impossible pour vous aider）」「フランス電力――当社は皆様に照明以上のものを与える義務がある（EDF : Nous vous devons plus que la lumière）」）。それゆえ、自己指示的な言い回しのスローガンよりも、言葉とは異なるものに訴えるキャンペーンの構成素の一つを作ろうとするのである。

## 3. 他の発話についての発話

### 3.1. 他の発話のほのめかし

ここまで、複数の発話源が組み合わされるポリフォニー現象を検討してきた。これらの現象を、ある一つの発話の背後に、有名な発話に関する諸発話や一節を読み取らせる、新聞・雑誌や広告のこの絶えず見られるやり方と混同することはできない。それは、いくつかの新聞・雑誌記事のタイトルにおける癖でさえある。低所得者向けに分割払いで販売するクレージー・ジョルジュという店に割かれた記事（『ル・ヌーヴェル・オプセルヴァトゥール』、1672号、1996年、32頁）は、以下のようにそのタイトル「アロー・モワン＝モワン・ボボ（Allô moins-moins bobo）［もしもし、より少ない痛み］」を、アラン・スーションの「アロー・ママン・ボボ（*Allô maman bobo*）［もしもし、ママ、痛いよ］」の歌のタイトル上に組み込んでいる。バスケットボールの試合に関する記事（第3章第4節参照）、「そしてカーターがカットする…（Et Carter disjoncta...）」については、それは聖書における天地創造の言い回しへのほのめかしである（「そして神が言った…（Et Dieu dit...）」「そして神が光を昼と名づけた（Et Dieu nomma la lumière, jour...）」等）。この種の発話においては、例えば、「アロー・ママン・ボボ（Allô maman bobo）」と「アロー・モワン＝モワン・ボボ（Allô moins-moins bobo）」の間のように、言及される発話とそれらについて構築される発話との間に興味深い意味の関係は存在していないと指摘しよう。これは、すなわち遊びのエートスを明らかにしなが

第 17 章　諺、スローガン、アイロニー　221

ら、二つの発話を一つに読み取らせることで、何よりもまず読者を惹きつけることなのである[3]。

## 3.2.　傍受と転覆

　現象が全く異なる意味を取るのは、それがある孤立した抜粋に寄生する時ではなく、**テクスト、あるいは言説ジャンル全体を模倣する時である**。ほのめかしの制限された枠組から抜け出すのだ。この場合、模倣するものと模倣されるものにおいて、その関係が純粋に遊戯的であることはまれである。その関係によって、模倣する言説がアイデンティティを構築し得るのである。

　例えば、次のように、スローガンが諺を模倣する時がある。「犬が吠えてもリー・クーパー[4]は進む（Les chiens aboient, les Lee Cooper passent）」（諺「犬が吠えても隊商は進む（Les chiens aboient, la caravane passent）［大事の前に小事なし。言いたい奴には言わせておけ］」参照）、「小さなヴィソー[5]も積もれば大きな光を為す（Les petites Visseaux font les grandes lumières）」（「小川が集まって大河になる（Les petites Visseaux font les grandes rivières）［塵も積もれば山となる］」参照）。ここで模倣は意味をもたらす。すなわち、スローガンにとって、諺は一種の理想を構成する。というのも、実際、あらゆるスローガンは、諺の権威を持つこと、あらゆる状況で使用されるように、普遍的に知られ、ある言語の発話者全体に受け入れられることを望む。

　「模倣」について語ることは、あまりに曖昧である。実際、一つの言説は**傍受**と**転覆**という二つの対照的な戦略に従いながら別の言説を模倣し得る。

　テクスト T0 を**傍受する**ということは、それと同じ方向に進みながらそれを模倣することである。スローガンが諺を模倣する時がその事例である。スローガンは、自らの便宜で諺に結びつけられた語用論的意味を傍受しようとする。反対に、**転覆**は、テクスト T1 という模倣するテクストが、T0 の評判を落とすことを目指す時である。それは、パロディー戦略である。

## 3.3.　言説ジャンルと実例のあるテクスト

　傍受するにせよ、転覆するにせよ、模倣は異なる二つの次元に関わる。それは**言説ジャンル**の次元と**実例のあるテクスト**の次元である。

- 次のようなスローガンの事例においては、諺的な**ジャンルの傍受**が

あるだろう。「乗り越えること、それが重要である (Se dépasser, c'est essentiel)」(RTL[6])。実際、この発話は諺の言語的特性を持ち、そのように使用され得るだろう。反対に、「犬が吠えてもリー・クーパーは進む (Les chiens aboient, les Lee Cooper passent)」における実例のある諺の傍受がある。ここでは、大衆は、難なく傍受した諺を再発見できる。

- **言説ジャンルの転覆**があるためには、パロディーの諺を想像しなければならないだろう。すなわち、諺のジャンルそのもの、「民衆の知恵」の権威を疑うのである。これはメディアでは滅多にない事例だ。しかし、シュルレアリスト[7]の詩人ポール・エリュアールとバンジャマン・ペレの『当世風にした 152 の諺』にその良い例を見つけられる。彼らは、1925 年に不合理な諺を以下のように制作して楽しんだ。「ベレットは木製ではない (Berette n'est pas de bois)」「歩道は性別をかき乱す (Le trottoir mélange les sexes)」「急ぐものは道に迷う (Qui s'y remue s'y perd)」「三が雌豚をなす(Trois font une truie)」。「民衆の知恵」そのものが笑い物にされる。この点についてシュルレアリストの詩人達は広告の言説とは対照的に対応する。すなわち、彼らはあらゆる形の紋切型の言説、世論を攻撃するのに対し、広告は概して、それが依拠するステレオタイプを強化することを必要とする。

# 4. 転覆からアイロニーへ

## 4.1. ポリフォニーとアイロニー

考察してきた転覆の場合、発話者がテクストやジャンルをそれらの評判を落とすために「摸倣する」。発話者は、自身の発話行為を評価するために自身が転覆したものに対立する。しかし、先行するジャンルやテクストの異議なしで、そこに転覆があり得るのだ。それが**アイロニー**と呼ばれるものである。

話し手が、卑俗な態度を示したばかりの誰かについて、「何と魅力的な男！(Quel homme charmant !)」と言うと仮定しよう。少しでも、発話行為が、口頭で、特別な調子でなされるか、書き言葉で距離を取っていることを様々な指標記号(中断符、強調語等)が示すならば、共・発話者は、それがアイロニー的な発話行為であると推測するだろう。アイロニー的な発話行為は、自らの評価を下げ、まさに発言される動きの中で転覆される特徴を表す。この

現象はポリフォニーの範疇に分類されるが、それは、この種の発話行為は、一種の演出として分析され得るからである。その演出によって、発話者は自らの口で、真剣に無作法な言葉を言うかもしれない滑稽な登場人物［の声］を聞かせるが、話す時でさえ、様々な指標記号によって距離を置いている。

諺とアイロニーの間には類似と相違がみられる。双方ともが一人の発話者を含むが、その自らの声において、発話の責任者として設定した他者の声を特徴的な調子で聞かせるのである。しかし、諺においては「他者」は高く評価された審級であり、それを発話者は間接的に引き合いに出すが、それに対し、アイロニーの場合は他者の評価は下げられる。さらに、いかなる発話行為も、定義上は、諺の発話行為も含めアイロニーになり得るが、諺は確固としたストック、つまり、文化遺産に属する。結局、諺は、明瞭に、それがそういうものだと自称するのに対し、アイロニーは本質的に曖昧である。アイロニーは容認されるものと棄却されるものの間の境界上に留まる。時に、決定不可能であることはアイロニーの性質である。この場合、共・発話者は、発話者が皮肉的か否かを決定するには至らない。

**アイロニー的な諺の発話行為**の場合、例えば、三つの声を区別しなければならないだろう。

- 「民衆の知恵」の「人々／私達は(on)」の匿名の声
- 真剣に諺を言うだろう滑稽な登場人物の声
- 先行する声を自らの話において演出し、それとは距離を置く話し手の声

## 4.2. いくつかの例

書き言葉では、アイロニーとして発話行為を解釈するために、声の調子や身ぶりに依拠することができない。発話を「文字通りに」取らないように警戒しなければならない。次の抜粋を見てみよう。

結局、統計は有益である。オランダの機関 NOW は、勤労人口に関する調査に着手した。その調査の結果、明らかに決定的な結論が出た。すなわち、勤労はうんざりだということである。少しそのことを疑っていたが、これで、今後我々はこの重要な直観を強固なものとする。

（ピエール・ジョルジュ、『ル・モンド』、1997 年 10 月 18 日、36 頁）

読み始める読者が、先験的に、最初の文章がアイロニー的と考える理由は全くない。しかし、様々な指標記号がそれを他の道に置くのである。すなわち、「勤労人口 (populations laborieuses)」といういささか学者ぶった婉曲表現、「決定的な結論 (conclusion sans appel)」あるいは「重要な直観 (intuition majeure)」といった誇張法と、「勤労はうんざりだ (le travail, c'est fatigant)」という、中心的な発話の月並みな言葉との間の不一致である。

アイロニーを割り出すことは、時に、もっと容易である。

> 一人の大物気取りの人物、売り場長が、ある日、地区の「横柄な人」、あるいは、ばかで、酒飲みで、いじわるな「曹長」呼ばわりされたのではない。そうではなくて、侮辱されているのは同業者全体なのですよ、ムッシュー。
>
> （ピエール・ジョルジュ、『ル・モンド』、1997 年 11 月 26 日、36 頁）

ここで最後の文章は明らかにアイロニー的である。記者は彼自身の発話行為と、このような記事の状況とやっとのことで相いれ得る対話状況において誇張して表現する話し手の発話行為との間に断絶を差し込む。ここでは、自由間接話法 (第 14 章第 4 節参照) の限界に位置しており、ゆえに、話し手が話題の責任者とは異なるのは明らかである。

逆に、同じ記者が次のように書く時がある。

> 第 24 回目、仮に、パポン訴訟[8]の公判の最後の日、事件が相変わらず取り扱われなかったとしよう。まず、覚えていなければならないことがある。まさに驚くべきは、裁判所が、優先的に事件の本質に触れず、何週間も事件のまわりでうろうろし、何日も、そこにじっとして、あまりに重大な歴史の序文執筆や前置き場面で留まっているこの力量なのである。
>
> （『ル・モンド』、1997 年 11 月 19 日、34 頁）

形容詞「驚くべき (stupéfiant)」は、賞賛的な解釈 (それゆえアイロニー的)、あるいは賞賛的でない、憤慨しているという解釈 (それゆえアイロニー的でない) が可能である。書き手は、言葉で操りながら (例えば「うろうろし (tournicoter)」)、あるいは、規範の逆を取りながら (「優先的に本質に触

第 17 章　諺、スローガン、アイロニー　225

れず (ne pas aller prioritairement à l'essentiel)」)、一定の距離を維持しようと
する。書き手は、ユーモアが求められるこの欄に伴うジャンルの契約を尊
重し得るが、段落の最後が示すように (「あまりに重大な歴史 (une histoire si
lourde)」)、テーマの重さがそれに勝る。ゆえに、アイロニー的解釈の仮説
に基づいていた読者は、その読みを修正するように誘導される。

### 4.3.　攻撃的アイロニー

　以上のいくつかの例で、攻撃的アイロニーについて語ることはまずできな
い。「貧困と排斥との戦いの週刊誌」である『リチネラン』[9]から抜粋したこ
の「我々の読者には発言権がある」欄については、それは当てはまらない。

> **私は何も必要としていない**
> 共和国大統領閣下、首相、そして全ての大臣閣下の皆さま、下院議員の
> 皆さま、上院議員の皆さま、私はあなた方に私の所得税を減らし、1.3
> パーセント年金を上げてくださったことをお礼申し上げに参りました。
> 私は何も必要としていないので、なおのこと、さらにもう少し私の資本
> と購買力を上げることができるでしょう。
> 私の隣人は私に対して益々仏頂面をします。彼は月に 6500 フランしか
> 稼ぎません。育てなければならない二人の子供がいます。彼は何につい
> て不平を言っているのでしょうか。彼は税金を払っていないのに。
> 　　　　　　　　　（『リチネラン』、124 号、1997 年 2 月、13 頁）

　このテクストをアイロニー的だと解釈することを可能にする指標は二種類
ある。一つは、媒体（貧困層によって売られ、彼らの問題について語る雑誌
であること）とタイトルとの間の不一致、もう一つは、話題に無責任なこと
をだんだんと明らかにする特徴を伝達している、厳密な意味でのテクストで
ある。

　このような例においては、アイロニーの転覆的な力が考察される。攻撃文
書が**外部**の発話者に反して文句を言うのに対し、パロディーは、**内部**から、
明らかに**奇妙で歪められたもの**として提示された発話行為の立場を崩壊し、
アイロニーは敵対者が**自己破壊する**ように、話題を引き受けさせるふりをす
る。

## 4.4. アイロニーと引用符

　アイロニーの機能は、自立的なモダリティ付与の特権的形式である引用符の機能についても想起させる。二つの事例においては、発話行為の審級の一種の内的分割が存在する。引用符の場合、発話者は一つの表現を使用し、言わば、それを非難し、そこから実際には引き受けないことを示す。アイロニーの場合、発話者が話すと同時に、無効とする発話を生産する。さらに、引用符とアイロニーは、多様な度合いの現象である。表現の発話者による棄却が記される引用符があり、対立極に、解釈が困難な距離を軽く取るに留めるもう一つの引用符がある。同じように、究極のアイロニーが存在するが、それは、演出された登場人物のあからさまな信用失墜や、反対に、アイロニー的な「色」のみを有する発話行為が存在する。しかし、そこでは、発話者は自ら距離を置き、共・発話者ははっきりと二つの視点の断絶を感じることはないのである。

**注**

1　［訳注］*Banania* とは粉末チョコレートドリンクのフランスブランド。スローガン « Y'a bon *Banania* » は、第一次世界大戦の時のセネガルの現地人歩兵隊を参照し発案され、今日では、人種差別的表現として捉えられている。

2　［訳注］フランス陸軍軍人としてアルジェリアに派遣されたガエタン・ピコンが、現地の薬草に興味を持ち、退役後の 1837 年に製造したのが始まりのリキュール。

3　この問題についての体系的な考察は、G. Lugrin : *Générique et intertextualité dans le discours publicitaire de la presse écrite*, Berne, Peter Lang, 2006.（『新聞・雑誌広告における汎用と間テクスト性』）に見られる。

4　［訳注］Lee Cooper。英国のジーンズ・メーカー。

5　［訳注］Visseaux。フランスの電気メーカー

6　［訳注］ルクセンブルクのラジオ・テレビジョン・ルクセンブルク（Radio Télé Luxembourg）の略。1931 年創立。

7　［訳注］詩人アンドレ・ブルトンが中心となって提唱したシュルレアリスム（Surréalisme）という芸術運動を行う芸術家。

8　［訳注］Maurice Papon。フランスの元政治家。第二次世界大戦中に対独協力したヴィシー政権高官として、ユダヤ人多数を強制収容所に送ったとして、1980 年代以降、「人道に対する罪」に問われ、有罪とされた。

9　［訳注］*L'Itinérant*。1994 年創刊。イル＝ド＝フランス地方で販売されている週刊紙。ホームレスが販売者として路上で売り、収入を得る。

# 第18章

## 遊離発話

　ここまで、通常の引用現象について考察した。引用現象において、一節はあるテクストからの抜粋で、新しいテクストの連続の中に挿入されている。しかしまた、遊離されたと言えるような発話として作用する引用も存在する。つまり、大抵の場合、単文で構成され、あるテクストの流れの中に挿入されてはいないという意味で、自立的で、簡潔な発話（「有名な引用」「定型表現」「文」等）である。ここでは元来自立的な発話（例えば、諺、標語、スローガン等）ではなく、ある特定の話し手のテクストから切り離された発話に関心を向ける。現代メディアの仕組みでは、この種の引用が多用されるが、それは政治家の「ちょっとした一言」や、タイトルの役目を果たすか、あるいは、新聞・雑誌記事の注に載っている数え切れない引用である。

## 1.　過剰断定

### 1.1.　遊離

　数多くの遊離発話は、偶然そうなっている訳ではない。実際、それらが抜粋されたテクストの中で既に**遊離可能**の一節として現れ、元のテクスト外で伝わるよう運命づけられているのだ。この「遊離可能性」は様々な方法で示され、これら様々な指標は併せ持つことができる。

　とりわけ、

- その一節が一般的価値を持っている場合。
- その一節がとりわけ目立つ位置、特に、あるテクストまたはテクストの一部分の文頭や文末に置かれている場合。それはしばしば関係する一節全体の意味を要約することに結びつく。
- その発話行為が、発話者の表現の「誇張」を示し、発話者がより誇張しているように思われる議論されているある問題について立場表明する場

合。

- その内的構造が強固な場合。その一節は、遊離発話をより際立たせ、より容易に記憶できるものとする。例えば、シンメトリーな統語構造、メタファー、語呂合わせ、逆説等。
- 　発話者のコメントがこの一節の特別な地位を強調する場合。例えば、「この重要な真実。つまり…(cette vérité essentielle : ...)」「私にとって、重要点、それは、…(pour moi, le point clé, c'est...)」

　ここでは、「引用」とは言えない。これは、単なるその他の諸発話との関係で行われた強調なのである。この種の現象を**過剰断定**と呼び、遊離可能とされたある一節は、**過剰断定された**と言える。

　例として、経済のテーマを扱った記事のこの最終段落を考察しよう。

### フランス・テレコムが民営化へ

　［前略］そして、他の二つの象徴的形式であるルノーとエール・フランスという、真に世界的ナンバー1となれるよう民営化され、最後の国営として救われた公的な二つのグループと同様、フランス・テレコムが「フランス企業」への困難な変身を遂げる番だ。なぜなら、**この21世紀初頭においては、同様に良い株主でなければ、良い産業をなすことは不可能だからだ。**

（「Y. Le G.」と署名された記事、『ル・フィガロ』、

経済面、2004年9月2日II頁、強調は筆者。）

　最後の文章は過剰断定と考えられる。なぜなら、記事を締めくくり、中心的テーマと関係づけられているからであり、そしてまた、専門家の意見の価値の一般化であり、そこでは発話者がある原理を断定するためにお高くとまっているように思われるからだ。

　この過剰断定は、新聞における事例でよくあるように、記事のパラテクスト[1]内で遊離されていない。これはおそらく、そもそも自分のイニシャルでしか署名していない筆者の権威の不在によって説明がつく。事実、筆者のアイデンティティはこの問題において重要な役割を演じる。一般的な規則では、彼らが有名な理由がどうであれ、重要と判断される話し手の過剰断定は遊離される。これは明らかにインタビューの場合である。なぜなら、誰かを

インタビューするということは、その人が、少なくとも、その関係するテクストが含まれる世界において権威を持っているということを前提とする。このように、モード雑誌『ジャルーズ』[2]では、一人の「クリエーター」、フセイン・チャラヤンの次のインタビューがあり、彼はタイトル形式のパラテクスト内に「私はとてもセクシュアルだ（Je suis très sexuel）」と姿を表す。次の遊離された文章はテクスト内で過剰断定である。

> 新聞・雑誌はあなたに「インテリ」のレッテルを貼っています。**あなたはむしろロックンロールではないでしょうか（笑）。**
> 伝統的な意味ではそうだとは思わないが、ギタリストには何かしらとても肉体的で、とてもセクシュアルなものがある。この意味では、そう、私はロックンロールだ。人々は、あなたは仕事を知的に処理するので、とてもセクシュアルな人にはなれないと考える。**この二つは拮抗するものではないよ！私は今も、今までもずっととてもセクシュアルだよ。**
> 　　　　　　　　　　　　　　　（『ジャルーズ』、No. 58、2003 年 3 月、159 頁）

　イタリック体［行書体太字］にした文章を過剰断定するのに役立つ様々な指標とは、最後に置かれていること、もったいぶった口調を与える誇張的反復による構文（「私は今も、今までもずっと（je suis, et j'ai toujours été）」）、つまり、決まり文句の（話し手の先のイメージに対して）少々矛盾した、挑発的な特徴である。切り離しの際に、記者によって短くされている点を指摘したい。この点については後述しよう。

　現代メディアの中は、遊離発話だらけである。記者や彼らの共同執筆者達は、（タイトル、小見出し、説明、要約、インタビュー等の）引用へと替えるべく、テクストから断片を切り取ることに時間を費やしている。それは例えば、遊離された文章がその話し手の名前に結びつけられている、この記事タイトルにおける事例である。

> 都市大臣ジャン＝ルイ・ボルロー、特別対策都市地域に関して「集合住宅地区は普通の地区にならなければならない」
> 　　　　　　　　　　　（『リベラシオン』、2003 年 11 月 10 日、14 頁）

同様の観点から、フランスで、テレビ放送メディアが「ちょっとした一言」と名づける現象にも言及できる。これらの短い引用は、ニュース番組内で絶え間なく反復されるように切り分けられる。実際、これら「ちょっとした一言」がそのようなものであるのは、元のテクストの話し手がそのようなものであること、つまり遊離可能で、流通される運命にあることを望んだのか、あるいは、ジャーナリストが自らの切り抜きを正当化するためにそのようなものであると言っているのかを明確にするのは不可能である。いずれにせよ、受け取られ方を予測する伝統的な駆け引きによって、公職のプロフェッショナル達は、自らの言葉についてなされる再利用を予想し、それゆえに、遊離をコントロールしようとする傾向にある。このように、メディアに親しんだ話し手にとっては、後の流布を助長するよう、遊離し得るものにするために、諸発話を特別なテクストの地位に——最も頻繁なのはテクスト単位の終わりに——位置づけることが慣例となる。まるで、話し手がどの要素を再び取り上げて欲しいか大まかに示すかのようだ。以下は、週刊のテレビ情報誌に掲載された、俳優サミュエル・ル・ビアンのインタビューでの事例である。

　　新しい役を演じることは、自己の発見に旅立つこととおっしゃっていますね。今回は何を見つけましたか。
　　弟との関係だよ。弟が16歳になった時、両親が離婚した。退学し——彼も兄貴同様とても動揺していたんだ——、私と同居しにやって来た。私は23歳で、歳も若くて、実に不器用ながらも彼の世話をした。私が失敗したところで、成功するように、最良のものを与えてやりたかったんだ。要するに、**父親の役を演じることを望んだけれど、その力はなかった。**
　　女性たちを誘惑するには、ラファはとても子供っぽいですね…
　　その通り。そこは私に似ている。大人っぽい雰囲気を出そうとする私の努力にもかかわらず、頼んでもいないんだけれど、私には子供っぽい部分がある。成長すると、我々は常に一人前ぶる。思春期には、私は男らしさを前面に出すべきと求められていた印象がある。脳天気な面が、それを、うまく隠したに違いない。結局、**演じる時や誘惑する時には子供に戻るんだ。**
　　（『テレ・スター』、2003年4月12–18日、17頁。強調は筆者による。）

俳優の二つの返答の最後に置かれた二つの発話は過剰断定で、それゆえ、遊離可能である。テクスト単位の終わりというこの位置によって、再表明の結合子（「要するに (bref)」「結局 (finalement)」）の存在によって、その二項的な構造（「父親の役を演じることを望んだ (je voulais jouer au père)／けれど、その力はなかった (et je n'en avais pas la carrure)」「演じる時や誘惑する時には (c'est quand je joue ou quand je séduis)／子供に戻る (que je redeviens un môme)」）によって、これらは遊離可能と思われる。

ここからは、理工科学校（エコール・ポリテクニック）の教授で、数学者のジル・ドゥウェックが応じた会見に移ろう。そのタイトルは、「数学の黄金期、それは今だ (L'âge d'or des mathématiques, c'est aujourd'hui)」である。この遊離は過剰断定からなされるが、それは次のように、テクスト内で、同時に、テクストの最後に位置すること、再表明の接続詞（「言い換えれば (autrement dit)」）の存在、「黄金期 (âge d'or)」と「今 (aujourd'hui)」との同一性という矛盾によって特徴づけられている。

[前略] 数学は過去のものだと余りに頻繁に考えられているが、歴史の中で役立った数学の大半は、生き続けており、有用である。言い換えれば、**数学の黄金期、それは今だ。**
　（『20 ミニュット』[3]、2004 年 10 月 18 日、39 頁。強調は筆者による。）

## 1.2. 強い遊離と弱い遊離

**強い**遊離（抜粋されたテクストから切り離された、遊離発話の事例）と**弱い**遊離（抜粋されたテクストのパラテクスト内にある発話の事例）との間には、有用な区別をし得る。ある特定の方法で「強い」遊離がある場合には、読者にとって、原典のテクストは存在しない。例えば、次の例である。

**辛辣な言葉**：ヴァレリー・ジスカール・デスタン[4]「ラファラン、それは三か月の幻想、三か月の不安定だった。そして、それ以来、彼が優秀でないのは確実だ。」　　（『20 ミニュット』、2003 年 12 月 18 日、23 頁）

全くもって誰にも理解できない調査をするのでない限り、読者は、ジスカール・デスタンがラファラン[5]を悪く言ったであろうテクストに遡りはし

ない。

定期刊行物では、「辛辣な言葉」以外の別の見出しが、遊離発話を際立たせる。例えば、「今日の引用」である。

> **今日の引用**：「ヨーロッパの頓挫だ、危機だ。しかし、それは突然のことではない。」欧州委員**ミシェル・バルニエ**[6]、昨日付。
>
> > （『メトロ』、2003年1月15日、4頁）

あるいはまた、「それは決まった！」という見出しがある。

> **それは決まった！**「フランスに生活する者は皆、フランス社会の規則と慣習に従わなければならない！」フランスユダヤ人団体代表評議会は昨日、大統領の演説を賞賛した。
>
> > （『20ミニュット』、2003年12月18日、6頁）

現代の出版物はまた、強い遊離を受けた発話の集合を特に好み、一種のパッチワークを形成する。こうして、『メトロ』のような無料日刊紙は、「彼らの一言」欄に、定期的に引用リストを示す。次の見出しもその事例である。

> **2005年に注目された「ちょっとした一言」**
> - **セゴレーヌ・ロワイヤル**[7]「私が何も言わない時でも、話題になるんだから。」
> - **ジャン＝ピエール・ラファラン**「セゴレーヌは、遠くからは魅力的だけれど、近くでは苛々させる。」
> - **ベルナデット・シラク**[8]がドミニク・ド・ヴィルパン[9]に関して「私は大統領府では彼にあまり接していないの。私達は同じ階段を使えないから。」
>
> > （『メトロ』、2006年4月4日、2頁）

弱い遊離は何も大衆紙に限られたものではない。それは関係する新聞の種類に応じて、様々な形を取る。それゆえ、エリートにとっての参考となる新聞でありたい『ル・モンド』もまた弱い遊離を用いるが、それは、少なくとも、表面上は、自らの違いを示すためである。それゆえ、「France 2編集部

を揺るがした 20 日間」というタイトルの長い記事は、かぎ括弧に入れられた五つの遊離発話として点在しており、太文字イタリック体で、その話し手の小さな白黒の顔写真に添えられている。既に言及した例に比べ、ここで独創的なのは、これが、暗示的な過程であり、そこでは、遊離は記事本文に載せられた引用からの抜粋であるということだ。以下がその五つの遊離された発話である。

- 「アラン・ジュペ[10]は決断を下し［中略］、彼は［中略］政界から距離を置く。後退は段階的にである。」ダヴィド・プジャダ[11]
- 「我々は政治家から程遠い。そして、私達に起こったことがこれだ。」オリヴィエ・マズロール[12]
- 「この種の過ちがもう起きないよう、あらゆる措置が取られなければならない。」ジャン＝ジャック・アヤゴン[13]
- 「犯された過失は、［中略］我々の新聞や報道における手順の見直しをさせることに繋がらなければならない。」マルク・テシエ[14]
- 「今までのことを忘れて先に進むのではなく、起きたことから教訓を得なければならない。」アルレット・シャボ[15]

（『ル・モンド』、2004 年 2 月 29 日、22 頁）

　これら五つの引用のうち二つにおいて、遊離発話の自立性は、括弧に入れられた中断符で示された明らかな区切りの存在によって弱まっている。今では、より大衆向け出版物はこのような括弧を用いない。ここに発話に完全な自立性を持たせようとする遊離の論理と、引用した言葉を修正する権利を自身に与えない『ル・モンド』のような新聞に求められる真剣さのエートスを維持する必要性との間の妥協の結果を見て取れる。

## 2.　格言化

### 2.1.　遊離発話の修正

　抜粋されたテクストに対する遊離発話の相対的独立性は、「弱い」遊離が元の発話の変質を感知させ得る時に、特にはっきりと現れる。上記で、「私は今も、今までもずっととてもセクシュアルだよ (Je suis, et j'ai toujours été, quelqu'un de très sexuel)」から「私はとてもセクシュアルだ (Je suis très sexuel)」に変化した、H. チャラヤンの文章を考察した。ここに、女優ヴァレリア・ブルーニ＝テデスキ[16]のインタビューから抜粋された別の例がある。ここでは、元の文章の一部が削除されていた。

[パラテクスト内で]「大人になるのは悲しくはないと分かったの。」
それゆえ、彼女は成長する自らの声に耳を傾け、変わる自分の姿を見つめる。「映画を作りながら、**大人になるのは悲しくはないと分かったの！**女優として、少々子どもっぽい立場に留まっていたので、監督されるがまま、気に入られようと努めるのよ［後略］」
（『ル・フィガロ』、2004年10月2日、28頁。強調は筆者による。）

　同じ現象が、社会党の三人（ジャン＝リュック・メランション、ヴァンサン・ペイヨン、マニュエル・ヴァルス）によって『ル・ヌーヴェル・オプセルヴァトゥール』（2003年10月23-29日、27頁）に発表された次の宣言に認められる。二つのタイトルが上につけられているが、それらは下に置かれたテクストからの遊離発話(それゆえ、弱い遊離)である。

国民はその出身や宗教で区別されない。
**「ラマダン氏は**
**私達の仲間にはなり得ない。」**

　太文字で印刷された二つ目のタイトルはテクストの最後の文章から来ており、大いに過剰断定である。「そして、それゆえ、ラマダン氏は私達の仲間にはなり得ない。(Et pour cela M. Ramadan ne peut pas être des nôtres.)」この発話は筆者により過剰断定されており、遊離可能と示されているのは明らかだ。ここでは、話し手らの意図と、上手いキャッチコピーを探したい新聞に特有の制約との一致がある。もっとも、この点に関しては、話し手らと雑誌編集局との協力があった可能性が高い。上に置かれている第二のタイトルについては、その遊離はより多くの変化を伴う。「私達は共和主義者なので…を許し得ない (parce que nous sommes républicains, nous ne pouvons admettre...)」という論理構成を作り上げる「共和主義者である私達

は、フランス国民をその人種、その出身、その宗教で区別することは許し得ない（Républicains, nous ne pouvons admettre que l'on trie les citoyens français en fonction de leur race, de leur origine, de leur religion）」という文章は、一人称のマーカーを無くした総称の現在形で、「国民はその出身や宗教で区別されない。（On ne trie pas les citoyens en fonction de leur origine ou de leur religion.）」と道徳的原則の発話行為に変化している。

　変形については、遊離発話が先行する次のインタビューでより詳しく言及できるだろう。

　　　アレクサンドラ・カザン──「この仕事で続けていくにはたくましくなければならない。」

ところが、この下に置かれたテクストは微妙に異なった説明をなす。

　　　人々は分かっていない。有名だと、成功したと考える。しかし、長続きするのは困難だ。精神的にたくましくなければならない。私は、たくましい時もあればそうでない時もある。
　　　　　　　　　　　　　（『テレ・スター』、2003 年 10 月 19 日、91 頁）

　このように、話し手の様々な抑揚を伴う、複数の文章に分かれた論証の推移は、一般化するただ一つの文、一種の格言に変えられている。追求された効果は、前の例とほとんど同じである。
　ここからは、『バチェラー［独身者］』というリアリティー番組の初めての勝者、オリヴィエとアレクサンドラによる四ページからなる次のインタビューを考察しよう。大きなタイトルが最初の二ページの幅いっぱいに広がり、タイトルは次のページの上に繰り返されている。

### オリヴィエとアレクサンドラ
「私達の間がうまくいかなくなったら、あなた方にお伝えします。」
　　　　　　　　　　　　　（『テレ・スター』、2003 年 8 月 10 日、16–17 頁）

　しかしながら、出典のテクストでは、この発話はオリヴィエとアレクサン

ドラが話し手ではなく、オリヴィエだけなのだ。さらには、元の発話は非常に異なっている。

> *O.* ［オリヴィエ］:「いつか私達の仲が悪くなったら、それを隠したりはしません。」
> （同書、18頁）

この変形は、明らかに発話の自立性と簡潔な特徴を強めることをねらっており、それはまるで後で思い返してその発話を過剰断定に変えたいかのようである。

## 2.2. 過剰断定から格言へ

ここまでは、話し手によって、暗に遊離可能と示されている発話の「過剰断定」について言及した。しかし、考察したように、ある一節が遊離されるためには、遊離可能である必要はない。ある適切な操作によって、過剰断定されなかったある一節を「ちょっとした一言」に完全に変えることを記者に妨げるものは何もない。例えば、複数の文章から「ちょっとした一言」を仕立て上げるのである。オリヴィエとアレクサンドラのものとされている発話で見たように、改ざんは、引用された話し手のアイデンティティにさえも影響を与え得る。したがって、話し手は非常に頻繁に、そのようにしたのではない発話の過去に遡った「過剰断定者」となる。つまり、実際の発話者と、報道機関によって遊離された発話の出所、遊離自体によって構築された過剰断定者となるこの同じ話し手との間に、重要な隔たりがあるとはっきり認めなければならない。

ゆえに、過剰断定と遊離に起因する発話との間に一貫性を保つことは不可能と思われる。この問題への単純な解決策は、過剰断定された発話はある特定の話し手に関係しており、この「同一の」遊離発話は、全く他の文脈に置かれた他の発話に関係していると言うことかもしれない。しかし、ラファランについて「痛烈な一言 (la phrase qui tue)」を言ったあのジスカールが、この過剰断定された文章が抜粋されたテクストを生成したあのジスカールとは関係ないと認めるのは困難に思われる。実際にはあらゆる引用に関わるこの大変哲学的な問いは口火を切るままにし、あるシーケンスをあるテクスト内部で際立たせる過剰断定と、一般的に単文から構成される自立的な発話の

（正確に言えば、**格言的な遊離の**）**格言化**[17]と呼ぶものとの間に必要な区別をはっきりさせるだけにしよう。

　格言化は、単に**話している**発話者の人物像だけではなく、**話していることを自らが話していると示す**発話者の人物像にも関係する。発話者は、話し手の責任を担保におく発話行為の力を**示し**、存在感のあるものとする。つまり、世間に対する模範的な態度表明である。格言化の矛盾は、格言となった発話の脱文脈化を前提とし、実際、発話が置かれた新たな文脈でしか意味をなさない。「私達の間がうまくいかなくなったら、あなた方にお伝えします。」というオリヴィエとアレクサンドラの遊離発話は、それだけで価値のあるものとされ、コメントと称する。というのも、これは意味以上のものを隠し、本当のメッセージをもたらしているように思われるからである。しかし同時に、この発話は『テレ・スター』のものとされる記事の一部をなしているのだ。

　今日、なぜこれらの「ちょっとした一言」「痛烈な一言」「今日の引用」、そして、見出しやキャッチフレーズ内のあらゆる遊離発話が拡散しているのかを大いに問う必要がある。

　口承が支配する伝統的な社会では、格言化は記憶、一般化、詩的形式、（諺、法諺、俗諺[18]等の）格言調の様式、年長者や賢者の権威と特別な関係を持っている。しかし、音声映像メディアに支配された社会において、その誘因は様々である。

- 格言化は諸発話を個性化し、いわば真正なものとする効果を持つ。とりわけ直接証言に関心を抱く報道機関においては、あるテクストを読み上げるよりも、確実な発話を引用する方が良いのである。
- また、格言化は誇張の効果を持つ。誇張した発話は、特にメディア的見せ物とするに合った強い態度表明に関わる。
- 格言化は大衆の注意を引くことが出来る。つまり、新聞や雑誌の一ページで人目を引き、テレビの報道番組やインタビューとして始めから役立つ。
- 格言化は経済的である。遊離発話は言及された人のメッセージを要約しているとされる。今や、メディアにおける諸発話の全体量の問題は非常に大きく、それらは完全に形式化されている。

- 格言化は、短いサイズのテクストの分離と、ビジュアルの進歩の方向に向かっている新聞・雑誌の現在の発展の一環をなす。遊離発話は同時に読まれ、見られるこれら断片化したページの最小単位を構成する。

## 2.3.　二種類の発話行為

　ところで、あらゆる社会やあらゆる時代を横断するこの現象を説明するだけでは十分でない。かつては格言や俗諺を引用し、今日ではメディアが「ちょっとした一言」を流布するが、関係する発話行為の種類は根本的には同じである。背後には、もし話し手が何か重要なことを言わなければならないのならば、それを簡潔で自立的な発話内で言うのが良いという前提が常にある。

　既に言及した「幸せのためのとっておきアイデア 30」（『ファム・アクチュエル』、1111 号、2006 年 1 月 9–5 日、34–39 頁）という雑誌資料には、No. 6 の下に「もう少し哲学者になる。(Je deviens un peu plus philosophe.)」とある。しかしながら、この下の部分の内容は「瞑想のためのいくつかの格言 (Quelques sentences à méditer)」に帰する。つまり、サン＝テグジュペリ[19] の格言、ジュール・ルナール[20] の格言とアンドレ・コント＝スポンヴィル[21] の格言である。そこで分かるのは、「哲学者」になるとは、距離を置くことであり、核心に至るのは、格言化に頼るということである。

　格言を言う発話者は、論拠の一貫性を越えた所にいる。発話者は、超越的な出所と接触し、超然とした態度を取り、権威者のエートスを示す。オリヴィエとアレクサンドラが「私達の間がうまくいかなくなったら、あなた方にお伝えします。(Si ça ne marche plus entre nous, on vous le dira)」と言う時、社会党の指導者が「ラマダン氏は私達の仲間にはなり得ない。(Monsieur Ramadan ne peut pas être des nôtres)」と言う時、これらは熟慮を重ねた真理を述べており、交渉を免れ、確信、存在理解を表明するとされる。つまり、オリヴィエとアレクサンドラは彼らが人生の規則に従っていることを示し、社会主義者は特定の価値を守る。格言を書く横に（『ル・モンド』でさえも）それら話し手の顔写真がしばしば存在するのは偶然ではなく、深い必要性の表れとしてである。話し手の顔は、**その人の言葉**、その人からの話であるとして格言化を正当化する。

　これは問題を起こさずにはいられない。実際、我々の言葉全体が各種言説

ジャンルに属するテクストの一環をなすと考察した。定義上、テクストではない格言化とは一体何なのであろうか。格言化は規則を免れないと答えられる。なぜなら、それらはテクストから抜粋した文章であり、新たなテクストの中に置かれたものであるからだ。

　しかし、そのことは、——それらの起源がどうであれ——あらゆるテクストから独立している大多数の格言化、格言、諺、スローガン、標語等にとっては意味がない。そのうえ、「ちょっとした一言」をそのように引用する記者は、それ自体のためにするのであり、それがテクストの一断片であるからではないだろう。全ては、まるで格言化とテクストが入るように行われ、**順序**の変化以上に長さの違いはそれほどなかった。格言化は文章とテクストとの対立の通常の規則から逃れる。言い換えれば、一つの文章は一つのテクストの構成要素であり、一つの格言化はテクスト性を免れる。

　そういうことであれば、格言化の中にテクストを生成するのとは異なる発話行為の種類を見い出すことが好ましい。そのためには**格言化する発話行為**と**テクスト化する発話行為**とを区別し得る。前者は、それらが遊離の結果によるものであれば（出版物ではそれがどのようなものであるかを考察したが）、（諺、格言、標語、スローガン等のように）**オリジナルのまま**であるか、**派生したもの**となり得る。後者は、話し手が複数の言説ジャンルのより一般化した枠組みの中に諸発話を結びつけることを目指すことである。したがって、次の区分に辿り着く。

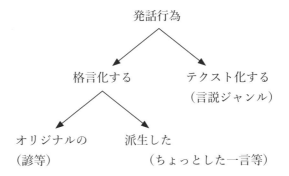

## 注

1　［訳注］テクストに付随するすべてのもの、題名、献辞、註など。（『ロワイヤル仏和中辞典』、旺文社、2005年）。本書第3章、第6章にも説明がある。

2　［訳注］*Jalouse*。1997年創刊の女性月刊誌。

3　［訳注］*20 minutes*。フランスだけでなく、ヨーロッパ各都市で配布されている無料日刊紙。

4　［訳注］Valéry Marie René Georges Giscard d'Estaing。フランスの右派政治家。第20代フランス大統領。

5　［訳注］Jean-Pierre Raffarin。フランスの右派政治家。国民運動連合所属。元首相。

6　［訳注］Michel Barnier。フランスの右派政治家。1999年から2004年まで欧州委員会で地域政策を担当した。

7　［訳注］Ségolène Royal。フランスの左派政治家。2007年には大統領選挙に立候補したが、ニコラ・サルコジに敗れた。

8　［訳注］Bernadette Chirac。ジャック・シラク元大統領夫人。

9　［訳注］Dominique de Villepin。フランスの外交官、弁護士、政治家。ジャック・シラクのもとで首相を務めた。

10　［訳注］Alain Marie Juppé。フランスの右派の政治家。ジャック・シラク大統領のもとで首相を務めた。

11　［訳注］David Pujadas。フランスのジャーナリスト。ニュース番組の司会者、レポーター。

12　［訳注］Olivier Mazerolle。フランスのジャーナリスト。テレビ、ラジオの司会者、編集者。

13　［訳注］Jean-Jacques Aillagon。教職の後、ジャック・シラクのもとで、文化・コミュニケーション相を務める。しばらくテレビ業界に入った後、様々な文化機関の代表を務める。

14　［訳注］Marc Tessier。公共放送フランス・テレビジョン元社長。

15　［訳注］Arlette Chabot。フランスのジャーナリスト、テレビ、ラジオの司会者。

16　［訳注］Valéria Bruni-Tedeschi。イタリア出身のフランスで活躍する女優、映画監督。妹はモデルで歌手、ニコラ・サルコジ元大統領夫人のカルラ・ブルーニ。

17　この用語は「格言」という名詞から作られており、現代フランス語では「根本的真理を数語で要約する格言的な様相の文」を意味する（*Grand Larousse de la langue française*（『ラルース・フランス語大辞典』））。

18　［訳注］諺は広く一般を指し、法諺は主に慣習法から来たもの（例：Nul n'est censé ignorer la loi.（法は不知を許さず、法は知らないでは済まされない））、俗諺は庶民の観察から生まれたもの（例：En avril, ne te découvre pas d'un fil（4月には糸一本も脱ぐな→4月に薄着は禁物））を指す。（『ロベール仏和大辞典』、小学館、1988年）

19　［訳注］Antoine de Saint-Exupéry。フランスの作家、飛行士。『星の王子さま』が有名。

第 18 章　遊離発話　241

20　［訳注］Jules Renard。フランスの作家、詩人、劇作家。『にんじん』等。
21　［訳注］André Comte-Sponville。フランスの哲学者。パリ大学ソルボンヌで教鞭
　　を取る。哲学を平易な言葉で、日常生活に役立つものとして説明し、哲学ブーム
　　を巻き起こした。

# 第19章
# 名称の種類

## 1. 指示対象の様々な贈与方法

### 1.1. 指示対象を特定する指示

　前章では、転位、固有名詞、名詞群から限定詞、指示詞等の概念を扱った。これら様々なカテゴリーは、発話者が示す指示対象を、共・発話者が特定できるようにすることで区別される。実際、ある言語の話し手はある指示対象を指し示すのに様々な方法、つまり、この指示対象の**様々な贈与方法**を自由に用いる。パリを指示するのに「パリ (Paris)」か「この街 (cette ville)」と言うかは同じことではない。事実、固有名詞「パリ」の指示対象に至るには、共・発話者は自らの百科事典的知識に働きかけなければならない。反対に、「この街」という表現の指示対象を特定するためには、共・発話者はその発話行為の物理的環境を考慮しなければならない。

　厳密に言えば、発話が指示しているのではない。つまり、発話者こそが、その発話によって、特定の文脈内で目指している指示対象を特定するために、共・発話者に必要な**指示**を与えると見なされているのだ。

### 1.2. 同一指示

　「モデル読者」の概念を導入しなければならない二つの例の冒頭に戻ろう（第3章第4節参照）。

> (1)**エスクレンヴィエで襲われた80代女性。**
> 月曜日の夜、二人が襲われ暴力を振るわれた。一人は82歳の、エリー＝シュル＝ノワイエに近い小さな村、エスクレンヴィエの住人である。生まれ故郷の別荘で幸せな日々を過ごすこの80代女性にとって、この夜は彼女の記憶に永久に刻まれるだろう。

（『ル・クーリエ・ピカール』1993 年 1 月 29 日）

**(2) そして、カーターが遮る…**

このポー人はいい奴だが、彼はアダムスを攻撃した。

アンティーブ。休憩まであとプレー時間は残り 5 分 51 秒。アダムスはボールの反対側に動き、彼に防御するカーターを押した。このアンティーブ人はスレテノヴィッチのパスを呼んだ。ポー人はボナトが投げたボールパス上にスクリーンプレーを遮り、アダムスに飛びかかった。ハワードの右ひじはジョージの首を打ちのめした。見事な KO。1 分半の意識喪失、担架、アンティーブ病院への搬送。被害者は、状態が悪化していなければ、本日病院を退院できる。

（『レキップ』1993 年 2 月 1 日）

これらのテクストは様々な種類の名称を含んでいる。特に、場所の**固有名詞**（「アンティーブ（Antibes）」「エスクレンヴィエ（Esclainvillers）」エリー＝シュル＝ノワイエ（Ailly-sur-Noye）」）あるいは、人の固有名詞（「アダムス（Adams）」「カーター（Carter）」「スレテノヴィッチ（Sretenovic）」等）、**不定限定詞の名詞**（「［ある一人の］82 歳の住人…（une habitante de 82 ans...）」「［ある一人の］いい奴（un type bien）」）、**限定詞の名詞**（「［その］ボール（le ballon）」「［その］アンティーブ人（l'Antibois）」等）、**指示限定詞**（「この 80 代女性…（cette octogénaire...）」）、**代名詞**（「彼は（il）」「彼に（lui）」等）、**転位語**（「本日（aujourd'hui）」）。

この名称の種類の多さは、指示対象での同等の多様性を前提とはしていない。実際、例えば、(2) の例では、**同じ個人を指示するのに異なる名称**が見られる。

- カーター＝ポー人＝彼…
- アンティーブ人＝アダムス＝被害者…

  あるいは、(1) の例では、

- 82 歳の住人＝この 80 代女性…
- エスクレンヴィエ＝生まれ故郷の別荘…

このような名称は**同一指示的**と言われる。すなわち、これらは、この指示対象の異なる贈与方法に相当するが、同じ**指示対象**を持つのである。

## 1.3. 名称の埋め込み

　二つの名詞群を強調した、次の記事の冒頭を検討しよう。

> ああ！レ・ロッシュ！これは**ラヴァンドゥで最も美しいホテル**で、夏が来ると、**エディ・バークレーとジョニー・アリディの有名バンドの「食堂」**となる。彼らは終わりのない日々のように長いモーターボート、「シガレット」に転がり込む。　　　（『テレ・ロワジール』、1994年3月7日）

　この二つの名詞群は二つの指示対象を持っているが、実際には、指示対象の埋め込みの結果である。「ラヴァンドゥで最も美しいホテル (le plus bel hôtel du Lavandou)」がどのように指示しているかを理解するためには、二つの序列化された構成要素において分析をしなければならない。つまり、場所の固有名詞、「ラヴァンドゥ (Lavandou)」は「ラヴァンドゥで最も美しいホテル」を構築するための拠り所となっている。さらに、埋め込みは「エディ・バークレーとジョニー・アリディの有名バンドの食堂 (la cantine des célèbres bandes d'Eddie Barclay et de Johnny Halliday)」ではより複雑である。すなわち、人についての二つの固有名詞は「エディ・バークレーとジョニー・アリディの有名バンド (les célèbres bandes d'Eddie Barclay et de Johnny Halliday)」の指示対象を構築することを可能にするが、これもまた、「エディ・バークレーとジョニー・アリディの有名バンドの食堂」の指示対象を構築することを可能にする指示対象なのである。指示対象は、結局それ自体が、下位レベルの構成要素を取り消し、唯一の指示対象しか持たない名詞群になるために、厳格な順序に従い、一つがもう一つの中に挿入されていることが分かる。

## 2.　固有名詞と確定記述

　同一の指示対象を指し示すために、**固有名詞を使用できる時にはいつも、定冠詞の名詞群もまた用いることができる**だろう。つまり、「パリ (Paris)」と「フランスで最も人口の多い町 (la ville la plus peuplée de France)」、「ナポレオン (Napoléon)」と「アウステルリッツの勝者 (le vainqueur d'Austerlitz)」等である。定冠詞の名詞群は、ある一つの人や物（「その青い車 (la voiture bleue)」)や複数の人や物(「ジュールの子供たち (les enfants de Jules)」)を指す時には、**確定記述**と呼ばれる。しかし、その特定の価値でのみ、定冠詞での名称は固有名詞での名称と競合関係に入る。実際、限定の名詞群はある部類(「人間は死すべき運命にある (L'homme est morte)」でのような「総称」と言われる価値)やあるグループ(「フランス人は賢明に投票した (les Français ont bien voté)」のような一般化した価値)をもまた示し得る。

## 2.1. 確定記述

確定記述(「[その]アンティーブ人 (l'Antibois)」、「[その]犠牲者 (la victime)」「ラヴァンドゥで最も美しいホテル (le plus bel hôtel du Lavandou)」等)を用いることは、共・発話者にある人や物(「唯一の存在で、必ずしも人間ではない」という意味で)あるいは**一つまたは複数の属性**を使って特徴づける人や物の集合である。つまり、「[その]アンティーブ人」または「[その]ボール (le ballon)」と言うことは、これらの指示に対する他の候補を排除するために、「アンティーブ人である」または「ボールである」属性を用いているということだ。

問題は、このような属性は、ある人や物を切り離すには常に十分ではないということである。例えば、「その国の首都 (la capitale du pays)」という名称に対して、適切な指示対象を切り離すためには、その記述はかなり正確なものと思われる。しかし、**先験的に**、「アンティーブ人である」という属性を持った人は一人以上いるであろうし、**ましてや**、「ボールである」という属性を持つ物についてはなおさらである。それゆえ、共・発話者は発話者によって対象とされている指示対象を切り離すためには補足の方策が必要になるであろう。そして、共・発話者はとりわけ文脈に助けを求めるのだ。したがって、確定記述は、二つの両端が、一方では「フランスの首都 (la capitale de la France)」または「私が手にしている本 (le livre que je tiens dans la main)」、他方では「[その]本 (le livre)」「[その]少年 (le garçon)」といった名称で表される一つの軸上に分けられている。「フランスの首都 (la capitale de la France)」のような確定記述では、ある種の**自立的記述**が関連している。ゆえに、定義上、これらの属性に合致するのはただ一つの指示対象しかないのだ。これに対して、「[その]本 (le livre)」では、その記述は**文脈に依存**している。つまり、それがどの指示対象であるかを特定するために

は、共・発話者は名詞群をその文脈に関係づけなければならない。それに成功するには、この指示対象がただ一つであり、その文脈から理解できるものであると推定せざるを得ない。言い換えれば、共・発話者は、発話者が言説の規則(第2章参照)を守っていると推定しなければならない。

## 2.2. 固有名詞

その指示対象に行き着くために、諸属性、つまり、名詞の記号内容を経由<sup>シニフィエ</sup>しなければならないことから、確定記述は**間接的な**指示である。反対に、固有名詞は**直接的に**その指示対象を示す。「アンティーブ(Antibes)」と聞いたり、読んだりするや否や、共・発話者は、ある特定の町に、直接的に照準を定めていると見なされ、その指示対象は多かれ少なかれ、そこに住んだ、訪れた、地理の授業で知っている、テレビのニュースで聞いた等により、共・発話者にとって親しみがあるものとされる。

実際、固有名詞(「ハワード(Howard)」「エスクレンヴィエ(Esclainvillers)」等)は、それらが示す人や物の特徴については何も言及しない。確かに、人の名前については、「ポール(Paul)」は場所や動物よりも人間につけられ、これは男性用の、キリスト教の伝統の国によくある名前だと考えさせる慣習がある。しかし、このような固有名詞にこだわる必然性はない。もし、私が「ポール」は一匹の猫あるいはノルマンディーのある村を指示すると分かったならば、そこに驚くことは何もない。固有名詞は同じ名前の一個人を別の個人と区別しない。一人以上の「ハワード」、一人以上の「フォントゥネー(Fontenay)」が存在し得るのだ。

固有名詞が存在するためには、ある時に、この名詞が人々によって、ある特定の指示対象に付与されなければならない。これを、言語哲学者によっては「洗礼行為」と呼ぶ。実際、固有名詞にとっては当然のことであるが、「誰が猫を『猫』と呼んだのか。いつ。どこで。」といった種類の質問は曖昧であり、そのような場合も、それに答えるのは不可能である。一旦付与されれば、固有名詞の指示対象はある共同体において安定したものでなければならない。例えば、もし「カーター(Carter)」がバスケットチームを変え、ル・マンでプレーするなら、彼に他の確定記述を付与できるだろう(例えば、もはや「[その]アンティーブ人(l'Antibois)」ではなく、「[その]ル・マン人(le Manceau)」になるが、常に「カーター(Carter)」ではあるのだ)。

## 2.3. 固有名詞の欠点

　個別の指示対象を指し示すための固有名詞と確定記述との競合は、実際、指示対象の非常に限定された総体に関わるにすぎない。**先験的に**、もし、いかなる個別の存在も確定記述の対象となり得るのならば、非常に少数の指示対象が固有名詞に割り当てられる。事実、固有名詞は、空間、時間において比較的安定しており、**社会的あるいは情意的重要性を持ち、頻繁に言及される**存在にしか与えられない。話し手の記憶に負担をかけ過ぎないために、そしてまた、相互理解のためであり、もし共発話者の一人がもう一人と同じ経験を正確に共有していなければ、多くの固有名詞の指示対象を特定することは不可能であろう。例えば、もし私が椅子の左脚を「エクトラ（Ektra）」［これは、フランス語では意味をなさない単語である］と呼ぶとすれば、共・発話者が、私がそれによって指し示すものを理解する可能性はほとんどないであろう。

　**先験的に**、共・発話者にとって指示対象の特定化の作業は、この観点では、確定記述と同様に、固有名詞と一緒であれば、多かれ少なかれ容易となる。つまり、

- 固有名詞がその指示対象を直接的に指し示すならば、**より容易**である。例えば、「［その］ポー人（le Palois）」で指示することは「カーター（Carter）」で指示するよりも不確かである。
- また、共・発話者がそれに結びつけられる固有名詞を知らなければ、指示対象を特定する手段を持たないために、**より困難**である。これには、その言語の語彙知識はいかなる助けにもならない。「トゥーロン（Toulon）」［南仏ヴァール県の港湾都市］が指すものを知るためには、フランス語が分かることでは不十分なのである。

## 2.4. 固有名詞、確定記述と言説ジャンル

　固有名詞である、記事の抜粋(1)と(2)がなす対照的な用法は、この観点である。(2)の抜粋は、一連の固有名詞の指示対象を読者が既知のことと想定している。例えば、いかなる説明的なコメントも結びつけられていない町の名前（「アンティーブ」）や名字（「カーター」「アダムス」「スレテノヴィッチ」「ボナト」）同様に、注意深い読解だけが「ハワード」や「ジョージ」を特定することを可能にする。反対に、(1)の抜粋では、記者が場所（「エスクレン

ヴィエ」「エリー＝シュル＝ノワイエ」）を示すために固有名詞を用いている
が、それは一つの場所を、同格にあるもう一つの場所（エリー＝シュル＝ノ
ワイエに近い小さな村）によって定義することによる。それゆえ、一方では、
読者と内密な共謀関係にあるテクスト（2）と、もう一方では、読者と最小
限の共有知識しか前提としない、より啓蒙的なテクスト（1）を扱っているの
だ。ここでは、**言説ジャンル**が重要な役割を果たす「モデル読者」の問題（第
3章第4節参照）が見られる。三面記事は一般的に、一度しか現れない登場
人物を導くため、記者はあらかじめ設定された知識を拠り所とすることは困
難である。反対に、プロ・バスケットボールのフランス選手権は、メディア
内に、毎週、同じ主人公を話題に取り上げており、これは複数年にわたって
いる。こうして、読者は登場人物と徐々に親しむのだ。それはバルザックの
『人間喜劇』の読者や、テレビドラマの視聴者がそうするのと少し同じよう
なことであり、そこでは、同じ登場人物が長期間にわたって、しばしば登場
するのだ。

## 2.5.　固有名詞の様々な解釈

　上記で固有名詞について述べてきたことは、「アンティーブ」「シトロエン
（Citroën）」等、限定詞なしで用いられる固有名詞についてである。しかし、
固有名詞は他の用法も有している。M.-N. ゲイリー＝プリウール[1]にとって
は、固有名詞は大きく分けて三種類の解釈ができる。

- **特定の解釈**：これが、最も伝統的な用法であり、上記で引用した二つの
  抜粋で見た例での用法で、「アンティーブ」「スレテノヴィッチ」等であ
  る。ここで、固有名詞は、共・発話者によって既に特定されていると見
  なされる固有の対象を指示する。この場合には、固有名詞が接合されて
  いたり（「ル・アーヴル（Le Havre）」「ラ・ルドゥット（La Redoute）」等）、
  その指示対象を限定する補語を持つ以外は、固有名詞は限定詞とされ
  る。例えば、「戦前のフランス（La France d'avant la guerre）」はフランス
  の一側面でしかない。

- **名詞派生の解釈**。これは、指示対象が次のように**呼ばれる**ことに基づ
  いている。例えば、「チームには**［一人の］ポール**がいる（Il y a *un Paul*
  dans l'équipe）（＝「ポール」と呼ばれる誰か）」「フランスのウィーン（la
  Vienne de France）」（オーストリアの同名の町に対比させて）

- **述語的解釈**は、(ターザンのパワー、ヴィーナスの美しさ等)固有名詞がもたらす評価に一般的に結びつけられた特定の属性を利用する。例えば、「ポールはターザンのようだ (Paul est un Tarzan)」「マリーは村のヴィーナスだ (Marie est la Vénus du village)」「パリ、それはシカゴだ (Paris, c'est Chicago)」等。発話者は、(「ヴィーナス」「ターザン」「シカゴ」等)自らの言葉より前に既に特定された指示対象が存在することを想定するが、紋切り型の状態に移行したその属性のいくつかしか考慮していない。それゆえ、限定詞**「のような人 (un)」**を伴う用法はこのカテゴリーに属する。例えば、「ピエール・カルダンのような人は、他の香水を売り出しただろうに (Un Pierre Cardin aurait lancé un autre parfum.)」である。ここでは、名詞群はピエール・カルダンを**指示する**だけには留まらず、共・発話者が知っていると推測される、傑出した属性を有する人として紹介している。

## 3. 指示限定詞

### 3.1. 定限定詞と指示限定詞

　確定記述はまた、**指示限定詞**を伴う名詞と競合関係に入る。「このポータブルオーディオプレーヤーは最先端だ (Ce baladeur est ultramoderne)」あるいは「[その]ポータブルオーディオプレーヤーは最先端だ (Le baladeur est ultramoderne)」と言うこの二つの場合にはある対象を指示するが、それは、共・発話者に次のように暗に示しながらである。この対象が、

- 存在している。
- 唯一のものである(あるいは、それが複数であれば、唯一ではない)。
- 発話行為の文脈から特定され得る。

　さらに、次の二種類の名称については、指示対象の特定がなされ得る。

- **非言語的文脈**によるもの。例えば、ある職場で一人の従業員がもう一人の従業員に「[その]**経営者**は金に困っている (Le patron a des ennuis d'argent)」または「**このドア**は今も閉まっている (Cette porte est encore fermée)」と言う場合。
- **言語的文脈**、**コテクスト**、すなわち、テクスト内で他に位置づけられた名称によるもの。例えば、「この 80 代女性」(テクスト 1)は「[ある一

人の〕…住人」を参照し、「ポー人」(テクスト 2)を解釈するためには、「カーター」を参照する。

　しかし、定限定詞と指示限定詞は、同じ方法で指示対象に至らない。一つの確定記述はどんな指示対象でも示し得る(「君が昨日会った少年 (le garçon que tu as vu hier)」「ポールの姉／妹 (la sœur de Paul)」「ペルシャ帝国の建設者 (le fondateur de l'Empire perse)」)が、指示限定詞を伴う名詞群は直接的に、コテクストあるいは非言語的文脈内に、**発話行為に近いと表現される**指示対象を指し示す。もし、「男／人 (l'homme)」と言えば、「男／人間である」という属性を通してそれを対象とし、「この男 (cet homme)」と言えば、それを直接対象とする[2]。さらに、指示詞は指示対象を同じカテゴリーの他の指示対象から区別する。「この犬を見て (Regarde ce chien)」であれば、ある犬を複数の犬の中から選択しなければならない可能性がある。しかし、「〔その〕犬を見て (Regarde le chien)」では、文脈内でこの属性を持つ存在は一つしかなく、もし犬が複数いるならば、この犬は既に切り離して考えられていると思うのがより自然である。つまり、指示詞の用法は、指示対象の指示は、話し手を指標としながらなされるのである。それゆえ、限定詞に先行される名詞は、より主観的で、ある意識によって認識されている感覚なのである。

　そのことを次の例で考察しよう。

　　確かに、ジャン・スターリングはアラン・ジャルデルの親友ではないが、いずれにせよ、**この**驚くべきオーストラリアチームのコーチは、フランスコーチと同じ視点を共有している[3]。

　　　　　　　　　　　　　　　　　　　　　(『レキップ』、2006 年 9 月 20 日)

　この抜粋は記事の冒頭を構成し、ゆえに「この(〔指示形容詞〕cette)」はテクストの他の要素を指示していない。記者は「その(〔定冠詞〕la)」を用いることもできただろうが、「この」は、高評価しているとはっきりと述べている話題の指示対象、スターリングとジャルデルの意識についての発話により集中させる利点がある。

## 3.2. 指示詞による受け直し

　発話者がテクスト内に既に導入された用語を繰り返すのに指示詞を用いる時は、発話者は同じカテゴリーの他の物と区別される**新しい指示対象の把握**をするため、自身の発話内に介入する。こうして指示詞は簡単に再カテゴリー化すること、すなわち、コテクスト内で既に与えられた要素を、**ある新しいカテゴリーに入れる**ことを可能にする。

　　偽の薬品を製造することは恐ろしいほど簡単だ。適当な装置、小麦粉または乳糖で、一丁あがり。例えば、あらゆる有効成分をカットした一日に三千のゼラチンカプセルを偽造するのは、誰にでもできる。第三世界の国々では、**これらのプラセボ**が薬の闇市にあふれており、そこではまた、期限切れや、過剰あるいは不足配合のひどい模造品もあふれている。薬局でつけられる高すぎる価格から生じる**この闇経済**は、もはや誰も利用しない。

　　　　　　　（『テレ・セット・ジュール』、1997年1月11–17日、100頁）

　以上の二つの事例では、定冠詞を用い得るのは難しいだろう。「これらのプラセボ(ces placebos)」は描写された薬を新しいカテゴリーに入れることを可能にさせ、これは「偽の薬品を製造すること(fabriquer de faux médicaments)」を指示する「この闇経済(cette économie parallèle)」についても同様である。指示詞はとりわけ再カテゴリー化するのに適しており、それは話題となったばかりの指示対象と同じ物であると、その指示対象を指し示すからである。

## 3.3. 後方照応の「この(ce)」

　限定詞、この(ce)が、文脈内でもコテクスト内でもなく、その特徴が、このが導入した名詞群自体によって与えられる対象を指すことができる用法がある。それゆえ、非常に特別な意味作用である。以下、サッカーの試合のルポルタージュから用いた一例がある。

　　そして64分、このボール、アルプスの天才的いたずらっ子、デル・ピエロが彼の名声を呼び起こすために、地面近くでヴィエリに見事に避け

られ、ボクシックによってコースに戻されたボールが必要だ。

（『リベラシオン』1997 年 5 月 29 日、26 頁）

　読者は試合を見物したとは見なされてはいない。ゆえに、どのボールなのかを知っているとは見なされていないし、このボールはテクスト内で上述されたのでもない。実際、名詞群の残りの部分（「地面近くでヴィエリに見事に避けられ、ボクシックによってコースに戻されたボール (ballon superbement ignoré par Vieri à l'approche de la surface, remis dans la course par Boksic)」）が、読者が指示対象を再構築できるように十分に正確な特徴を与えているのだ。つまり、読者にその状況に存在する指示対象を提示しているように見せかけているが、実際には名詞群自体のおかげで特定できるのである。

## 4.　不定限定詞

### 4.1.　不定冠詞

　名詞群と、定限定詞または指示限定詞との違いは、**不定**限定詞の群は、文脈によって解釈されないことである。不定冠詞は、名詞、つまり、その前に特定されておらず、この分類への所属によってのみ特定される固有の要素によって示された分類から抜粋される。これは、この種の名称が言説内で、**新しい指示対象を導く**ために使われることを説明する。これが「［一人の］82 歳の住人 (une habitante de 82 ans)」を伴うテクスト（1）の場合であり、この登場人物への始めての言及である。複数形であれば、指示対象が、その分類の区別がなされない複数の要素から構成されているという違いを除いて、その意味は同じである。

　　動物愛護協会のオーブ県支部は虐待に対して、死に物狂いに近い勢力を誇示している。シャンフルーリ[4]では、**羊達**が 1.5 メートルの藁の上に積まれ、その頭は梁まで届く、無残な状態であった。さらに、ひづめが 20 センチ以上になる**馬達**が、**狭小な部屋**で全く動くことも出来ずに生活していた。

　　（『アニモー・マガジン［動物マガジン］』、193 号、1991 年 7 月、26 頁）

この羊達、この馬達、これら狭小な部屋については、羊、馬、狭小な部屋という分類に所属する以外に、他に何も分からない。

## 4.2. 総称の解釈と特定の解釈

実際、「一つの(un) ＋ 名詞」には二つの解釈が存在する。

- **特定**と言われる解釈は、言及したばかりであり、固有の対象を示し得る。これは存在するもの（「私は［ある一つの］洗剤を買った(J'ai acheté un détergent)」）あるいは存在し得ないヴァーチャルなもの（「私は台所を徹底的に磨ける［ある一つの］安い洗剤を探しています(Je cherche un détergent bon marché qui puisse récurer vraiment à fond ma cuisine)」）であったりする。

- **総称**の解釈では、不定の名詞群はある人や物を指示するのではなく、**ある分類**を指示する。例えば、「消費者はいつも用心深くなければならない。(Un consommateur doit toujours être méfiant.)」総称の解釈がある時、名詞群は代名詞「それ(ça)」によって言い直され得る。

> ［**一台の**］車、**それ**は悪臭を発し、**それ**は汚染し、
> **それ**はひき殺す。それなのに何故
> 製造し続けているのでしょうか。
> （ボルボの広告）

不定の名詞群がこれら特定と総称の二つの解釈を受けられるのは驚くには値しない。これら二つの境界は、そう思われる程にははっきりしていない。車の分類から特定の要素を抜粋して、それについて述べることはこの要素には有効であり、想像するのが何度めであっても、「［一台の］車、それはひき殺す(Une voiture, ça tue)」では総称の解釈となるのだ。

この非限定の多義性は面白い意味効果を可能にする。例えば、このスローガンは総称／特定の二重の意味を利用している。

> ［一つの］ミッシェル・エルブランの時計の後ろには、
> いつもラブストーリーがあります。

「［一つの］ミッシェル・エルブランの時計（une montre Michel Herbelin）」
は明らかに総称の意味を持つ。述べられていることはどんなミッシェル・エ
ルブランの時計についても真実だ。しかし、非限定は、個別性を消すことな
く総称に至る利点を表している。つまり、ラブストーリーはそれを体験す
る人にとっては当然、特別なものである。もし、総称の非限定を総称の限定
で置き換えたならば（「［その］ミッシェル・エルブランの時計の後ろには…
(Derrière la montre Michel Herbelin...)」）、この意味効果は失われるだろう。
「一つの (un)」の用法は高級品の消費に固有の矛盾を想像上で解決させる。
商品はあなたを**特別扱いする**ためとされているが、皆に同じ商品なのである
…。


## 5. 総称の限定詞

### 5.1. 単数形

　ご存知の通り、次のように、**単数の定冠詞**が先行する名詞には**総称**の意味
が付与され得る。

> あまり魅力的ではない見た目、低評価の役割の**ミミズ**が昇格する［中
> 略］。軽視され、軽蔑され、嫌悪感を抱かせる**ミミズ**に、**人間様**が助け
> を求めてくださるのだ。
>
> 　　　　　　　　　　　　　　（『アニモー・マガジン』、193 号、1991 年 7 月、
> 　　　　　　　　　　　　　　　　　　　　　17 頁、強調は筆者による。）

　この総称の解釈では、その状況、あるいは、コテクストのおかげで、名詞
群は**解釈され得る**訳ではない。つまり、対象とされているのは、直接、その
**種類**なのである。これは**可算物**を示す名詞（馬 (des chevaux)、化粧石けん（des
savonnettes）等）であり得る。総称の限定はまた、非可算物質を指示する名詞
（「バター (le beurre)」「水 (l'eau)」等）、あるいは、属性を指示する**固定化さ
れた**名詞（「真実 (la vérité)」「優しさ (la douceur)」等）と組み合わさることも
できる。後者二つの名詞は通常、複数形では用いられない。

　次のスローガンを見よう。

> モードは私の人生、
> 香水、それは私の情熱
> ジャン＝シャルル・ドゥ・カステルバジャック

　ここでは、総称として解釈された用語（「モード（la mode）」「香水（le parfum）」）を、特定の意味の唯一の存在、つまり、明らかに種類として知覚されない話し手を示す転位語（「私の（ma）」）と関係づける。このように、テクストは、その指示対象の視点の両極に位置づけられた二つの用語、個別性と総称の間に、一種のアイデンティティを構築する。求められる効果、それは、確かに、モードと香水は一般化のカテゴリーであるが、これらはこの服飾デザイナーによって個別化されているということである。

## 5.2. 複数形

　「［男性単数形の定冠詞］le」の**総称**用法に加え、必ずしも全員を含むとは限らないが、ある階層のメンバー全員を考慮する「［男性複数形の定冠詞］les」の**一般化**の用法が存在する。共・発話者はある特定の文脈内に、このように示し得る対象の最大グループを探すよう促す。経営についてのある雑誌記事に次のタイトルがある。

　　「なぜ女性達はよりうまく管理するのか」
　　（『ラントルプリーズ』、133 号、1996 年 11 月、42 頁）

　「女性達（les femmes）」はある同一の種類を指示しない。そこには諸制約を付与し得るかもしれない。例えば、「女性達はうまく管理するが、ストレスがたまっている人達はそうではない。（Les femmes gèrent mieux, mais pas celles qui sont stressées）」

　反対に、次のような多様な香水スローガンが挙げられる。

　　**男性**はまれ
　　ファーレンハイト、限りなく**男性**
　　**女性**は一つの島

ここでは複数形の定冠詞を用いることは出来ないだろう[5]。なぜなら、その種類の、これこれのメンバーを除くことは問題外だからだ。女性らしさと男性らしさこそが対象とされている。つまり、この香水は男性として、あるいは女性としてあなたを構成するものなのである。

実際、単数の総称の定冠詞は、その階層の諸要素全体を考慮せず、その階層の典型的な対象（代表的な男性、典型的な女性）を直接的に指示する。それゆえ、その総称の意味はより強い。同様に、単数形の限定詞の総称の意味は、その要素を列挙することでしかある階層を指示しない不定限定詞の意味とは非常に異なる。1997 年に『マリー・クレール』によって想像された、「もしあなたが我々に一人の男性を売るとしたら？」というテーマによる架空の広告キャンペーンの次の二つのスローガンにそれが考察される。

> (1) **一人の男性**を買いませんか。彼を作ったのは**ある一人の女性**です。
> (2) **その男性**を、面倒を見るか、捕まえるかしてください。

　(1) では、広告業者は、だからといって、総称を、犠牲にするのではないが、ある特定のパートナーを探しているある特定の女性の視点を取ろうとしている。つまり、不定限定詞の利点は、総称と特定との間の不明瞭さで遊ぶことである。反対に、(2) では、男性は直接的に個人としてではなく、自然種として把握されている（このスローガンに伴う写真では、男性はネコ科の動物で濃いメーキャップが施されている）。

## 5.3. 動員される手段の多様性

言及した様々な種類の名称は、共・発話者においては異なる手段に頼る。

- **不定限定詞**の名称は、その言語の**語彙知識**に頼るだけである。例えば、「80 代女性 (une octogénaire)」の指示対象に至るには、「80 代 (octogénaire)」という名詞の意味を知っていることで十分だ。これは、**総称の限定詞**についても同様である。「人間は死すべき運命にある (l'homme est mortel )」における「人間(l'homme)」の指示対象については、語彙知識だけが求められる。

- ある**固有名詞**の指示対象への到達は、指示対象から、**世間の知識**まで、非常に様々な経験によって行われる。

- いくつかの名称は、**その文脈を拠り所とする**。すなわち、代名詞、限定詞または指示限定詞を伴う名詞、これらは、**照応的**と言われる意味を持つ（次章参照）。
- 転位語による名称は、**転位語が言われた発話行為状況**を参照することを前提とする。
- **照応的である以外の確定記述**は、特別な**文脈**内において、特に、指示対象を特定する**語用論的規則**に頼る。例えば、どの列車に向かって発話者が私の注意を向けることを望んでいるか知るためには、彼が「電車が遅れている（le train est en retard）」と言う時に、この発話をコミュニケーション状況と関係づけなければならない。

注

1 *Grammaire du nom propre*, Paris, PUF, 1994.（『固有名詞の規則』）
2 ［訳注］フランス語で homme は、男性と人間一般両方の意味がある。
3 ［訳注］両者とも、バスケットボールチームの監督。
4 ［訳注］Champfleury。フランス北東部マルヌ県のコミューンの名。
5 ［訳注］この広告で「男性」は l'homme、「女性」は la femme と単数形になっており、les hommes、les femmes と複数形で言うのは不可能であるということ。

| 第 20 章 | テクストの結束性：前方照応と後方照応 |

定限定詞と指示詞に関して、テクストの他の［言語］単位から繰り返す名詞群に言及した。これら繰り返しの現象は、本質的にそれらの間で文章を結びつけ、テクストを発展させながら、一つのテクストに**結束性**を持たせるのに貢献する。

## 1. 内部照応

### 1.1. 三種類の繰り返し

一般的に、これらの繰り返し現象は、前方照応的関係、あるいは、**前方照応**という用語で呼ばれる。この場合、「前方照応」は、同じテクストの他の［言語］単位によって、テクストの一単位が繰り返されるいかなる種類をも指し示す。前方照応は、一つの用語をその三つの次元において繰り返すことができる。

- 同じ**指示対象**を持つものとして：「馬…それは…(un cheval... il...)」
- 同じ**記号内容**を持つものとして：「ポールの本…私のもの…(le livre de Paul... le mien...)」ここで、前方照応されるのは、「本(livre)」の記号内容であり、指示対象ではない(同じ本についてではない)。
- 同じ**記号表現**を持つものとして：「"fleur(花)"は美しい語だ。それは5文字だ。(" Fleur " est un beau mot ; il a cinq lettres)」代名詞「それは(il)」は指示対象でも「花(fleur)」の意味でもなく、**語**そのものである。前方照応は名詞群とは異なるカテゴリーに関連し得る。とりわけ、以下の前方照応が存在する。
- 形容詞の地位：「それ［中性代名詞 le］」は、「効率的にね。マリーはそうなるだろうね(Efficace, Marie *le* sera)」において、形容詞の属性である。
- 動詞の地位：「ポールはジャック［がする］以上に寝る (Paul dort plus

que ne *fait* Jacques)」において、動詞「する (fait)」は「寝る (dort)」を前方照応する。しかし、名詞カテゴリーこそが、最も豊かな体系を提供するのである。

## 1.2. 前方照応、後方照応、内部照応

今日では、前方照応に、**後方照応**を対峙させ、より厳格な意味を付与する傾向がある。前方照応関係と言うのは、繰り返す語が繰り返される語の**後に続く**ときであり、**後方照応**関係と言うのは、繰り返す語が繰り返される語に**先行する**場合である。「前方照応」に二つの異なる意味を付与することを避けるために、前方照応と後方照応を、**内部照応概念**の下に再グループ化する。

つまり、次の二つの例において前方照応があるが、ここでは、**前方照応する**（繰り返しの）［言語］単位と、**前方照応されている**［言語］単位（先行詞）をイタリック体［行書体太字］にした。

(1a)**引き落とし**は、各請求書に記載された期日に実行される。**それら**は、20 暦日の期日後にのみ発生する。　（フランス・テレコムの申込書）

(1b)既にすっかり夜も更けた頃、**隣家から発射された対戦車ロケットが群衆の上に襲い掛かる**…2 人が死亡し、19 人が傷を負った**このテロ行為**は、衝撃の波を北部地域に引き起こした。

（『ル・モンド』、1997 年 1 月 3 日）

(1a)では、**代名詞の前方照応**がある。代名詞「それらは (ils)」は名詞群「引き落とし (les prélèvements)」を前方照応する。(1b)では、前方照応は異なった種類である。すなわち「このテロ行為 (cet attentat)」は代名詞ではなく、**名詞群**であり、それは、文全体、すなわち「隣家から発射された対戦車ロケットが群衆の上に襲い掛かる (une roquette antichar, tirée d'un toit adjacent, s'abat sur la foule)」を前方照応している。

反対に、次の二つの抜粋には**後方照応**がある。

(2a)**彼女が**、モルイユとエリー＝シュル＝ノワイエ間の県道 920 号線を、水曜日の 10 時半頃走行していた時、アミアン在住の**シルヴィー・**

ルカ、27 歳は、車のコントロールを失った。

（『ル・クーリエ・ピカール』、1993 年 1 月 29 日、4 頁）


(2b)あなた方は**それ**を理解するでしょう。**私は、この手紙によって、あなた方にフランスについて語りたいのです。**

（フランソワ・ミッテラン「全フランス人への手紙」1988 年、冒頭）


(2a)では、代名詞「彼女が(elle)」は、その解釈を可能にする固有名詞(「シルヴィー・ルカ (Sylvie Lecat)」)の**前**に位置づけられており、固有名詞を先行する。そして、代名詞が、固有名詞を**後方照応する**と言われる。(2b)では代名詞「それを(le)」が続く文全体を後方照応する。

　伝統的には繰り返される語を「先行詞」と言うが、**前方照応する**語に対峙させて**前方照応された**語とも言う。同様に、**後方照応された**語や**後方照応する**語と言うことが可能である。例えば、上記の例において「それを (le)」は**後方照応する**語であり、「私は、この手紙によって、あなた方にフランスについて語りたいのです (Je souhaite, par cette lettre, vous parler de la France)」は**後方照応された**語となるだろう。


## 1.3.　分節的、再述的、全体的、部分的内部照応

　先に挙げた二対の例は、**分節的**前方照応／後方照応と、**再述的**前方照応／後方照応との重要な違いを描いている。

- 「分節的」と言われる前方照応あるいは後方照応は、文より**下位レベル**の［言語］単位(例えば、名詞群あるいは形容詞群)を繰り返す。(1a)と(2a)は**分節的**前方照応と後方照応である。なぜならば、「それらは」と「彼女が」という代名詞は名詞群である「引き落とし」と「シルヴィー・ルカ」をそれぞれ繰り返しているからである。

- **再述的**前方照応あるいは後方照応は**少なくとも文と同じレベルの一節**を凝縮する。(1b)と(2b)の例は、**再述的**であるが、それは、(1b)は文を前方照応し、(2b)は後方照応しているからである。

内部照応はさらに**全体的**か**部分的**であり得る。


(1)これらの本はばかげている。**これら**は何の価値もない。

(2)私は君の友達に会った。**何人か**は病気だ。

(3)猫は怪我をしている。**耳**が血まみれだ。

(1)では、代名詞「これらは（ils）」は確かに「これらの本（ces livres）」の指示対象を繰り返している。すなわち、**全体的**前方照応である。しかし、(2)と(3)においては、違う理由で、前方照応は**部分的**でしかない。すなわち「何人か（certains）」（「多くの人（plusieurs）」「幾人かの人（quelques-uns）」「多くの人（beaucoup）」等と同様）は、単に「君の友達（tes amis）」という複数の指示対象の**部分集合**だけを繰り返す。(3)では、「耳（l'oreille）」は前方照応された指示対象「猫（le chat）」の**一部分**である。

## 1.4.　二つの明確な言説的働き

テクストは元来、線状的であるので、後方照応は、前方照応と異なり、少しテクストに無理強いをする。というのも、後方照応は、共・発話者に発話の続きを予想するよう、あるいはこのようになされた不足の解明を待つことを強いる。

一般的に、前方照応と後方照応は、同じ言説タイプを与えない。前方照応は**語り**において特権的役割を演じ、行為を連鎖させる。後方照応はむしろ**発話者の介入**に関係づけられ、自らの言葉にコメントする（「私は**それ**を告白する。私は間違っていた。(je *l'*avoue : j'ai eu tort)」）か、これから言うであろうことを先取りする（「**一つのこと**が確実だ。つまり、彼は正しかったのだ（*une chose* est certaine : il a eu raison）」）。まさに口語体で特徴的な発話行為の一種であり、そこで、発話者は前もって自らの言葉が否定されることから身を守ろうとし、相手の確信を得ようとする。

- 私が［**それを**］よく言うように、一回 1000 フラン獲得するよりも、100 回 10 フラン獲得する方が良い。
- ［**私はそれを**］繰り返して言うが、これらの人々は決してファンスカーフをつけないし、必ずしもチームがプレーするときにスタンド席にいない。　　　　（『リチネラン』124 号、1997 年 2 月 18–24 日号、6 頁）

これら二つの後方照応は対話から来ている。つまり、これらは発話者の自

らの言葉に関するコメント内に入れられている。これらは共・発話者に、い
かなる立場を続く発話に与えなければならないかを、前もって指示すること
ができる。

　**後方照応**は、多くは、中立の**不変**の代名詞「これ／それ／あれ（ça）［口語
的］」「これ／それ／あれ、この／その（ce）［文語的］」あるいは**再帰的**意味の
「それ（le）」、すなわち、少なくとも文章と同じ長さの単位を要約する代名詞
に依拠する。そのいくつかの例を考察した。前方照応に関しては、それは、
先行の語に、性数一致する代名詞に多くを依拠している。語りのテクストで
は、このことは前方照応された語を再び見出すことをより容易にする。

## 1.5.　非対称の関係

　内部照応は、本質的に**非対称**の関係である。それは、同じ次元に位置せ
ず、一方が他方に依存している二つの要素を関連づける。

　例えば、以下は、代名詞的な後方照応である。

　　**彼女が**［中略］県道920号線を［中略］走行していた時、**シルヴィー・
　　ルカ**は［後略］。

「彼女が（elle）」には、それを解釈できるための何かが不足しており、正
確にはそのためにこそ、代名詞「彼女が」は、コテクストの別の語、「シル
ヴィー・ルカ（Sylvie Lucat）」に関連づけなければならず、それは解釈する
ためにコテクストの他の語を必要としない。

　この非対象が同時に確かめられるのは、**同じ名詞の繰り返し**が限定詞の変
化（無変更の語彙の前方照応）と共にある場合である。例えば、「一頭の馬が…
この／その馬は…（Un cheval... ce / le cheval...）」のようなものである。ある
いは、「一頭の馬が…その動物は（un cheval... l'animal）」のように**語彙置換（変
更を加えた語彙の前方照応）**がある時である。反対に、以下は、いかなる内部
照応も非対称関係もない、すなわち、同じ名詞群の単純な繰り返しがある時
である。

　　**笑い**は緊張を緩め、再び安全であることを示す。さらに、**笑い**は私達の
　　畏れを管理するのに使われる。このように、**笑い**は私達が人生の困難な

時を乗り越える手助けをする。

（『健康とフィットネス』、11 号、1997 年 1 月、11 頁）

　これら「笑い (le rire)」の三つの生起のどれも、解釈するために他を必要としていない。これらは、それ自体で十分なのである。この繰り返しは通常、野暮ったいと判断されていると指摘しよう[1]。ここで、繰り返しは、このテクストの非常に教育的な特徴によって可能となり、科学的な研究結果を通俗化させるのである。


## 2. 代名詞化

### 2.1. 代名詞の内部照応

　「代名詞」の伝統的カテゴリーは異なる属性を有する二種類の要素を混在させる。**代理代名詞**（あるいは**代用代名詞**）と**自立代名詞**である。最初の二つだけは、大抵は性数が変化する内部照応の要素であり、真の代・名詞、すなわち、コテクストの他の［言語］単位を受け取る要素である。「自立代名詞」（「誰も…ない (personne)」「何も…ない (rien)」「全ては (tout)」等）は、代名詞であるが、それらが名詞群の構文上の地位を持っているという意味においてである。しかし、それらはいかなる語も受け取らない。代名詞の内部照応は、自立代名詞を、「私は (je)」や「君は (tu)」のような転位語の「代名詞」に関連づける。しかし、いくつかの要素は、ある時は代理代名詞、ある時は自立代名詞の機能を備え得るのである。例えば、「各々 (chacun)」である。

> **各々が**自分のことしか考えない（自立）。
> 彼らは再び戻ってきた。**各々が**鞄を持っていた（代理）。

　最も頻繁に使われ、最も柔軟な代理代名詞は、主語の「彼は／が (il)」であり、またその形態的変異形である「彼を／それを (le)」「彼女を／それを (la)」「彼に／彼女に／それに (lui)」「彼らに／それらに (leur)」「彼らを／彼女らを／それらを (les)」と、三人称の所有限定詞（「彼の／彼女の／その (son)［男性形］」「彼の／彼女の／その (sa)［女性形］」「彼らの／彼女らの／それらの (ses)」「彼らに／彼女らに／それらに (leur)」で、代名詞的前方照

応を含んでいる。

## 2.2. 代名詞化を利用する

　発話者が代名詞の属性を有効利用するのは、テクストにおいて興味深い意味効果を作るためである。

　例えば、以下の例がある。

　**水泳**
　**脱帽だ、カルヴァン…**
　バッファロー（スティーブ・リャン）——**彼らは**、非常に異なる理由で、**彼らの**テレビの前でオリンピックを見る決意をしなければならなかった。そこアトランタでは、水泳惑星の超大国と称えられるほどに皆を凌駕し、熱狂的な雰囲気の中で、オリンピックのメダルやタイトルを獲得し、**彼らの**アメリカチームの小柄な仲間が行進していた。なぜなら、ミスティー・ハイマンとチャド・カルヴァン、まさに彼らに関することであり、確かに欲求不満をずっと抱えていたからだ［後略］。
　　　　　　　　　　　　　（『レキップ』、1997 年 2 月 17 日、11 頁）

　最初の段落は、一連の前方照応的要素（「彼らは (ils)」「彼らの (leur)［後続する名詞が単数形］」「彼らの (leurs)［後続する名詞が複数形］」）を、先行詞なしに持ち出す。それゆえ、指示対象を探す読者にとって苛立ちの感情がある。実際、この苛立ちは、テクストが二人の水泳選手に付与した苛立ちを真似ている。さらに、発話者はこのゲームを読者の期待と共に「なぜなら、まさに彼らに関することであり (puisque c'est d'eux dont il s'agit)」を通して、明示し、自らの発話行為にコメントするのである。

　ここからは、農場の庭で抱き合う、若く魅力的なカップルの写真の上に置かれている次の広告のテクストを見ていこう。

　**彼は**すぐに家を夢見た。
　**彼女は**何が起きようと心地良くいたかった。
　我々の新しいクレディ・イモビリエ［不動産貸付］
　効果はすぐであった。

（1997 年 3 月 29 日、『テレラマ』2463 号内の BNP の広告[2]）

　テクストは二つの代名詞（「彼は (il)」「彼女は (elle)」）を先行詞なしで含んでいる。確かにこの先行詞の不在は、写真によって補われ、代名詞に指示対象を付与し得る。しかし、写真は、同様に、別の言語的特徴に関連している。すなわち、二つの代名詞は背景となっている半過去の文章内に位置づけられ、それは、ただ一つの単純過去（「である (fut)」[être（いる／ある）動詞の三人称単数の単純過去形]）の文に依存している。ところで、基本的に単純過去は複合過去と異なり、孤立的に使用することができず（第 11 章第 2 節参照）、これは、物語に組み込まれている。このように、テクストは、**ある話の抜粋**、すなわち、以前何か起こったような印象を与えるのである。写真に依拠しながら、読者は、全く苦労せずに古い家を買い、手直しをする若い夫婦の語りのステレオタイプを活性化する。それゆえ、「彼は」と「彼女は」は、大まかに書かれたこの先の話の主人公の名前を前方照応する。さらに、先行詞を与えないことは、興味深い意味の効果を作り出すことを可能にする。「彼は」と「彼女は」は、これこれという個人を指示せず、若い夫婦のステレオタイプを通して、典型的な男性と女性を指示するのである。このように、代名詞は、あらゆる男女の読者に「彼は」と「彼女は」の位置を占め、この典型的な物語の登場人物に同一化する可能性を与えるのである。

## 3. 語彙の前方照応

### 3.1. 語彙の前方照応と同一指示

　前述の通り、**無変更**の語彙の前方照応があるのは、**同じ**名詞の繰り返しがある時である。ここでは「その (le)[男性形単数定冠詞]」と「この／その／あの (ce)[男性形単数指示詞]」という限定詞の間の競合が十分に働く（第 19 章第 3 節参照）。「この／その／あの」による前方照応は、その関係がいわば指し示す、先行する名詞群との**直接的**関係を確立するのに対し、「その」による無変更の前方照応は、特定の属性を通して、共・発話者がコテクストにおいて選択しなければならない指示対象を対象とする。

　以下のように、**変更を加えた**前方照応があるのは、前方照応する名詞が前方照応される語の名詞と同じではない時である。

11 歳の若いラフ・コランが父親を公衆トイレで待っていると、**ある見知らぬ人**が、半券と引き換えに、鞄を彼に託す。そして、**その男**はトイレへ入る［後略］。

（『テレ・セット・ジュール』、1997 年 8 月 30–9 月 5 日、119 頁）

「その男」は、上位概念の関係において「ある見知らぬ人」の変更を加えた前方照応を構成する（見知らぬ人の部類は、人間という部類の中に含まれる）。

しかしながら、異なる二つの名詞群は同じ対照を**並列的に**強く指示し、同一指示の関係であり得るが（第 16 章第 1 節参照）、それは、無変更の前方照応がない時である。これが以下に見られる。

**ザルツブルグ**通りは昨日の朝に窓枠を打ちつけた豪雨の後、輝いている［中略］。有名な**ウォルフガング・アマデウス・モーツァルトの生誕の地**は、その地の天才の生誕 250 周年を祝う。

（『レキップ』、2006 年 9 月 20 日、9 頁）

イタリック体［行書体太字］の二つの名詞群は、**同一指示的**であり、それらは同じ個人を指示する。しかし、この同一指示は、言語手段によって確立されていない。そうではなくて、我々の歴史知識、すなわち、**百科事典的知識**によって、ザルツブルグがモーツァルトの生誕の地であり、この二つの名詞表現が同じ人物を指示することを知ることができる。これは、並列的な指示対象であり、**前方照応**ではない。そして、さらにはこの二つの表現を取りなし得るのだ。実際、これらの表現を順に置くということは、モーツァルトがザルツブルグで生まれたということを無視していた人を推論に導くのである。実際、制限されたコミュニケーション能力は話し手にテクストの作者が言説の法則を尊重していること、そしてその結果、もしザルツブルクでなかったなら、モーツァルトの生誕地について話さなかっただろうことを推測することを強制する。

## 3.2. 前方照応と評価

発話者にとって、前方照応的繰り返しは、ひそかに評価を強制する特

権的方法である。それはとりわけ、「この／その／あの (ce)」における変更を加えた語彙の前方照応と顕著で、しばしば指示対象の新しいカテゴリー化を起こす。「82才の住民 (Une habitante de 82 ans)」を「この元娼婦 (cette ancienne prostituée)」や「この裕福な年金生活者 (cette riche retraitée) よりむしろ、「生まれ育った小集落で幸せな日々を過ごすこの80代 (cette octogénaire coulant des jours heureux dans son hameau natal)」で繰り返すことは、肯定的に評価されるカテゴリーに主人公、つまり、罪のない犠牲者である主人公を導入させながらテクストを方向づけるのである。

特に顕著なのは、以下のような、再述の前方照応である。

**黄金戦争はライン川の彼方を激怒させる。**
ドイツ連邦銀行と政府は激しく対立している。
(記事はドイツの財務大臣 T. ワイゲルのプロジェクトのドイツ連邦銀行による拒否に言及することから始まっている。つまり、現状では、かなり低い価格で見積もられているドイツ連邦銀行の金の備蓄を市場価値において再評価し、4100万マルクの値上がりまで引き出すことである。)
連立政権は、直ちに同じ調子で再抗弁し、全構成員（CDU、CSU、FDP[3]）の共同声明において独連銀の議論に反論し、1997年以来、先取りによって膨らんだ配当金を得られるように、法律を修正する意志を有していたことを発表した。夕刻、中央銀行長のエコノミストは「*希望のない状況における政府責任の妙策*」である**この計画**を評価した。
**この常識外れの論争**はなぜなのか？本質、つまり、―― 人々の福祉 ――に戻るなら、ワイゲルの責任あるドイツ連邦銀行の備蓄を用いての駆け引きは非常に危険をはらんだものでしかない。「マクロ経済の視点からは、これは、責任ある空想にすぎない。それは、別の方法での借金を整理することにすぎない」と、フランクフルトの振替中央銀行のハンツヘルムート・コッツは指摘する。**このいかさま芸当**は、コール政権の精神において、ドイツ人に新しい犠牲を避けることを可能にするのだ。
(『リベラシオン』、1997年5月29日、22頁)

指示限定詞によって導入される三つの再述的前方照応を［ゴシック体太字で］強調した。初めのもの（「この計画 (ce projet)」）は、比較的中立である。

第 20 章　テクストの結束性：前方照応と後方照応　269

それとは反対に、続く二つは、明らかに評価的なカテゴリー化を示している。記者こそが、「計画」を「常識外れの論争（extravagante polémique）」、そして「いかさま芸当（tour de passe-passe）」とカテゴリー化しているのである。このような評価は決定的な方法で、テクスト解釈を条件づけるが、それは、明示的な断定の対象にならずにである。「T. ワイゲル計画はいかさま芸当である（le projet de T. Waigel est un tour de passe-passe）」とは言われていない。しかし、この提案は、「この／その／あの（ce）」である前方照応という唯一の事実によって自明のものとして表され、それは**前提化される**のである（第 13 章第 1 節参照）。

## 3.3.　変更を加えた前方照応の選択

しかしながら、変更を加えた前方照応を使用するということは、価値の諸判断を下す方法であるだけではない。一般的に、発話者は前方照応が導入される文章内容と一致する語彙的な前方照応を使用するよう導かれる。以下、テレビ司会者、ジャック・マルタンについて変更を加えた前方照応に関して考察しよう。

> **ジャック・マルタン：七番目の子供が一月に**
> ［前略］確かに、**氏**には自身が遅れたことを正当化するためのいくつかの情状酌量の余地があった。それは、年の初めの、彼の七番目の子供の誕生である…。
> 誕生は一月に予定されていると、**未来のパパ**は知らせているが、我々は、まだ男の子か女の子かは知らない。
> 既に（三人の異なる妻から生まれている）三人の娘と三人の息子の父親である、**日曜日午後の疲れを知らぬ大道芸人**は、その長寿番組は賞賛と不満を呼び起こしているが、新しい父性愛の視点から活性化されると自任している。
> **司会者**にとって、子供に甘いパパを演じ、即興で小さな料理をし、トリビアル・パスートゲーム[4]の際限のない遊びで売り込む機会だ。
> 　　　　　　　　　　　（『テレ・ロワジール』、1994 年 10 月 7 日 –14 日）

前方照応「氏（le monsieur）」は、ジャック・マルタンが子供の視点を通す

かのように知覚され得る。これは、彼を幼い子供たちの父親の視点に位置づけ、残りの文章がそれを強固にする。「未来のパパ（Le futur papa）」は、誕生を告知する文の内容に対して冗長的である。「疲れを知らない大道芸人…（L'infatigable bateleur...）」は、彼に付与された「長寿（longévité）」に対してそれ自体冗長である。「司会者（l'animateur）」という名称に対しては、これは、それは以下の文章によって彼に準備された色々な役割を要約しているだけである。すなわち、彼は放送だけではなく、家でもまた彼の子供たちにとって司会者、進行係なのである。語彙的な前方照応は多様な観点に登場人物を配置することを可能にし、直接のコテクストは正当化するしかないことが分かる。ここでは、驚くことなく、言説に関わり、名称に暗示的に含まれることを発展させるに留まるのだ。

### 3.4. 連想前方照応

　変更を加えた前方照応の特別な事例、**連想**前方照応は、全体から部分までの関係に立脚している。

> ガルミッシュは、**バイエルンの小さな町**で、谷にあり、アルプス頂上のふもとに広がっている。**建物の外壁**はバロック調の絵画で飾られ、**教会の鐘**は、ビザンチン様式を装った膨らみがあり、**老人達**は、長い口髭をつけ、膝の下ですぼめられたベロアのキュロットをはいて、羽根のついた帽子をかぶっている。
>
> 　　　　　　　　　　（『ル・パリジャン』、1997 年 2 月 21 日、19 頁）

　この種の前方照応で注目すべき点は、限定詞「その（le）」の助けを借りた繰り返しがあることだが、前方照応されている用語（「バイエルンの小さな町（une petite ville bavaroise）」）は前方照応している語（「建物の外壁（les façades）」「教会の鐘（les clochers des églises）」「老人達（les vieux）」）と同じものを指示していない。連想前方照応が機能し得るのは、共・発話者が、その家々の外壁、教会、鐘、恋人達、老人達、通りといった構成要素として有している「バイエルンの小さな町」のステレオタイプの表象を自らの記憶の中に持っていると考えられるからである。このようなステレオタイプは狭義的に語彙能力と百科事典的能力とを混在させる。すなわち、あらゆる家は外壁

を有するが、この小さな町であるバイエルンの特徴だけが、通常、小さな町が寺院やモスクよりもむしろ、教会を含んでいることを思わせるのである。

**注**

1 ［訳注］通常、フランス語では繰り返しを避けることが美しく洗練された文章とされる。

2 ［訳注］BNP（Banque Nationale de Paris パリ国立銀行）。2000年に合併によりBNPパリバ（BNP Paribas）となった。

3 ［訳注］CDUはドイツキリスト教民主同盟、CSUはキリスト教社会同盟、FDPは自由民主党。

4 ［訳注］ボードゲームの一種。

# 第21章
## ブランド名と商品名

　この本を締めくくるにあたって、メディアコミュニケーションの世界において特別な役割を担っている固有名詞の類型、つまり、**ブランド名**とその相関物である**商品名**に、より詳細に関心を向けよう。これらブランドにより、我々の世界は、人間でも、動物でも、物でも、所有物でもない「コカ・コーラ(Coca-Cola)」「ルノー(Renault)」「LVMH［モエ・ヘネシー・ルイ・ヴィトン］」といった観念的な存在で一杯である。これらは、さらに広告発話の責任者として表現されるという特性を有している。


## 1. 三種類の名称

　**ブランド**名は、異なるレベルにある他の二つの名称と関係しなければ意味を持たない。それは、つまり、**商品カテゴリー**名と**商品**名である。
　以下のスローガンを見よう。
- マーシュ[1]、それがサラダを変える。
- ランチア、車よりも現代的。
- ファースト、永遠の香水。

　この三種類の名称、**ブランド名**（「ランチア(Lancia)」）、**商品カテゴリー名**（「車(voiture)」「サラダ(salade)」「香水(parfum)」）、**商品名**（「ファースト(First)」）が現れている。
　**ブランド名**は、固有名詞の一類型である。（何人もの「ピエール(Pierre)」や「デュポン(Dupont)」等が存在し得る）人名とは違って、国名（「中国(la Chine)」「ブラジル(le Brésil)」）のように、**唯一**の観念的な存在のみを意味する。同時に、人間個人に付与される多くの属性を所有する、集団の動作主、企業を指す。ブランドは、商品の立案者、その品質責任者の役割を演じる。つまり、ブランドの**証言的**役割を担う。「ブランドによって、メーカーは、

本物であることを保証したり、責任を負ったりして、広告に対しての態度を表明している」[2]のだ。実際、ブランドは、益々その商品に誠実さや若さ等、いくつかの固有の価値を与える言説の生成者となるために、商品のメーカーという地位を離れている。

**カテゴリー名**は、特定と総称の二重解釈を伴う「これ (ce)」あるいは「一つの (un)」といった限定辞をつけ得るような伝統的に「普通」と言われる名詞を通して表現される (第 19 章第 4 節参照)。一つのブランド名が、カテゴリー名になることもある (「フリジデール (un frigidaire) = 冷蔵庫」「ダマール (un damart) = 保温肌着」等)。

**商品名**は、ブランド名のように、人名やブランド名、芸術作品名 (絵や小説のタイトル) とは異なる固有名詞 (「クリオ (Clio)」「ポロ (Polo) 等[3]) であり、それは唯一の個体ではなく、**先験的に**無数の同一の商品を指す。しかし、全ての商品が一つの名前を持っているわけではない。例えば、香水や車は一つの名前を持っているが、個別化が困難で、はかなく、希少性という特権を享受しない野菜は持っていない (我々は毎日車を購入しない)。


## 2. カテゴリー名

### 2.1. いくつもの可能性

社会の構成員は、人間、出来事、言葉等、出会う全てのものをカテゴリーごとに並べることを学ぶ。商品もこの規則から免れない。したがって、大型スーパーマーケットでは、通路の入り口から、「砂糖 (sucre)」「ドッグフード (aliments pour chiens)」「乳製品 (laitages)」等の札を目にする。また、あるカテゴリーの典型、つまり、その中心、もっとも典型的な見本を定義することを学ぶ。言語の中で様々な方法で表現される好例は、「**本物の**車 (une *vraie* voiture)」「**優れた**洗剤 (une *bonne* lessive)」「**吸引力の強い**掃除機 (un aspirateur *aspirateur*)」「まさに、これが車**というもの**なのです。(ça, c'est *de la* voiture)」等である。あるものは、**多かれ少なかれ**、この中心からかけ離れる。例えば、鳥のカテゴリーでは、雌鶏は雀よりも中心には**ない**ように思われるが、ペンギンやダチョウよりは中心に**ある**と思われる。

ある商品を市場に導入する時には、消費者は、既に、世の中の慣例に合ったカテゴリー一覧を備えているという事実に拠らなければならない。この前

もって決められた類別から出発することで、この商品を名称の世界に位置づけるための様々な選択を得られるのである。

(1) その商品がカテゴリーの中心に**合致している**ことを示そうと努力し、既存の名称と対峙させる。すなわち、この掃除機が、「優れた」掃除機に期待する全てにまさしく適合しているということである。

(2) **既存のカテゴリーに対してのその商品の外見は問題にせず**、新しい名称を考案する。最も頻繁には、慣用の名称との言葉遊びをすることで行われる。例えば、エスティローダーはそのファンデーション「エンライトゥン(Enlighten)」を「肌色美化リキッド(Fluide Embellisseur de peau)」として再カテゴリー化している。

(3) **新しいカテゴリー**として表したいものに結びつけて、新しい名称を考案する。例えば、「テープレコーダー(magnétophone)」に対して、「ポータブルオーディオプレーヤー(baladeur)」は新しい用途を定義する。

## 2.2. 様々な例

その見かけにもかかわらず、「マーシュ、それがサラダを変える(La mâche, ça change de la salade)」や「ランチア、車よりも現代的(Une Lancia c'est plus moderne qu'une voiture)」は、(1)に入る。一番目は、サラダの下位カテゴリー(マーシュ)をサラダの競争相手のカテゴリーに変化させるという言葉遊びをしている。これは、フランスではサラダのカテゴリーの中心、つまり、サラダの典型はレタスであるということによって可能になる。マーシュは、その大きさや葉の形から「サラダらしくなく」、このカテゴリーの限界により近い。しかし、これは、実際には、新しい用途が合うカテゴリーを作る必要はない。二つ目のコピーでは、ランチアは、そのカテゴリーでよりよく再検討するためにのみ、車のカテゴリーに留まる。それは、「ようやく、あなたをファックスから自由にするファックス(Enfin, un fax qui vous libère du fax)」(キャノン)のようなコピーにしても同様である。これら三つの事例では、新製品は、実際、そのカテゴリー、サラダ、車、ファックスに期待している以上によりよく応えるとみなされている。

カテゴリーにある一つの名称を付与すれば十分という訳ではない。それに応じて、この名称に関する言説を入念に作り上げなくてはならない。次の広告が我々にそれを示している。

エリゼマット
タン・フリュイド
ゲラン
光沢のあるガラス瓶に入った、
あなたの肌色のための
新しい輝きのしぐさ。
驚くほどさらさらで、でも
カバー力がある、エリゼマットは
あなたの顔に
自然なマット感のヴェールをかけます。
保湿力、抗酸化力があり、
あなたの肌に
特別の優しさと快適さをもたらします。
比類のない化粧もちを
保証します。
エリゼマット。あなたの肌に
ゲランの完璧な輝きを。
ゲラン
パリ

　この商品の固有名詞（「エリゼマット（Élysemat）」）は、「フォン・ド・タン（fond de teint）［ファンデーション］」という既存のカテゴリーの変形に由来する、「タン・フリュイド（Teint fluide）」という新奇なカテゴリーに並べられている。「フォン・ド・タン」から、「タン」［肌色］は保たれているが、「タン」と「タン・フリュイド」の間の不明瞭な言葉遊びがなされている。つまり、肌色のための商品は、「タン」と名づけられ、その技法が自然になるのである。換喩のプロセスによって、ファンデーションは、それが引き起こすとされる効果によって示されている。
　カテゴリー名は、その意味の潜在性が隠れて動く**語**であり、言説はそれに合わせて選別しなければならない。「タン・フリュイド」という名称においては、「フォン」［下地］という語に結びつくいくつかの意味的特徴が取り除かれている。特に、塗り重ねるという考え、そしてまた、何か静的で、固

いものという考えである。しかし、「フリュイド［さらさらした］」は、「液体」へと傾くおそれがあり、したがって、もちが良くなければならない「優れた」、「本物の」ファンデーションの典型に合致しない恐れがある。それゆえ、読者が「フリュイド」からこの商品に不都合な結論を導き出すのを阻止するために、「でもカバー力がある(et pourtant couvrant)」という調整が入るのである。

　実際には、「フォン・ド・タン」の代わりに新しいカテゴリー名を押しつけるものではなく、読者がすぐにこの商品を「フォン・ド・タン」のカテゴリーに位置づけたのを知りつつ、「この」ゲランのファンデーションを他のものと区別し、このカテゴリーに属させる言葉遊びをしているのである。

## 2.3.　カテゴリー名と舞台装置

　この例で、舞台装置について言及したこと（第7章第3節参照）と似たような状況に行き着く。F. ミッテランの「全フランス人への手紙」を読む有権者は、このテクストを一つの言説カテゴリー（一つのジャンル）である選挙運動の言説カテゴリーの中に配置させて読む。そして、私的書簡の舞台装置というこのジャンルに関する舞台をつけ加えて、この言説は、それがどのように受け取られようとしているのかを示す。同様に、女性消費者は、ゲランの「タン・フリュイド」はファンデーションであるが、広告は「タン・フリュイド」という別のカテゴリーを提案しているふりをしていることを知っているのだ。

　このように、発話行為舞台として、三つのレベルを引き出した。
- 　「総括的舞台」は、商品カテゴリーとして取り出される領域に相当する。例えば、ファンデーションならば、それは化粧品分野であろう。
- 　ジャンルに関する舞台は、先に見たもので、商品カテゴリーの名称に相当する。
- 　舞台装置は、ブランドがその商品に要求するカテゴリー名称に相当する。

　商品カテゴリーに関する、上記に言及したこれら三つの戦略は言説ジャンルの為でもある。すなわち、戦略(1)は、ジャンルに関する制約に従うことにある。戦略(2)は、ジャンルに関する制約について、独自の舞台装置の展

開を前提とする。戦略（3）は、新たな言説ジャンルを定義し、ある意味では
ゲームの規則を変更する。


## 3. ブランドとその言説

### 3.1. ブランドイメージとブランド言説

　ブランド名は一つの固有名詞である。それゆえに、ブランド名は、直接的
な方法で、その指示対象を特定し得る（第19章第2節参照）。例えば、「ルノー
（Renault）」が何を指示するのかを知るために、読者は、場合によっては、
一企業について、その企業が車を製造しているという情報を含む、自身の百
科事典的知識に頼らなければならない。

　一つのブランド名は、あらゆる固有名詞と同様に、時代の流れとともに蓄
積された表象の流動的な総体、「ブランドイメージ」に結びついている。そ
のイメージに対して、企業は絶えず行動しなければならない。このイメージ
の変遷は、かなりの点で、企業が自身やその商品について放つ、放った言
説、特に広告に拠っている。ブランドが、自身が生成する発話を超越した
**アイデンティティ**として振る舞うのは無駄である。実際、ブランドはこれら
の発話によって変えられるのだ。つまり、発話がそのイメージを強固にする
か、反対に変化させるかである。一つの発話から他の発話へ、ブランドは、
自身が語る歴史を通して、自身に特有の言説を織りなそうと努める。このよ
うに、ブランドは、自分自身が述べる言説を通して、自身のアイデンティ
ティを**体現する**。この点で、**同化**（第8章第2節参照）のプロセスは、重要な
役割を果たす。なぜなら、それは、ブランドという抽象的な要素とブランド
が伝えたい内容との間の媒介物である。ジャック・ダニエル（Jack Daniel's）
とモデル従業員との話の間には、この話が語られることを通した、舞台装置
とエートスがあるのだ。


### 3.2. 二つの例

　ブランドによって生成される言説はその名前と調和しなければならない。
ブランド名として、ジュスタン・ブリドゥという豚肉加工品ブランドは、こ
のブランドが述べ得る言説に決定的に影響する。この名前は、最先端技術に
結びつく価値よりも、農産地や手工業への愛着という価値により方向づけら

れている。同様に、ジャック・ダニエルのウイスキーは、創立者の名前と苗字を結びつけ、モデル従業員、リチャード・マクギーによって体現された、伝統に重きを置いた言説を展開する。引用したテクスト（第2章第3節参照）の中で、マクギーは、ジャック・ダニエルというブランド名と同じ名前として、二重の地位を持っている。それは、一**個人**の名前を創設者に結びつける。そして、英語での「ズ('s)」は、一企業や一**集団**を示す[4]。実際、これは、名前と苗字を持つ**個人**として写真に見えるように表されるが、しかしまた、**模範的な**個人、この企業の良い従業員の典型としても表される。

　ここからは、テレビ流通業者のためのこの広告を考察しよう。

### このガイドを読む前にテレビを買わないで。

　新しいコネクションTVガイドが出ました！くれぐれも、これを読む前に何も買わないように…後悔するのを避けるために。この24ページの購買者の真のバイブルは、映像の現在と未来を解明します。デジタル革命は私たちにどのような将来をもたらしてくれるのか？ 16:9（ワイドスクリーン）方式は、過渡期の方式か決定的な進化か？ナイカム、100ヘルツ、ドルビープロロジック、はっきり言えば何に役立つのか？あなたが投げかけるあらゆる大きな質問への簡単、簡潔、詳細な答えがついに見つけられます。

　特に、コネクション審査員のセレクションを見てください。情熱ある辛口の専門家が、あなたのために、有名ブランドの優秀な製品を綿密に調べました。彼らは、あらゆる価格帯の選り抜き商品だけを取り上げました。裏づけとなる点数、判断、意見、偏見と共に。要するに厳密なコネクション方式。すぐに取りに駆けつけるべき。コネクション全店で無料。

コネクション

コネクションなしでは未来は無い

（『ル・ヌーヴェル・オプセルヴァトゥール』、

1996年1672号に掲載された広告）

　ここでは、ブランド名「コネクション（Connexion）」は単なる名札ではなく、これは、その舞台装置とエートスを通してテクストの総体を条件づける。このブランドが機材と利用者の間に確立したい「コネクション」は、発

話行為プロセスにおいて**体現されている**。実際、コネクションは、発話と発話行為という二つの言語使用域、つまり、読者－消費者との言語的繋がりで機能している。慣用では、この「コネクション」という用語は、最大限の即時性かつ効率性を目指す、（電話、コンピュータ等）技術的領域のコミュニケーションを指し示して、特別に用いられる。このテクストでは、発話の繋がりは、（『ル・ヌーヴェル・オプセルヴァトゥール』のようなエリート向け雑誌では驚くべきことに）君(tu)を用いた親しい話し方［和訳では「あなた」とした］に頼っていることで表される。これは、実際には、ブランド名が指すことに順応するように、読者のポジティブ・フェイスとネガティブ・フェイスを脅かすように見せかけ、この読者と直接的関係を確立する。そこから、言語使用における経済性実現を示す意志が理解できる。キャッチフレーズでは、発話者は、（絶えず婉曲な言い回し、「間接的方法」に頼る）儀礼的表現を用いず、かなりの数の限定辞と句点を取り除く。これは、加速の効果を生じさせ、それは、「裏づけとなる点数、判断、意見、偏見と共に。要するに厳密なコネクション方式。すぐに取りに駆けつけるべき。コネクション全店で無料。(Avec notes, jugements, conseils et parti pris à l'appui. Bref du pur et dur façon Connexion à courir retirer tout de suite et gratuitement dans tous les magasins Connexion.)」という最後の二文に明白である。

　この直接的、効果的に話すエートスは、「すぐに…べき(courir... tout de suite)」によって、また、「要するに(bref)」と「厳密な(pur et dur)」を通して、この抜粋の中に現れる。実際、「要するに」は接続詞で、完遂されない恐れがある一つの発話との関係を断つことを示しながらも、続きがその情報の最も重要な点であることを表す。「厳密な」については、これは、直接的であるようにとの要求に妥協するのを拒む一つの発話行為のエートスそのものを明示している。このように、このテクストは、一つの発話行為／コネクション、電子部品間の接続の瞬間性を持つような一つの発話行為モデルによって、活きているように思われる。

　実際には、このエートスは、テクストの初め(キャッチフレーズ)と終わりという、この二つの重要な領域にだけ主として表れている。残りの部分は、あなた(vous)を用いた丁寧が求められる、より伝統的な論証に属している。ゆえに、言説タイプに結びついた制約とこのブランドの言説が含むエートスとの間の歩み寄りがあるのである。

## 4. ブランド名

　ブランド名には様々なタイプが存在する。その作られかたを考察することで、その言語の**語彙からの借用、創立者の名前**等、それらを分類することができる。ここで興味を引くのは、**コミュニケーションプロセス内でのそれらの意味効果だけ**である。つまり、ジュスタン・ブリドゥという豚肉加工品のブランド名が作られた、あるいは、実際にこのような名前の創立者が存在していたのかどうかは重要ではないのだ。

### 4.1. ブランド名と言語

　例え、ブランド名が語彙の一単語、さらには名詞グループ（「ラ・ルドゥットゥ（La Redoute）[5]」や動詞（「クーリール（Courir）[6]」）に音声的、綴り字的に同じでも、その地位を変えながら、ブランド名は、**固有名詞**という新たな言語学的特性を獲得する。

　「クリニーク（Clinique）」という化粧品ブランドを考察してみよう。対応する普通名詞とは異なり、これは、大文字、冠詞なしで用いられ、数での変化がなく、動作主の特徴を取る（「クリニークは新シリーズを開発しました。（Clinique a inventé une nouvelle gamme.）」）。これはまた、文法上の性までも変化させる[7]。「デュポン医師のクリニックは、**評判が良い**（La clinique du docteur Dupont est *performante*）［女性形］／クリニークはニキビに**効果的**です（Clinique est *performant* pour l'acné）［男性形］」のように。実際、これは男性形というわけではなく、文法上の性の対立の中性化であり、男性形でも女性形でもないのだ。これはまた、ある種の比喩、特に喚喩を可能にする。「普段、私はクリニークを買う。これは私に合っている（J'achète en général Clinique, ça me convient）」ここでは、「クリニーク」は、その会社ではなく、その会社の商品（生産者の商品への喚喩）を示す。常に喚喩によって、それは量化され得る。例えば、「クリニーク（クリニークの製品）は良い（Les Clinique [les produits Clinique] sont bien）」「私のクリニーク（容器）がひっくり返った（Mon Clinique [le flacon] s'est renversé）」である。

　この語彙単位がブランド名になる地位変化は、単語群である時には、さらに注目すべきである。例えば「ル・タヌア（Le Tanneur）[8]」「ル・ボン・マルシェ（Le Bon Marché）[9]」あるいは「ラ・ブランシュ・ポルト（La Blanche

Porte)[10]」もまた、「ルブロン (Leblond)[11]」や「ルノワール (Lenoir)[12]」の
ような苗字と同様に、まとまりとして機能する。この場合には、(「一つの
(un)」や「この (ce)」ではなく) 定冠詞で用いられており、それは、既に消
費者の知の世界にあるとされる、唯一の実体を指すことを可能にする。そ
れゆえ、多くのホテル名や宿屋名も「ル・リオン・ドール (Le Lion d'or)[13]」
「ローベルジュ・デ・ヴォワイジュール (L'Auberge des voyageurs)[14]」等とい
うように、同じ方法で機能している。

　これらブランド名は、大きく三つに区別することができる。**略号、人名、**
そして**喚起的名称**と呼ばれるものである。

## 4.2. 略号

　これらは、SNCF ＝「フランス国有鉄道 (Société Nationale des Chemins de
Fer)」、EDF ＝「フランス電力 (Électricité De France)」等、単語群の最初の
文字によって作られる名称である。その使用者が、略している元の単語群に
関係づけることができない時には、しばしば略号が許される (IBM[15] のよう
な事例)。

　ブランドが広告言説内に現れるや否や、すぐにその名前が、自身が発する
言説、そしてまた販売商品と一致するように手はずを整えなければならない
ことを既に考察した。しかしながら、略号化のプロセスは、それ自体として
は、むしろ技術的効果を暗示する。例えば、統計に依拠する SOFRES (フラ
ンス世論調査会社) や IFOP (フランス世論研究所) の調査研究所と同様に、
鉄道は、略号を保っていると分かる。逆に、香水や洋服のブランドは、一般
的にそれに反する。

> 女性が経営している会社は平均よりも 2 倍利益が上がり、2 倍早く成長
> する。『ラントルプリーズ』のために SCRL が独占で行った調査結果が
> それを決定づけている。(『ラントルプリーズ』、1996 年 11 月号、42 頁)

　この短いテクストでは、「SCRL」(どのような単語群が略されているのだ
ろうか。)という略号の全くの不透明性は、この文脈、つまり、会社の名前自
体がその性質を帯びている技術的に有能な統計調査という文脈を相伴ってい
る。

略号を書く時には、大文字の間のピリオドは保つことも省略することもできる。ピリオドの省略は略号とそれが由来する単語群との関係を弱める傾向がある。現在、メディアでは、ピリオドをつけることは減多にない。統語的観点からは、略号は、**限定詞**が前につく（「la SFR」）か、**限定詞無し**（「SFR」）かの二種類の用法が可能だ[16]。それゆえ、文字の間のピリオドを保持するかしないか、冠詞を使用するかしないかにより、「la S.F.R.」「la SFR」「S.F.R.」「SFR」という、四つの可能性がある。言説はこれらの可能性を使うことができる。冠詞とピリオドを用いた略号（「la S.F.R.」）は、本来の単語群の関係とその会社の集団的性質を目立たせる（女性形は頭文字の「S」が示す「Société（会社）」という名詞との繋がりを保つ）。対するものとしては、冠詞とピリオドの不在（「SFR」）は、略号と動作主という性質を近づける。外的コミュニケーションは、この二つ目を優遇し、ブランドに責任感を持たせ、個別化する。逆に、政党は、冠詞とピリオドを用いた略号を取り、集団的な次元で接触を保とうとする。しかし、一般的に、「l'UMP（国民運動連合）」「le PS（社会党）」「le FN（国民戦線）」のように、文字の間のピリオドはない。ここでは、ピリオドの不在は、略号におけるその専門的、行政的側面を取り除くが、冠詞は略号が個人的動作主として機能するのを妨げている。

## 4.3.　人名

　数多くのブランド名が、実際の、あるいは架空の**人名**として現れる。いずれにせよ、一企業は、話し手によって、集団的動作主として、本能的に分類され、それは国（「フランスはウルグアイとの条約に調印した（la France a signé un traité avec l'Uruguay）」）や政党（「社会党が緑の党と議論する（le Parti socialiste discute avec les Verts）」）等と比較できる。言語学的用法は、集団的存在を単数の存在と同じように扱う。

　　**私はポールで／マッキントッシュで携帯を買った。**
　　**ルノー／この販売業者は保証を利用したくない。** 等

　ブランドの人名は最も頻繁には、三つの大きなタイプに分類される。
(a)「プジョー（Peugeot）」「トムソン（Thomson）」等
(b)「ジュスタン・ブリドゥ（Justin Bridou）」「クリスチャン・ディオール

（Christian Dior）」等

(c)「ポール（Paul）」「マリー（Marie）」等

　(a)の場合には、**苗字（家族名）を優遇し**、名前を消している。(b)では、**名前と苗字を組み合わせている**。(c) では、名前だけだ。名前の消去は、名前を**非個別化**し、揺るがない集団性を優先する。名前と苗字を保持することは、（創立者、創始者等の）個人の履歴的な側面を優先する。非常に多くの人員を結集し、非常に組織だったチーム、重装備で複雑な機械類に関わる自動車ブランドは、個人的な面を消すがゆえに、名前を消去する傾向にある（「フォード（Ford）」「日産（Nissan）」等）。逆に、個人的創作と、多くの場合想像的な絆を保ちたい商品ブランド（婦人服、食料品等）は創造的個性を優先する傾向にある。名前の使用は、ある狭いグループ（家族、友人）内の関係に定められているため、名前だけの使用（「マリー」「ポール」等）はかなりまれで、親密さに結びつく商品（洋服、料理等）に限られる。そこでは、ブランドはむしろ近親者の姿をして現れるのだ。

### 4.4. 喚起的名称
　**喚起的な**ブランド名は、それぞれのブランドに特有の言説において演出されるのと同じように、商品の性質を喚起させようと努める。これらの名称は、二つのグループに分かれる。
- 　新しい名前を広める**新語的**名称。
- 　固有名詞やその言語の単語といった、**既に広まっている**諸単位の意味的価値を活用する**流用された**名称。

　**新語的**名称は、様々な手法を形成する。「ヨープレ（Yoplait）[17]」のような用語は、販売される商品のカテゴリーを示す語彙の一単語（「レ（lait 牛乳）」と、指示価値のない、つまり、品物の種類を示さない要素「ヨープ（yop）」を組み合わせている。「ヨープ」は、「ヨーグルト［フランス語で yaourt］」のヨ（Y）と、素早い動きを伴う「それっ（hop）」を組み合わせることで、喚起的な意味を持っている。エコ（ECCO）という人材派遣会社の名前では、「エコノミー（économie）」の冒頭の「エコ（éco）」とコミュニケーションに結びつく用語である「エコー（écho 反響）」を同時に想像し得る。とはいえ、ここでは、しばしば憶測することを余儀なくされる。なぜなら、様々な語彙単位

を喚起するこの種の名前は、まさに想像力を働かせるように考案されているからだ。

**流用された**名称は最も頻繁にある。これらは、既存の［言語］単位に付随した記号内容（シニフィエ）を用い、それは、**言語学的**知識（「クリニーク（Clinique）」）に属する名詞や「アテネ（Athéna）」「アカプルコ（Acapulco）」等、**百科事典的**知識に属する（歴史、地理等の）固有名詞である。この名称戦略は、既に強い意味的な重みを持った用語を頼りとするという利点がある。それゆえ、この重みは、販売する商品に合っていなければならないし、ブランド言説がそのイメージ方針に合う意味的特徴を選別しなければならない。

「アテネ」が香水ブランドであると仮定しよう。この場合、おそらく、どちらかといえば、この女神の名前と結びついたいくつかの意味的特徴（女らしさ、古典主義、ギリシャ等）を明らかにし、その他の特徴（冷たさ、合理性等）は後回しにするだろう。逆に、もし「アテネ」がコンピュータブランドであれば、論理や道徳的厳密さの側面が、普通なら優遇されるだろう。化粧品ブランドに「クリニーク」を選ぶことは、商品を化粧品カテゴリーではなく、医薬品カテゴリーに「移動させる」ことを可能にする。しかしながら、単調さ、苦しみ、死等、いくつかのネガティブな特徴をもたらす危険も伴う。ゆえに、歴史によってその語に結びつけられる暗示的意味についてふさわしい働きがなされなければならない。

単純な事例だけを扱ったが、また、ブランド名は複数のカテゴリーにまたがっている。ホテルチェーンのアコー（ACCOR）は（同様に発音する）同音異義語の「アコー（Accord 同意）」の**流用**であると同時に、最後の「D」がない、**綴り字の新語使用**である。これもまた、**略号**であるが、一般大衆に全くそのようには知覚されていない。

さらに、数多くのブランドのグローバル化が、国、言語、書記方法等によって、その名前から獲得する知覚を様々に変化させていることを覚えておかなければならない。一つの名前は、ある文脈においては、むしろ略号として、ある文脈では動作主の名前、ある文脈では新語使用、ある文脈では流用として識別される。消費者の百科事典的知識もまた決定的な役割を演じる。例えば、韓国語を知っている人は、サムスン（Samsung）は「三つの星」を意味すると分かり、ドイツ語を知っている人は、フォルクスワーゲン（Volkswagen）が「国民車」を意味すると分かる。理解はまた部分的でしかない時もあり

得る。「ティンバー(timber)」の意味が分からないので、ティンバーランド(Timberland)という洋服ブランド名を理解しないフランス語話者も、それが少なくとも英語の単語であると知覚し、おそらく「ランド(land)」は理解し得るだろう。

## 5. 商品名

### 5.1. 様々な名称

ある種の**商品**は固有名詞を持つことを考察した。それは、

- 略号、特に、様々な割合で、略号と数字を結びつける技術的人工物: HP720、690C(プリンター)、307(自動車)等
- 新語名称:カニグー(Canigou[18])(犬用食品)、エリゼマット(Elysemat)(ファンデーション)等
- 普通名詞や固有名詞の流用:クリスタル(Cristal)、トレゾア(Trésor 宝石)(香水)、コラント(Corynthe[19])(時計)、モンブラン(Montblanc)(万年筆)等

これらの名称の言語学的作用は、関係する商品カテゴリーに非常に敏感である。機器類は、話し手によって、「私は一台の GTI を買った(J'ai acheté une GTI)」(車)、「トムソンは、美しい(Les Thomson sont beaux)」(テレビ)等、可算名詞として扱われる。この場合、文法性は商品カテゴリーによって付与される。例えば、「私は**一台**の GTI を持っている(J'ai *un* GTI[20])」(トラック)、「私は**一台**の GTI を持っている (J'ai *une* GTI[21])」(車)。逆に、香水は冠詞を持たない(「私はフルール・ド・ロシュあるいはアンジェルをまとう (Je porte Fleur de Roche ou Angèle)」)。

### 5.2. 新語的名称

一つの商品が市場に出る時には、それに固有名詞を付与するために、既に流布された言説に由来する、その**商品カテゴリー**や**ブランドイメージ**によって課される制約と折衝しなければならない。例えば、一台の車を売ることは諸制約を強制し、一台のルノーを売ることは他の諸制約を強制する。

「エリゼマット(Elysemat)」という選択は、ブランド(ゲラン)に付与された価値と商品カテゴリー(ファンデーション)との間の調整の結果である。こ

の名前は夢についてのフロイトの研究に続いて、精神分析学者が「圧縮」と呼ぶところの産物である。実際、「エリゼマット」という記号表現において、一連の多少ともはっきりしない他の単語は、書記法（特に「Y」）同様、発音によって、凝縮され、融合されている。

ÉLYSÉE (S), ÉLISE, LYS, LISSE... MAT

（パリの名高い大通りに関連する）「エリゼ（ÉLYSÉES）」は豪華さを、「エリーズ（ÉLISE）」は、有名なベートーベンの「エリーゼのために」という間接的な方法で、ロマンチックな少女や芸術を思い起こさせる。豪華さ、ロマンチスム、美はゲランのイメージと調和している。リス（LYS）は、少女のステレオタイプ（白百合、純潔な百合等、純粋な少女のステレオタイプ）と、「リキッドファンデーション」というカテゴリー名のように、テクストによって強調された商品の清潔さを目立たせるリス（LISSE）との交わりにある。ここではまた、百合に理想的な肌色を隠喩させる慣用表現（「純白の肌色（teint de lys）をした」）を上手く利用している。テクストで滅多に使わない派生語である「つやのなさ（matité）」という名詞によって明示されるマット（MAT）への移行が保証するのは、それ自体、この商品が肌色に与えるとされる質、なめらかさ（lisse）とマット（mat）である。

## 5.3.　流用された名称

既存の語彙的単位の流用は、**語彙の単語や固有名詞**に関わってくる。

ランコムブランドの香水を「トレゾア（Trésor 宝石）」と呼ぶのは、商品に、語彙的単位のいくつかの意味的特徴、特に貴重な特徴を移すという、隠喩的な働きをただちにもたらすことである。しかし、広告テクストの研究だけが、その言説が実際に前面に出そうと選んだ語の記号内容の側面を取り出すことを可能にする。

語彙の一単語は、物理的属性と文化的属性とを結びつける。例えば、フランス語での「クリスタル」は、まさに星座のように点在するものの中心のことである。

- クリスタルは、言語においては、かなりの数の慣用表現に結びつく（「クリスタルのように透明な（transparent comme le cristal）」「クリスタルの

ように壊れやすい (fragile comme le cristal)」「クリスタルの清らかさ (la pureté du cristal)」等)。

- クリスタルは、洗練され、高価な食器の製造に結びつく(瓶、グラス等)。
- その記号表現は、いくつかの音声的特徴を持っている。例えば、二つの母音を含むが、一つ目はフランス語の最も狭い母音で、二つ目は最も広い母音である。その冒頭は、「クリ(cri)」「クリスト(キリスト Christ)」と同音異義になっている等。

この潜在的な価値の点在を通して、広告言説は、それらの価値をブランドに付与された価値と商品カテゴリーに付与された価値を調整するために、その道を切り開いていかなければならない。

**固有名詞**については、語彙の単語についてのようには、記号内容を口にすることができない。その指示対象は、歴史的、地理的な文脈等の開かれた総体を喚起する。そして、その記号表現は、音声的、あるいは綴り的構成要素(音節、音素)が暗示的意味を放つ。「コラント(Corynthe)」の高級時計(第11章第2節参照)で既に言及したように、この広告は、神々、永遠、大理石の彫刻、幾何学的完璧さ等に結びつくこの町が古代ギリシャに属していることを上手く利用している。それはまた、「コラント(Corynthe)」という記号表現が、「or」を含むこともまた利用している。例えば、印刷は、「オランプ (Olympe)[22]」や「金(or)」の「o」をより大きなサイズにし、かつ時計は丸い形をしている。しかしまた、この広告言説は、「-cor」と「体(corps)」、あるいは「-ynthe」と「聖女(sainte)、抱擁(étreinte)」等、音声的類似も同様にうまく活用でき得たかもしれない。

**注**

1 　［訳注］マーシュとはサラダ菜の一種。

2 　Jean-Michel Adam et Marc Bonhomme, *L'Argumentation publicitaire*, Nathan, 1997, p. 57.(『広告の論法』).

3 　［訳注］いずれも車名。

4 　［訳注］ただし、日本でのブランド名は「ズ('s)」が取られ、ジャック・ダニエルとなっている。

5 　［訳注］フランスの大手通販会社。

6 ［訳注］フランスのスポーツシューズ店。
7 ［訳注］本来、フランス語で clinique（「クリニック」という意味）は女性名詞。
8 ［訳注］フランスの皮革製品ブランド。
9 ［訳注］1852 年創業で、世界最古といわれるパリの百貨店。
10 ［訳注］フランスの老舗通販会社。
11 ［訳注］フランス北部に多い苗字で、金髪（blond）が語源。
12 ［訳注］フランス北部に多い苗字で、肌や髪の色（noir 黒）が語源。
13 ［訳注］意味は「金のライオン」。
14 ［訳注］意味は「旅人の宿」。
15 ［訳注］International Business Machines Corporation の略。
16 ［訳注］SFR：Société française du radiotéléphone（フランス無線電話会社）の略。
17 ［訳注］日本での商品名は「ヨープレイ」。
18 ［訳注］ちなみに、フランスで canin(e) は「犬の」という意味。
19 ［訳注］ギリシャの都市コリントス。
20 ［訳注］トラック（camion）が男性名詞であるため、un という男性名詞につく冠詞
が付与されている。
21 ［訳注］車（voiture）が女性名詞であるため、une という女性名詞につく冠詞が付与
されている。
22 ［訳注］オリンポス山。ギリシャ神話で神々が住むとされた。

# 結論

　本書では、異なる項目別にごく限られた現象のみに言及した。この提示方法は、互いに完全に分離された諸分野であるという印象を与え得る。しかし実際には、これらは言説活動に密接に結びついている。

　結論にかえて、旅行ガイドブックである『ルタール・ガイドブック』から抜粋したある定型表現を考察しよう。この分析には、まさに様々な問題を結びつけなければならない。『フィンランド－アイスランド編』の概括的前書きには、フィンランド文学における主要作品、『カレヴァラ』に割かれた一節がある。これはそれぞれ約40行からなる三つの段落から構成されている。注意をすべきいくつかの語を［ゴシック体］太字で示そう。以下は第三段落の冒頭である。

> ［前略］温厚なロシア行政下で国家意識が覚醒した時期、1835年にこの世界的文学の金字塔（と言うべきである！）が出版された。この本はフィンランドの文化、文学、歴史の基盤を回復させ、フィンランドにヨーロッパを舞台に精選された地位を一気に付与したのである。リョンロートはその老後が保障された。ホメロスの化身とされ、そういう訳でヘルシンキ大学の文学教授に昇進されたのだ。彼は数多くの作品を出版しているが、その中には、『新カレヴァラ』（23000詩句余り）及び大作であるフィンランド－スウェーデン語辞典がある。
>
> ［私達は］**少し強調するけれども**、『カレヴァラ』の重要性は、我々フランス語圏の人間には想像が困難である。フィンランド的表現から、フィンランド人は、彼らが他の誰にも、とりわけ、スウェーデンやロシアの支配者に一切負っていない伝統、文学を所有していることを突如見出す。この確認によって、国民的ロマン主義と呼ばれた芸術運動や、皇帝ニコライ2世のロシア化の試みに対して首尾一貫して抵抗する執拗な失地回復主義が育まれるのである。　　　（アシェット社、1996年、44頁）

直観的に、この「［私達は］少し強調する（On insiste un peu）」は、**モダリティ付与**を構成し、それによって、発話者は、話の流れを若干中断しながら、自らの言葉を解説する。このモダリティ付与は、根本的に、**発話転位**に結びつく。動詞の現在形（insiste：強調する）は**指示詞**以外にはあり得ず、まさに実行されている発話行為そのものに関するものである。この現在形は、テクスト内でこの表現の前後に位置する**非指示的**動詞の語りの現在形と対照的である。

　言語マーカーの中でも「少し強調する」が示すように、このテクストが、全体的には転位しない発話行為の種類に属していようとも、そこには、発話者による「語りの」介入が点在しているのである。とりわけ、この表現の数行前に見出される挿入句「と言うべきである！（Il faut le dire !）」や提示語「そういう訳で（le voilà）」がある。この言いまわしは、**舞台装置**の特徴であり、それは、先験的に、両極端な言説領域が同様に混合するフランスの左翼系新聞『リベラシオン』に会話の口語体と書き言葉、転位語と非転位語、語彙諸領域の混合といった多くの点で類似している。こうして、このテクスト内では、少々平俗な言い回し「老後が保障される（assurer ses vieux jours）」と、凝った表現「執拗な失地回復主義（irrédentisme opiniâtre）」とが対照をなすのである。このような舞台装置はくだけたエートスを伴うが、そこでは、国境と同じように、言葉の使用域の境界を容易に横断する言葉の放浪生活に、『ルタール・ガイドブック』の放浪生活がある種、具象化される。このエートスは、**商品名**と調和し、さらには、『ルタール・ガイドブック』というブランド名になっていく。ルタールとは、『グラン・ラルース』フランス語辞典に依拠するならば、1970年頃の語で、平俗な語のレベルに属し、「冒険に出発する若者」「安上がりの旅行をする若者」を指す。このような商品名によって、若者あるいは放浪といった、すなわち偉ぶらない発話行為の様々な記号を提示するテクスト生成が促される。しかしまた、「ガイドブック」というカテゴリー名によって強制された制約が、そのジャンルの契約を尊重すること、すなわち情報テクストを生成することを課す。それゆえに、なかなか妥協しにくいのだ。

　「［私達は］少し強調する」の on の選択は、その様々な種類の制約に関与するように思われ、テクストは以下のように、それを調整しようと努めている。

- テクストは発話行為に、より話し言葉的な表現を付与し、くだけた会話は「私達」という人称代名詞「nous」の代わりに「on」を優先させる。
- (背表紙に写真が掲載されている)『ルタール・ガイドブック』編集チームによって発話は引き受けられ、このシリーズ本は一貫して発話者を個人として指示する「私(je)」を用いることを避けている。
- 発話者と共・発話者との差異を考慮に入れない限り(第12章第4節参照)、on の使用は、読者との共謀関係を強化し、ルタールの読者と発話者を分離させることはない。実に、このガイドブックの舞台装置の特徴の一つは、発話者と共・発話者を同じ一共同体に属すると前提することなのである。
- このミクロの文脈において、on の使用は、「on」と、文章の最後に置かれた「我々フランス語話者」との違いを構築し、活かすことを可能にする。発話者は自らを「on」で指示すると同時に読者と分かち合う「私達(nous)」にも含まれるが、それは、フィンランド文化とフランス文化とを対比させる。このように発話者として考えられ、発話者を指示する「on」と、この発話行為の外部で理解される一つの世界(フランス語圏)に属する個人の総体を指示する「我々」との間の対照が認められるのである。

「[私達は]少し強調する」と言いながら、発話者は、間違いを自覚していることを示す。文章の後半部(「けれども…(mais...)」)は、「少し強調する」の**発話行為**に繋がるとする弁明によって間違いを修正する機能を持つ。実際、「けれども」に続く文章は、「少し強調する」**という事実**に対立する。発話者が謝罪するこの過ちは、**言説の法則**への侵害として表され、これは、より正確に言うところの「モダリティの」法則の一つである(第2章第2節参照)。つまり、『カレヴァラ』に割かれた一節はあまりに長くて、うんざりする可能性があるということである。この一節は、(学者ぶる人、うるさい人として現れる)発話者と(生徒に変えられた)読者のその**ポジティブ・フェイ**スを脅かしかねない。また、発話者がその時間を割き、配慮する、読者の領域である**ネガティブ・フェイス**をも脅かしかねない。

副詞「少し(un peu)」によって「強調する」を限定しながら、発話者は自らの過ちを認め、同時に重々しい特徴を与えることを避けている。実に、否定のように制限する効果を持つ「ほとんど…ない(peu)」とは異なり、「**少し**

は、態度のカテゴリーに属し、肯定や様々な肯定の強調と同格である」[1]。

それに続く文章は、「けれども」で始まっている。これは、フェイスへの脅威を修正しようとするが、それは、「旅行ガイドブック」という言説ジャンルによって課せられた契約を尊重するために文学史を提示することで行われる。ゆえに、発話者は［カレヴァラの］重要点を強調することを躊躇する訳にはいかない。言い換えれば、発話者は、「強調」しながらうわべだけで言説の法則を違反したのだ。

実のところ、長さに関して普遍的規範は存在しない。すなわち何を基準に発話は長すぎると考えられるのであろうか。それは、言説ジャンルや、作品の位置づけにそれ自体が関与する発話舞台による。本例に関して言うならば、旅行ガイドブックのジャンルに関連する契約を尊重するため、訪れる国に関する多大な情報を記載するのは必須である。このことは、このガイドブックの実際の読者が、本質的に、「安上がりの旅行をする人」ではなく、文化的かつ実用的な期待を抱く旅行者で構成されているからこそである。言説という分野では、このガイドブックが、教育的説明によって表現されることは避けられない。他方で『ルタール・ガイドブック』の舞台装置は、若いと想定される読者との強い共謀関係を含んでおり、いわゆる文化的次元を犠牲にしても、旅行の実用的側面（電車の時刻表、格安で泊まれるお得「情報」等）を余儀なく強調する。言説面では、それは話し言葉のスタイルによって教育性が目立ちすぎないよう表現される。この（文化についての情報を与える）ジャンルによって課された制約と「カジュアルな」舞台装置との間の緊張が、「少し強調する」との仲裁によって解消されるが、その仲裁とは、

- 『ルタール・ガイドブック』のモデル読者に、発話者はこの本によって得られた舞台装置から距離を置くことを意識していることを示すが、この違反は発話者の利益になるように行われると同時に、
- その調や転位によって、必要とされる舞台装置にかなった「少し強調する」という表現を通して喚起される。その仲裁は、謝罪の態度を認証する反省的過程である。

転位語を用いない教育的語りから、話し言葉で転位語を用いるモダリティ付与的コメントへと移行しながら、発話者は自らの言説の**再結集**を実現する。この再結集は、明確には、**戦略的観点**にテクスト的観点を介入させる。すなわち、まさに段落の最初とその節の三分の二あたり、読者が教育的説明

を長すぎると感じる恐れがある頃である。

　見てきたように、このテクストを詳細にわたって分析するために、筆者は様々な分野を結集させた。モダリティ付与、発話行為的転位、人称、話し言葉、商品名、舞台装置とエートス、言説ジャンル、モデル読者、言説の法則等。そして、**発話行為舞台**こそがこれらの諸次元を結びづけることを可能にする。これこそが、実に、テクストの言語学的構成と、言語制度及び、世界の言語事象としての言説との間の要となる役割を担うものなのである。


**注**

1　Oswald Ducrot, *Le dire et le dit*, Minuit, 1972, p. 200.（『言うことと言われたこと』）

# 主要参考文献

　本分野で扱われるテーマの多さと研究者の多さゆえ、詳細な参考文献を載せること
は問題外である。我々の学説の主軸を理解するための書籍から数を限ってご紹介した
い。

## 言説と言説分析に関する概論

Adam J.-M., 2005, *La Linguistique textuelle. Introduction à l'analyse textuelle des discours*, Paris, A. Colin. (『テクスト言語学──言説のテクスト分析入門』)

Amossy R., 2006, *L'Argumentation dans le discours*, 2ᵉ éd., Paris, A. Colin. (『言説における論証』)

Bakhtine M., 1984, *Esthétique de la création verbale*, Paris, Gallimard. (『言葉の創造の美学』)

Bronckart J.-P., 1996, *Activité langagière, textes et discours*, Lausanne, Delachaux et Niestlé. (『言語活動、テクスト、言説』)

Brown P., Yule G., 1983, *Discourse Analysis*, Cambridge University Press.

Charaudeau P., 1983, *Langage et discours*, Paris, Hachette. (『言葉と言説』)

Charaudeau P., Maingueneau D. (éd.), 2002, *Dictionnaire d'analyse du discours*, Paris, Le Seuil. (『言説分析辞典』)

Flahault F., 1978, *La Parole intermédiaire*, Paris, Le Seuil. (『中間のパロール』)

Foucault M., 1969, *L'Archéologie du savoir*, Paris, Gallimard. (ミシェル・フーコー『知の考古学』慎改康之訳、河出文庫、2012 年)

Kerbrat-Orecchioni C., 2005, *Le Discours en interaction*, Paris, A. Colin. (『相互行為のディスクール』)

*Langages*, nᵒ 117, « Les analyses du discours en France », 1995, Paris, Larousse. (『フランスにおける言説分析』)

Maingueneau D., 1997, *L'Analyse du discours*, Paris, Hachette. (『言説分析』)

Maingueneau D., 1996, *Les Termes clés de l'analyse du discours*, Paris, Le Seuil, coll. « Mémo ». (『言説分析の重要用語』)

*Marges linguistiques*, nᵒ 9, « Analyse du discours », 2005, revue électronique (http://www.marges-linguistiques.com). (『マルジュ・ランギュイスティック』「言説分析」)

Moirand S., 1990, *Une grammaire des textes et des dialogues*, Paris, Hachette. (『テクストとダ

イアローグの文法』)

*Pratiques*, nº 56, « Les types de textes », 1987, Metz. (『テクストのタイプ』)

Sarfati G.-E., 2005, *Éléments d'analyse du discours*, Paris, A. Colin. (『言説分析の基本概念』)

Vion R., 1992, *La Communication verbale*, Paris, Hachette. (『言葉のコミュニケーション』)

## 発話行為、語用論

Authier-Revuz J., 1992 et 1993, « Repères dans le champ du discours rapporté », *L'Information grammaticale*, nº 55 et 56. (「報告話法の領域における指標」、『ランフォルマシオン・グラマティカル(文法情報)』)

Authier-Revuz J., 2015, *Ces mots qui ne vont pas de soi. Boucles réflexives et non-coïncidences du dire*, nouvelle édition, Paris, Larousse. (『自明ではないこれらの言葉——発言の反射ループと不一致』)

Benveniste É., 1966, *Problèmes de linguistique générale*, Vᵉ partie, Paris, Gallimard. (エミール・バンヴェニスト『一般言語学の諸問題』岸本通夫監訳、みすず書房、1983年、新装版 2007 年)

Boutet J., 1994, *Construire le sens*, Berne, Peter Lang. (『意味を構築する』)

*Cahiers de praxématique*, nº 41, « Le point de vue » , 2003. (『カイエ・ドゥ・プラセマチック』「視点」)

Corblin F., 1995, *Les Formes de reprise dans le discours*, Rennes, Presses universitaires de Rennes. (『言説における反復形式』)

Ducrot O., 1984, *Le Dire et le Dit*, Paris, Éd. de Minuit. (『言うことと言われること』)

*Faits de langue*, nº 19, « Le discours rapporté », 2002. (『フェ・ドゥ・ラング(ラングの諸事象)』「報告話法」)

Haillet P., 1995, *Le Conditionnel dans le discours journalistique*, Neuville (Québec), Bref. (『ジャーナリスト言説における条件法』)

Kerbrat-Orecchioni C., 1980, *L'Énonciation*, Paris, A. colin. (『発話行為』)

Kerbrat-Orecchioni C., 1986, *L'Implicite*, Paris, A. Colin. (『言外の含み』)

Kleiber G., 1986, « Déictiques, embrayeurs, token-reflexives symboles indexicaux, etc. comment les définir ? », *L'Information grammaticale*, nº 30. (「指示詞、転位語、再帰的象徴、文脈依存指示的象徴等、どのように定義するのか」『ランフォルマシオン・グラマティカル(文法情報)』)

Kleiber G., 2001, *L'Anaphore associative*, Paris, PUF. (『連想照応』)

Maingueneau D., 1993, *L'Énonciation en linguistique française*, Paris, Hachette. (『フランス言語学における発話行為』)

Marnette S., 2005, *Speech and Thought Presentation in French*, Amsterdam / Philadelphia, John Benjamin.

Nølke H., K., Norén C., 2004, *ScaPoLine. La théorie scandinave de la polyphonie linguistique*, Paris, Kimé.（『*ScaPoLine.* スカンジナビアの言語学的ポリフォニー理論』）

Perrin L.（éd.）, 2006, « Le Sens et ses voix. Dialogisme et polyphonie en langue et en discours », *Recherches linguistiques*, n° 128, Metz.（「意味と声 —— 対話性と言語学と言説におけるポリフォニー」『ルシェルシュ・ランギュスティック（言語学研究）』）

*Pratiques*, n° 123-124, « Polyphonie », 2004.（『プラティック（実践）』「ポリフォニー」）

Rabatel A., 1998, *La Construction textuelle du point de vue*, Lausanne, Delachaux et Niestlé.（『視点のテクスト構築』）

Récanati F., 1979, *La Transparence et l'Énonciation*, Paris, Le Seuil.（『透明性と発話行為』）

Rosier L., 1999, *Le Discours rapporté*, Paris-Bruxelles, Duculot.（『報告話法』）

Simonin-Grumbach J., « Pour une typologie des discours », in KRISTEVA J. et alii（éd.）, 1975, *Langue, discours, société*, Paris, Le seuil, p. 85-120.（「言説の類型へ」『ラング、ディスクール、ソシエテ（言語、言説、社会）』）

Tuomarla U., 1999, « La Citation mode d'emploi. Sur le fonctionnement discursif du discours rapporté direct », *Annales Academiae Scientiarum Fennicae, Humaniora*, 308（Finlande）.（引用使用法 —— 直接伝えられた言説の言説機能について）

## メディア言説の分析

Adam J.-M., Bonhomme M., 2012, *L'Argumentation publicitaire*, Paris, Nathan.（『広告の論法』）

Adam J.-M., Bonhomme M.（éd.）, 2000, *Analyses du discours publicitaire*, Toulouse, Champs du Signe.（『広告言説分析』）

Bougnoux D., 1991, *La Communication par la bande*, Paris, La Découverte.（『漫画から考えるコミュニケーション』）

Charaudeau P., 1997, *Le Discours d'information médiatique. La construction du miroir social*, Paris, Nathan.（『メディア情報の言説 —— 社会の鏡の構築』）

Debray R., 2000, *Cours de médiologie générale*, Paris, Gallimard.（レジス・ドブレ『一般メディオロジー講義』嶋崎正樹訳、西垣通監修、NTT 出版、2001 年）

Dubied A., Lits M., 1999, *Le Fait divers*, Paris, PUF.（『三面記事』）

Fairclough N., 1995, *Media Discourse*, Londres-New York, E. Arnold.

Grunig B.-N. et R., 1998, *Les Mots de la publicité. L'architecture du slogan*, Paris, Éditions du

CNRS.（『広告の言葉——スローガンの構造』）

Koren R., 1996, *Les Enjeux éthiques de l'écriture de presse*, Paris, L'Harmattan.（『出版物の文体（もしくはエクリチュール）の倫理的問題』）

Krieg-Planque A., 2003, « Purification ethnique ». *Une formule et son histoire*, Paris, Editions du CNRS.（「民族浄化」『定型表現とその歴史』）

Lochard G., Boyer H., 1998, *La Communication médiatique*, coll. « Mémo », Paris, Le Seuil.（『メディア・コミュニケーション』）

Lugrin G., 2006, *Généricité et intertextualité dans le discours publicitaire de la presse écrite*, Berne, Peter Lang.（出版物の広告言説における汎用性と間テクスト性）

Mouillaud M., Tétu J.-F., 1989, *Le Journal quotidien*, Lyon, Presses Universitaires de Lyon.（『日刊紙』）

*Pratiques*, n° 94, « Genres de la presse écrite », 1997, Metz.（『プラティック（実践）』「出版物のジャンル」）

*Semen*, n° 13, « Genres de la presse écrite et analyse du discours », 2000.（『*Semen*』「出版物のジャンルと言説分析」）

Semprini A., 1995, *La Marque*, Paris, PUF.（『ブランド』）

# 索引

本索引は、原書版の索引語を参考に、日本語版用に作成した（訳者）。

## あ

アイロニー ironie…222
あなた（達）vous…45, 127, 130, 151
暗黙 implicite…38

## い

イタリック体 italique…212
印刷物 imprimé…90
引用する／引用された（言説）citant/cité
　（discours）…181-182, 184, 192
引用符 guillemets…206
引用を伴う要約 résumé avec citations
　…196

## え

エートス ethos…108, 110, 158

## か

解釈の枠組 cadre interprétatif…124
格言化 aphorisation…237
拡散的舞台装置 scénographie diffuse
　…100
確定記述 description définie…132, 246,
　258
過剰断定 surassertion…228
カテゴリー（名）catégorie（nom de）
　…273-274
含意 implicature…38
喚起的名称 nom évocateur…282, 284

## 間

間言説 interdiscours…29, 64
間発話者 interénonciateur…174
関連性の法則 pertinence（loi de）…40

## き

規範 norme…39, 63
脚本、シナリオ scénario…50
協調（の原理）coopération（principe de）
　…37
共発話者 coénonciateurs…62
共・発話者 co-énonciateur…62

## け

系譜分類 classe généalogique…124
契約 contrat…78
ゲーム jeu…80
言外の意味 sous-entendu…39
言及 mention…203
言語学的知識 compétence linguistique
　…285
言語行為 acte de langage…61
言語能力 compétence linguistique…49
現在形 présent…139, 143
言説 discours…59-60, 70
言説ジャンル genre de discours…24, 39,
　49, 64, 67-69, 77, 83, 97, 221, 249
言説の法則 loi du discours…37-38, 293
言説の類型 typologies discursives…70
限定詞 déterminant défini…244, 283

原・発話者 archi-énonciateur…175

## こ

後景 arrière-plan…140

口語体 style parlé…89–90

後方照応 cataphore…260, 263

コテクスト cotexte…31–32, 133, 250

諺 proverbe…217

コミュニケーション装置
dispositif communicationnel…84

コミュニケーション知識
compétence communicative…49

固有名詞 nom propre…132, 244–245,
257, 281, 287–288

語用論的価値 valeur pragmatique…27

混交 contamination…195

混合形式 formes hybrides…193

混合の（エートス）hybrides (ethos)…113

## さ

最終目的 finalité…73

再述的後方照応 cataphore résomptive
…261

再述的前方照応 anaphore résomptive
…261

## し

しかし mais…33–34

自己指示 autonymie…203

自己指示的モダリティ付与
modalisation autonymique…204

指示 instructions…243

指示限定詞 déterminant démonstratif
…244, 250

指示対象の贈与（方法）
donation du référent (mode de)…243

時制 temps…29, 139

視点 point de vue…167

ジャンルに関する知識
compétence générique…49, 51, 53

ジャンルに関する舞台 scène générique
…96, 101

自由間接話法 discours indirect libre…194

従属 hypotaxe…87

自由直接話法 discours direct libre…189

状況に依存しない発話
énoncé indépendant de l'environnement
…86, 88–89

状況に依存する発話 énoncé dépendant
de l'environnement…86, 89

証言的役割 fonction testimoniale…273

商品（名）produit (nom de)…273–274,
286, 292

譲歩 concession…168

情報性（の法則）informativité (loi de)…41

書記 対 口語／口述 graphique vs oral
…85, 89

新語的名称 désignation néologique…284

身体性 corporalité…109

## す

図像的（記号）iconiques (signes)…65

スローガン slogan…218

## せ

性格 caractère…109

誠実性（の法則）sincérité (loi de)…41

制度化された（ジャンル）institués (genres)

…117
設定 posé…170
前景 premier plan…140
全体的前方照応 anaphore totale…262
全体的内部照応 endophore totale…261
前提 présupposé…39, 169–170, 269
前方照応 anaphore…259, 267

### そ

相互作用 interaction…52, 62, 102
相互作用的活動／相互作用性
interactivité…61–62
総称的発話者 énonciateur générique…188
総称の解釈 interprétation générique…254

### た

代名詞 pronom…132, 244, 264
代名詞の前方照応 anaphore pronominale
…260
対話関係 dialogisme…62

### ち

直接話法 discours direct…167
著者性 auctorialité…171, 173

### て

テクスト　対　発話 texte vs énoncé…64
転位語 embrayeur…130, 132, 137–138,
143, 244, 258
転覆 subvention…221

### と

同一指示 coréférence…244, 267
同化 incorporation…110, 278

特定の解釈 interprétation spécifique…254

### な

内部照応 endophore…260

### に

人称 personne…29, 151, 156, 158

### ね

ネガティブ・フェイス face négative
…43–44, 293

### は

ハイパージャンル hypergenre…123
発言の不一致 non-coïncidence du dire
…205
発話行為状況 situation d'énonciation
…127, 138, 192
発話行為図式 plan énonciatif…137
発話行為に基づく標定 repérage
énonciatif…133
発話行為の再帰性 réflexivité énonciative
…130
発話行為舞台 scène d'énonciation…96,
295
発話体系 systèmes d'énonciation…143
発話転位 embrayage énonciatif…130, 292
発話の諸類型 typologies énonciatives…70
パラテクスト paratexte…27, 92
半過去形 imparfait…139

### ひ

引き出し tiroir…139
筆記(書かれたもの)　対　口述

écrit vs oral…85, 90, 92
否定 négation…167
非転位図式 plan non embrayé…139, 145
非転位発話 enoncé non embrayé…138
人々／私達 on…159−160, 166, 170, 211,
　　218, 223
非人称 non-personne…128, 156, 158
百科事典的知識 compétence linguistique
　　…49−50, 53, 56, 267, 285

### ふ

複合過去形 passé composé…139
副次的言説のモダリティ付与
　　modalisation en discours second…179
舞台装置 scénographie…96−97, 99,
　　101−102, 292
舞台枠 cadre scénique…97
不定限定詞 déterminant indéfini…244,
　　253, 257
部分的前方照応 anaphore partielle…262
部分的内部照応 endophore partielle…261
ブランド名 nom de marque…273
文語体 style écrit…89−90
分散させた構造 construction disloquée
　　…87
分節的後方照応 cataphore segmentale
　　…261
分節的前方照応 anaphore segmentale
　　…261
文脈 contexte…31−32, 62, 134, 250, 258

### へ

並列 parataxe…87
ページ組み mise en page…92

変更を加えた語彙の前方照応 anaphore
　　lexicale infidèle…263, 266

### ほ

包括的舞台 scène englobante…96, 101
傍受 captation…221
ポジティブ・フェイス face positive
　　…43−44, 293
保証人 garant…109−110
ポリフォニー［多声性］polyphonie…165

### み

未来予測 prospectif…139

### む

無変更の語彙の前方照応 anaphore
　　lexicale fidèle…263, 266

### め

メタ・発話者 méta-énonciateur…174
メディオロジー的 médiologique…75,
　　84−85

### も

網羅性（の法則）exhaustivité (loi de)…41
モダリティ（の法則）modalité (lois de)
　　…42
モダリティ付与 modalisation…87, 129,
　　147, 292
モダリティ要素 modalisateur…180
モデル読者 lecteur modèle…57
模倣 imitation…58, 221

## や

役割 rôle…52, 79

## ゆ

有効と認められた舞台 scènes validées
…102
遊離可能性 détachabilité…227
遊離発話 énoncé détaché…227

## り

略号 sigle…282, 285

流用された名称 désignations détournées
…284–285

## れ

連想前方照応 anaphore associative…270

## わ

私 je…87, 128, 130, 134, 138, 143, 154–
155, 166
私達 nous…45, 151–154

## 著者・訳者紹介

### 著者

### Dominique MAINGUENEAU（ドミニク・マングノー）

ソルボンヌ大学文学部教授。専門はフランス言語学、言説分析。

**主な著書**

・ *Genèses du discours*, Liège, Mardaga, 1984.（『言説形成』）
・ *Dictionnaire d'analyse du discours*（共編著）, Paris, Seuil, 2002.（『言説分析辞典』）
・ *Discours et analyse du discours*, Paris, A. Colin, 2014.（『言説と言説分析』）

### 訳者

### 石丸久美子（いしまる くみこ）

大阪大学大学院言語文化研究科博士課程修了。ナント大学言語科学科（専攻：言説分析）博士課程修了。京都外国語大学外国語学部フランス語学科准教授。

**主な著書**

・西山教行監訳、石丸久美子・大山万容・杉山香織訳『バイリンガルの世界へようこそ——複数の言語を話すということ』（勁草書房、2018）
・『日仏化粧品広告の比較研究——ディスクール分析の観点から』大阪大学博士学位論文（関西学院大学出版会オンデマンド出版、2006）

### 髙馬京子（こうま きょうこ）

パリ第12大学 DEA「権力、言説、社会」修了。大阪大学大学院言語文化研究科博士課程修了。フランス国民教育省准教授資格（CNU15、2014年）取得。明治大学情報コミュニケーション学部准教授。

**主な著書**

・松本健太郎・髙馬京子編『越境する文化、コンテンツ、想像力』（ナカニシヤ出版、2018）
・『日仏における日本人ファッションデザイナーの表象——日仏新聞の言説分析を通して』大阪大学博士学位論文（ヴィータウタス・マグヌス大学出版、2009）

言 語 学 翻 訳 叢 書 第 18 巻

## コミュニケーションテクスト分析
―フランス学派による言説分析への招待―

| | |
|---|---|
| 発行 | 2018 年 10 月 29 日　初版 1 刷 |
| 定価 | 3500 円＋税 |
| 著者 | ドミニク・マングノー |
| 訳者 | 石丸久美子、髙馬京子 |
| 発行者 | 松本功 |
| 装丁者 | 渡部文 |
| 印刷・製本所 | 株式会社 ディグ |
| 発行所 | 株式会社 ひつじ書房 |

〒 112-0011 東京都文京区千石 2-1-2 大和ビル 2 階

Tel.03-5319-4916　Fax.03-5319-4917

郵便振替 00120-8-142852

toiawase@hituzi.co.jp

http://www.hituzi.co.jp/

造本には充分注意しておりますが、落丁・乱丁などがございましたら、
小社かお買上げ書店にておとりかえいたします。ご意見、ご感想など、
小社までお寄せ下されば幸いです。

ISBN978-4-89476-884-0